칸트의 『도덕형이상학 정초』 입문

칸트의 『도덕형이상학 정초』 입문

폴 가이어 지음 | 김성호 옮김

서광사

이 책은 Paul Guyer의 *Kant's Groundwork for the metaphysics of Morals* (Bloomsbury Publishing Plc., 2007)를 완역한 것이다.

칸트의『도덕형이상학 정초』입문

폴 가이어 지음
김성호 옮김

펴낸이 | 김신혁, 이숙
펴낸곳 | 도서출판 서광사
출판등록일 | 1977. 6. 30.
출판등록번호 | 제406−2006−000010호

(10881) 경기도 파주시 회동길 77−12 (문발동)
Tel: (031) 955−4331 | Fax: (031) 955−4336
E-mail: phil6161@chol.com
http://www.seokwangsa.co.kr | http://www.seokwangsa.kr

제1판 제1쇄 펴낸날 · 2019년 6월 30일

ISBN 978−89−306−2565−4 93190

옮긴이의 말

이 책은 현재 영미권을 대표하는 칸트 학자인 폴 가이어(Paul Guyer)가 컨티뉴엄 출판사의 리더스 가이드 시리즈 중 한 권으로 출판한 *Kant's Groundwork for the Metaphysics of Morals*(2007)를 우리말로 번역한 것이다. 가이어는 지금까지 다수의 탁월한 논문과 저서를 통해 칸트 철학의 진면목을 새롭게 해석하고 소개해온, 이미 널리 알려진 칸트 학자이므로 그에 대해 언급하기보다는 이 책이 지닌 장점을 짚어보는 편이 좋으리라고 생각된다. 리더스 가이드 시리즈로 출판된 다른 책들이 그렇듯이 이 책 또한 결코 쉽지 않은 철학 고전인 『도덕형이상학 정초』의 내용을 충실히 소개하고, 각 절에서 칸트가 어떤 논증을 통해 어떤 주장을 전개하는지를 상세히 설명한다. 특히 가이어는 『도덕형이상학 정초』의 한 부분에 등장하는 칸트의 주장이 다른 부분에 등장하는 주장과 어떻게 연결되는지, 더 나아가 『도덕형이상학 정초』 이외의 다른 저술들과는 어떤 관련이 있는지를 체계적으로 드러냄으로써 독자들이 칸트 윤리학 전반을 이해하는 데 큰 도움을 준다. 흔한 비유를 사용하면 가이어는 칸트 윤리학이라는 큰 숲의 전체 모습을 조망하는 동시에 그 숲을 이루는 나무들 각각의 위치와 특징도 상세히 설명함으로써 숲과 나무를 동시에 볼 수 있도록 독자들을 인도한다. 『도덕형이상학 정초』의 원전을 통해 칸트 윤리학을 접하려는 독자가 있다면 이 책은 큰 도움이 되리라고 확신한다. 사실 『도덕형이상학 정초』는 칸트의 저술들 중 가장 많이 읽히고 연구되는 저술이다. 1990년대 이후 출판된 『도덕형이상학 정초』에 대한 주석서만도 10여 종에 이른다는 사실이 이 점을 잘 보여준다. 이런 다양한 주석서들 중 가이어의 이 책은 항상 가장 기본적인 필독서로 손꼽힐 정도로 높은 평가를 받고 있다.

이 책을 읽은 독자들 중에는 저자 가이어가 칸트 윤리학뿐만 아니라 칸트 철학 전반을 이렇게 일목요연하게 설명한 책을 써주기를 기대하는 분이 있을지 모르겠다. 가이어는 이미 그런 책을 집필했다. 루틀리지 출판사의 철학자 총서 시리즈(Routledge Philosophers) 중 한 권으로 출판된 Kant(second edition, 2014)에서 가이어는 인식론으로부터 출발해 윤리학과 미학, 목적론에 이르는 칸트 철학 전반을 상세하면서도 일관성 있게 설명함으로써 칸트 철학 이해에 큰 도움을 준다. 다른 한편으로 칸트의 『도덕형이상학 정초』를 더욱 깊이 있게 탐구한 책을 원하는 분들께는 여러 주석서들 중 특히 앨리슨(Henry E. Allison)이 쓴 *Kant's Groundwork for the Metaphysics of Morals: A Commentary* (Oxford University Press, 2011)를 추천한다. 가이어와 쌍벽을 이루는, 영미권의 대표적인 칸트 학자 중 한 사람인 앨리슨의 책 또한 칸트의 『도덕형이상학 정초』를 연구하는 데 필수적인 자료로 평가된다. 소개한 두 책 모두 아직 우리말로 번역되지 않았는데 언젠가 기회가 주어지면 꼭 번역해보고 싶은 마음이 있다.

사실 칸트의 『도덕형이상학 정초』는 1980년대 중반 옮긴이가 대학원에 진학한 후 처음 접했던 원전이기도 하다. 당시 막연히 칸트 윤리학을 전공하겠다는 마음에서 『도덕형이상학 정초』를 독일어 원전과 최재희 선생님의 우리말 번역, 다른 영어 번역 등과 함께 무슨 말인지도 제대로 모르면서 읽느라 끙끙댔던 기억이 아직도 선하다. 그 때 그 20대 젊은이는 어디론가 사라지고 이제 50대 후반에 이르러 이 책의 번역을 위해 다시 『도덕형이상학 정초』를 꼼꼼히 읽고 있으려니 만감이 교차한다. 그저 이제 남은 날들을 더욱 소중히 여겨 훌륭한 철학책들의 번역을 위해 더욱 노력하겠다고 다짐해본다. 항상 그렇듯이 이 책을 번역하는 동안 현실적인 도움과 마음으로부터의 격려를 아끼지 않은 여러 선후배 동료들께 고개 숙여 감사드리며, 옮긴이의 부족한 번역 원고를 다듬어 이렇게 훌륭한 책으로 만들어준 서광사 편집부의 모든 분들께도 감사의 마음을 전한다. 오래전 옮긴이가 그랬듯이 지금도 『도덕형이상학 정초』를 읽고 탐구하는 많은 젊은 후배들이 있을 것이다. 그들에게 이 책이 작은 도움이라도 되기를 진심으로 바랄 뿐이다.

2019년 6월
김성호

차례

인용 표시와 생략형

칸트의 저술에 대한 모든 인용과 출처 표시는 이른바 '학술원 판'으로 불리는, 프로이센 왕립 학술원에서 (이후에는 독일 학술원과 베를린-브란덴부르크 학술원에서) 편집한 『칸트 전집』(*Kant's gesammelte Schriften*, Berlin: Georg Reimer, 이후에는 Walter de Gruyter & Co., 1900–)의 권수와 면수를 기준으로 삼았다. 오직 『순수이성비판』의 경우에만 이 기준을 적용하지 않고 통례에 따라 1781년 초판의 면수를 'A', 1787년 재판의 면수를 'B'로 표시했다. 학술원 판의 면수와 『순수이성비판』의 'A', 'B' 면수는 현대의 거의 모든 편집본과 번역본에 표시되어 있다.

학술원 판에서 『도덕형이상학 정초』(이하 『정초』로 약칭하지만 이를 생략한 경우도 많다)는 1911년 멘처(Paul Menzer)의 편집으로 간행된 4권, 385–463면에 수록되었다. 하지만 나는 『정초』에서 인용한 대목을 번역하면서 최근의 독일어 원전 편집본인 Immanuel Kant, *Grundlegung zur Metaphysik der Sitten*, ed. Bernd Kraft and Dieter Schönecker (Hamburg: Felix Meiner Verlag, 1999)를 사용했다.

『실천이성비판』(이하 『실천』으로 약칭)과 『도덕형이상학』(이하 『도덕』으로 약칭)의 번역본으로는 Immanuel Kant, *Practical Philosophy*, ed.

and tr. Mary J. Gregor (Cambridge: Cambridge University Press, 1996)을 사용했다.

『순수이성비판』의 번역본으로는 Immanuel Kant, *Critique of Pure Reason*, ed. and tr. Paul Guyer and Allen W. Wood (Cambridge: Cambridge University Press, 1998)을 사용했다.

『이성의 한계 안의 종교』(이하 『종교』로 약칭)의 번역본으로는 Immanuel Kant, *Religion and Rational Theology*, ed. and tr. Allen W. Wood and George di Giovanni (Cambridge: Cambridge University Press, 1996)을 사용했다.

이 책의 2장에 등장하는 칸트의 단편들에 대한 번역본(이하 『단편』으로 약칭)으로는 Immanuel Kant, *Notes and Fragments*, ed. Paul Guyer, tr. Curtis Bowman, Paul Guyer and Frederick Rauscher (Cambridge: Cambridge University Press, 2005)를 사용했다.

칸트의 도덕철학 강의에서 인용한 대목은 Immanuel Kant, *Vorlesung zur Moralphilosophie*, ed. Werner Stark (Berlin: Walter de Gruyter & Co., 2004)로부터 내가 직접 번역했다.

『정초』 또한 칸트의 다른 모든 저술과 마찬가지로 처음에는 전통적인 독일 고어 인쇄체(Fraktur)로 출판되었다. 따라서 칸트는 강조 표시를 할 경우 굵은 글자체(Fettdruck)로 인쇄했으며, 로마자는 외래어를 표시할 경우에(예를 들면 *a priori*의 경우처럼) 사용했다. 현대 영어에서는 강조 표시와 외래어를 모두 로마자 이탤릭체로 인쇄하는 것이 일반적인 관행인데 이에 따를 경우 칸트의 원전에 등장하는 강조 표시와 외래어 표기를 서로 구별하지 못하는 문제가 일어날 수도 있다. 이를 피하기 위해 나는 칸트가 굵은 글자체를 사용해 강조한 대목은 마찬가지로 굵은 글자체로 표시했으며, 그가 로마자를 사용한 대목은 이탤릭체로 표시했다.[1]

---

1 [옮긴이 주] 옮긴이는 칸트의 원전에서 굵은 글자체로 강조 표시된 대목은 굵은 명조체로 표시했으며, 이 책의 저자 가이어가 이탤릭체로 강조 표시한 대목은 고딕체로 표시했다. 그리고 이 책에서 칸트의 원전을 인용한 부분은 모두 칸트의 독일어 원문을 옮긴이가 직접 번역했다. 칸트의 원전으로는 독일 펠릭스 마이너 출판사(Felix Meiner Verlag)의 철학총서(Philosophische Bibliothek) 시리즈로 간행된 최근 판본을 주로 사용했다.

1장 맥락

1. 칸트의 생애와 저술

칸트의 『도덕형이상학 정초』(*Grundlegung zur Metaphysik der Sitten* 이하 『정초』로 약칭)는 1785년 처음 출판되었는데 두 세기 넘게 지난 지금까지도 여전히 가장 널리 읽히는 서양철학의 고전 중 하나로 남아 있다. 『정초』가 이런 지위를 누리는 까닭은 인간의 자율이 지닌 비할 데 없는 존엄성과 무조건적인 가치가 모든 도덕, 곧 국가가 강제로 부과하는 최소한의 도덕뿐만 아니라 개인적, 사회적 양심만이 부과할 수 있는 훨씬 더 폭넓은 도덕의 필요충분조건이라는 놀라운 주장을 펴기 때문이다. 칸트는 평범한 사람이라면 누구라도 받아들이리라고 생각하는 상식적인 선의지와 의무의 개념으로부터 이런 주장을 이끌어낸 후 자신의 가장 대표적 저술인 『순수이성비판』(1781)에 등장하는, 난해하고 상당한 논쟁거리가 되는 형이상학을 통해 이를 옹호하려 한다. 더욱이 그는 『정초』라는 매우 짧은 저술을 통해 이런 작업을 행하려 한다. 따라서 『정초』에 등장하는 칸트의 설명은 매우 압축적이며 복잡하다. 많은 독자들은 칸트의 핵심적인 도덕적 견해를 옹호하는 데 사용되는 그의 형이상학이 오히려 도덕적 견해의 매력을 위협한다고 보기도 한다. 이런 이유로 이 책에서 나는 『정초』에 등장하는 칸트의 도덕적 견해가 형이상학적 기초 없이도 유지될 수 있는가라는 질문을 던지려 한다.

칸트(1724-1804)는 독일 계몽주의의 후반기를 대표하는 철학자이
다. 그는 당시 동프로이센에 속했던 쾨니히스베르크[Königsberg, 현재
는 러시아의 칼리닌그라드(Kaliningrad)]에서 태어나고 그곳에서 세상
을 떠났다. 칸트는 도시 교외의 몇몇 저택에서 가정교사 생활을 한 몇
년을 제외하고 나면 평생 쾨니히스베르크 시를 떠난 적이 없으며 오직
그곳의 대학에서만 재직했다. 칸트는 매우 빈한한 가정에서 태어났지
만 일찍이 그의 지적 재능을 알아본 경건파 목사의 도움으로 8세부터
16세까지 당시 그 도시의 가장 훌륭한 학교에 다니면서 최고 수준의 교
육을 받았다. 그는 이 시기에 라틴어와 그리스어, 히브리어, 프랑스어,
수학, 지리학 그리고 역사 등을 집중적으로 배웠다.[1] 대학에서—당시
에는 16세에 대학에 입학하는 일이 그리 드물지 않았다—칸트는 어쩌
면 주변 사람들의 기대와는 달리 신학에 전념하는 대신 라틴어와 수학
공부를 계속하고 철학과 물리학에도 관심을 보이면서 폭넓은 학문 분
야를 탐구했다. 쾨니히스베르크 대학은 그리 크지는 않았지만 훌륭한
교수들이 모여 있어 칸트는 이들로부터 당시 철학뿐만 아니라 자연과
학에서 이루어진 최신의 발전까지도 제대로 배울 수 있었다. 따라서 칸
트는 자신이 평생 성공적인 학문의 전형으로 여기게 된 뉴턴 물리학뿐
만 아니라 당시 독일 철학계를 주도했던 라이프니츠(Gottfried Wil-
helm Leibniz)와 볼프(Christian Wolff)의 철학을 바로 접하게 되었다.
이들 두 철학자의 체계는 순전히 이성주의적인 것이었는데 칸트는 궁
극적으로 이들이 생각한 조화로운 세계를 신의 창조물에서 인간 사고

---

1   이때 칸트가 받은 교육의 세부 내용에 관해서는 Heiner F. Klemme (ed.), *Die
Schule Immanuel Kants: Mit dem Text von Christian Schiffert über das Königsberger
Collegium Fredericianum*, Kant-Forschungen Band 6 (Hamburg: Felix Meiner,
1994) 참조.

자체의 산물로 변형하게 된다.[2] 칸트가 석사 학위를 받기 위해 제출한 논문은 『활력의 참된 측정에 관한 고찰』(*Gedanken von der wahren Schätzung der lebendigen Kräfte*, 1747)[3]이었는데 여기서 칸트는 활력의 적절한 측정을 둘러싼 데카르트주의자와 라이프니츠주의자 사이의 논쟁을 해소하려고 시도했다. 이는 평생 동안 이어졌던 그의 태도, 곧 철학적 논쟁을 벌이는 양측이 모두 어느 정도 옳기는 하지만 어느 쪽도 전적으로 옳지는 않다는 변증론적 논증을 통해 논쟁을 해소하려는 태도를 예견하게 한다. 유감스럽게도 칸트의 논문은 통과되지 못했는데 그 까닭은 프랑스 철학자 달랑베르(Jean D'Alembert)가 이미 이 문제에 대한 더 나은 해결책을 제시했기 때문이 아니라—이런 사실은 칸트도 그의 스승인 크누첸(Martin Knutzen)도 알지 못했던 듯하다—칸트가 다른 철학적 문제, 곧 정신과 육체 사이의 관계에 대해 크누첸과 다른 의견을 보임으로써 그의 미움을 샀기 때문이었다.[4] 칸트는 학위를 받지 못하고 대학을 떠났으며 1748년부터 1754년까지 가정교사 생활을 했다—하지만 18세기에 스스로 학문 활동을 계속해 나갈 경제적 능력이 부족한 지성인들이 이런 생활을 하는 것은 그리 드문 일이 아니었다.

1754년 칸트는 한 묶음의 철학과 자연과학 논문을 손에 쥐고 쾨니히스베르크로 돌아올 수 있었으며 곧바로 석사, 박사 학위를 받고 사강사로, 곧 대학이 아니라 강의를 듣는 수강생들로부터 강의료를 받는 형태

2　칸트의 대학 시절에 관한 훌륭한 설명은 Manfred Kuehn, *Kant: A Biography* (Cambridge: Cambridge University Press, 2001), 2장 참조.
3　[옮긴이 주] 원서에는 저서 제목이 영어로 표기되었지만 칸트 저서의 원래 제목을 밝힌다는 의미에서 옮긴이가 독일어로 바꾸었다. 이 절에 등장하는 다른 저서의 경우도 마찬가지이며, 칸트가 라틴어로 출판한 저서는 라틴어 제목을 밝혔다.
4　Kuehn, *Kant*, 86-95면 참조.

로 강의를 개설할 자격을 얻었다. 이때 칸트가 발표한 논문 중 가장 중요한 것은 『보편적 자연사와 천체 이론』(*Allgemeine Naturgeschichte und Theorie des Himmels*)과 『형이상학적 인식의 제일원리에 대한 새로운 해명』(*Principiorum primorum cognitionis metaphysicae nova dilucidatio*)인데 두 편 모두 1755년에 출판되었다. 칸트는 전자의 논문에서는 어떻게 태양계가 입자로 이루어진 성운으로부터 생겨날 수 있었는지를—이는 후에 칸트-라플라스(Kant-Laplace) 가설로 불리게 되는데—설명하기 위해 뉴턴의 원리를 사용했으며, 후자의 논문에서는 잠정적으로 데카르트와 라이프니츠-볼프의 형이상학을 모두 비판하기 시작했는데 이는 그의 철학적 저술들에서 점차 더욱 큰 중요성을 지니게 된다. 칸트가 유명한 존재론적 신 존재 증명을, 곧 완전한 존재의 개념으로부터 신이 현존한다는 점을 이끌어내는 증명 방식을 처음으로 거부한 것도 이 논문에서였다. 여기서 칸트는 현존은 결코 개념의 내용 중 일부일 수 없으며 항상 단지 내용에 부가되는 것일 뿐이라고 주장한다. 어떻게든 생계를 유지하기 위해 칸트는 무척 다양한 주제를, 논리학과 형이상학, 윤리학뿐만 아니라 물리학, 자연 지리학, 후에는 인간학까지도 강의했으며 대학 도서관의 사서직도 맡았다. 이런 과중한 부담 때문에 당연히 그는 연구와 저술을 할 시간이 부족했으며, 이후 1762-4년에 이르러서야 의미 있는 다음 저술들을 출판할 수 있었다. 이 시기에 그는 세 편의 중요한 논문 및 저술을 출판하는데 그 중 하나는 '자연 신학 원리와 도덕원리의 구별에 관한 탐구'(*Untersuchung über die Deutlichkeit des Grundsätze der natürlichen Theologie und der Moral*)였다. 여기서 칸트는 수학의 구성적 방법과 철학의 분석적 방법 사이에는 근본적인 차이가 있다고 주장한다. 다른 두 권의 저술 중 하나는 다소 전문적인 『신 존재 증명을 위한 유일하게 가능한 논거』(*Der einzig mögliche Beweisgrund zu einer Demonstration des Daseins Gottes*, 1763)였는데 이를 통해 그는 전통적인 신 존재 증명 방식에 대한 비판을 확대하면서 자신의 증명 방식을 제시했다(하지만 이는 그리 성공적이지 못했다). 다소 대중적인 저술 『아름다움과 숭고의 감정에 관한 고찰』(*Beobachtungen über das Gefühl des Schönen und Erhabenen*, 1764)에는 그의 미학보다는 오히려 인간학을 예견하게 하는 내용이 등장한다. 뒤이어 1776년에 출판한 저술 『형이상학의 꿈을 통해서 해명한, 영혼을 본다는 어떤 사람의 꿈』(*Träume eines Geisterseher, erläulert durch Träume der Metaphysik*)에서 칸트는 이 성주의적 형이상학에 대한 공격을 계속하면서 이를 스웨덴 출신의 심령술사 스베덴보리(Emmanuel Swedenborg)의 환상에 비유한다.

　칸트는 15년 동안 낮은 보수를 받는 사강사 생활을 하다가 1770년 마침내 논리학과 형이상학의 정식 교수로 임명되었다.[5] 이를 계기로 그는 교수 취임 논문을 발표하고 옹호해야 했는데 이때 발표한 논문이 『감성계와 지성계의 형식과 원리에 관하여』(*De mundi sensibilis atque intelligibilis forma et principiis*)였다. 이 논문에서 칸트는 공간과 시간이 모든 사물에 대해 우리가 지니는 경험의 형식이지만, 우리가 이런 사실을 필연적으로 참인 것으로 인식한다 할지라도 이는 공간과 시간이 단지 우리가 사물을 또는 사물의 외관을 표상하는 방식이 지닌 특징임을 보일 뿐이지 물자체로서의 사물, 곧 우리의 표상과 무관한 사물의 특징임을 보이지는 않는다고 주장한다. 이것이 바로 칸트가 후에 '선

5　이렇게 교수직에 임명된 것이 칸트에게 충분히 만족스러운 일은 아니었다. 칸트는 국왕에게 현재 교수직에 있는 인물이 당시 공석이었던 수학 교수직으로 옮겨갈 것이라고 주장함으로써 교수직을 얻었는데 주변 동료들에게는 이런 사정을 전혀 말하지 않았다. Kuehn, *Kant*, 188-9면 참조.

험적(transcendental)⁶ 관념론'이라고 부른 이론의 핵심이다. 하지만 현 단계에서 칸트는 이 이론을 실체나 인과성 같은 일반적 개념에까지 적용하지는 않으며 이런 일반 개념은 신과 우리 자신의 영혼을 포함해 물자체에 대한 지식을 낳으리라고 주장한다. 공간과 시간이 물자체로서의 사물이 지닌 특징임을 부정한 칸트의 주장은 당시 (지금도 마찬가지지만) 상당한 비판에 직면했다. 하지만 칸트는 이런 비판과 반박 때문에 이 이론을 포기하지 않았다. 오히려 칸트는 이를 계기로 비판에 답하기 위한 오랜 동안의 사색을 시작했고 어떤 저술도 출판하지 않은 이른바 '침묵의 10년'을 거친 후 드디어 기념비적인 저서 『순수이성비판』(Kritik der reinen Vernunft, 1781)을 출판하기에 이르렀다. 여기서 그는 자신의 선험적 관념론을 축소하기보다는 오히려 크게 확대했다. 특히 칸트는 실체나 인과성, 상호작용 같은 일반 개념들이 오직 공간과 시간 (곧 '직관들') 안에 있는 개별적인 대상에 대한 표상에 적용될 경우에만 지식을 산출할 수 있으므로 우리의 모든 지식은 사물의 실재가 아니라 현상에 대한 것일 뿐이라고 주장한다. 하지만 또한 칸트는 이런 일반 개념들, 특히 보편적 인과성의 개념을 인식을 위해 사용하는 일은 오직 사물의 현상에 대해서만 제한적으로 적용되므로 우리는 최소한 사물이 실제로 존재하는 모습이 우리가 인식하는 현상과는 다를지도 모른다고 상상하거나 믿을 수 있어야 한다고 주장한다. 특히 현상이 아니라 실재의 수준에서 우리는 우리 자신의 의지가 자유롭거나 신이 세계를 위한 계획을 세운다고 믿을 수 있는 공간을 확보할 수 있다. 따라서 우리가 이렇게 믿을 수 있는 적절한 인식적 근거를 확보하지 못한다

6   [옮긴이 주] 이 책에서 칸트의 용어 'transzendental' (영어로는 'transcendental')을 '선험적'으로 번역했다. 또한 'a priori'와 'a posteriori'는 그대로 음역해 '아프리오리'와 '아포스테리오리'로 번역했다.

할지라도 도덕적 또는 '실천적' 근거는 지닌다는 것이 칸트 도덕철학
의 핵심적 주제 중 하나가 된다. 바로 이 때문에 칸트는 『순수이성비
판』 재판의 머리말 중 널리 알려진 한 대목에서 자신은 '신앙을 위한
공간을 확보하기 위해 지식을 제한할 수밖에 없다'고 말한다(B xxx).

칸트는 『순수이성비판』을 출판했을 때 이미 57세였지만 그 후 20여
년에 걸쳐 놀랄 만큼 많은 저술을 계속 출판한다. 1783년 『형이상학 서
설』(*Prolegomena zu einer jeden künftigen Metaphysik, die als Wissen-
schaft wird auftreten können* 이하 『서설』로 약칭)을 통해 칸트는 『순수
이성비판』의 내용을 쉽게 설명하고 또 『순수이성비판』을 출판하자마자
제기되었던 비판에 답하려 했다. 1784년 칸트는 중요한 논문인 '세계시
민적 관점에서 본 보편사의 이념'(Idee zu einer allgemeinen Geschichte
in weltbürgerlicher Absicht)을 출판했다. 1785년에는 『정초』를 출판
했으며, 1786년에는 『자연과학의 형이상학적 기초』(*Metaphysische
Anfangsgründe der Naturwissenschaft*)를 출판했는데 여기서는 『순수
이성비판』의 기본 원리들을 경험적 개념인 물체에 적용함으로써 뉴턴
물리학을 재구성하려 했다. 이에 비추어보면 칸트가 『정초』의 기본 원
리들을 인간 삶의 주변 환경과 관련된 기본적인 경험적 사실에 적용함
으로써 법적 (강제로 강요될 수 있는) 의무와 윤리적 (강제로 강요될
수 없는) 의무를 확립하는 것을 목표로 삼는 『도덕의 형이상학적 기초』
라는 저술을 계획했으리라고 예상할 수 있다. 하지만 이런 예상과는 달
리 칸트는 1787년 근본적으로 수정된 『순수이성비판』의 재판을 먼저
출판하며, 여기서 제기된 의지의 자유 문제에 대한 자신의 견해를 밝
히기 위해 1788년 이른바 제2비판으로 불리는 『실천이성비판』(*Kritik
der praktischen Vernunft*)을 출판한다. 뒤이어 1790년에는 제3비판에
해당하는 『판단력비판』(*Kritik der Urteilskraft*)을 출판해 18세기에 크

게 유행했던 주제인 미학과 목적론을 자신의 비판철학적 체계 안에서 다룬다. 1793년에 출판된 『이성의 한계 안에서의 종교』(*Die Religion innerhalb der Grenzen der bloßen Vernunft*)에서 칸트는 기독교의 모든 중요한 믿음들이 자신이 이해하는 도덕의 핵심 개념들을 상징하는 것으로 재해석될 수 있다는 주장을 편다(또한 의지의 자유 문제를 다소 수정된 방식으로 다룬다). 1795년 중요한 정치학 저술인 『영원한 평화를 위하여』(*Zum ewigen Frieden: Ein philosophischer Entwurf*)를 출판한 후 1797년 마침내 『정초』의 핵심 개념들에 기초해 법적, 윤리적 의무의 체계를 상세히 제시한 『도덕형이상학』(*Die Metaphysik der Sitten*)을 출판한다. 같은 해 교수직에서 은퇴한 그는 은퇴 후 두 권의 저술을 더 출판한다. 그 중 한 권은 1772년부터 계속 행했던 인간학(사실상 경험 심리학에 해당하는) 강의를 요약, 정리한 『실용적 관점에서 본 인간학』(*Anthropologie in pragmatischer Hinsicht*)이며, 다른 한 권은 학문적 자유를 옹호하기 위한 다소 도전적인 저술인 『학부들 사이의 논쟁』(*Der Streit der Fakultäten*)이다. 그 후 칸트는 1804년 세상을 떠날 때까지 자신의 선험 철학과 과학 철학을 수정하는 일에 몰두했지만 이는 완성되지 못했다. 이 시기에 칸트가 쓴 수고들은 『유고』(*Opus postumum*)라는 제목으로 출판되었다.

2. 칸트 시대의 도덕철학

이제 칸트로부터 눈을 돌려 그가 접했던 당시 도덕철학의 상황을 살펴보기로 하자. 근대를 낳았던 지적인 요소들, 곧 르네상스와 종교개혁 및 반종교개혁 그리고 과학혁명은 도덕철학에도 강력한 영향을 미쳐 다양한 접근 방식들이 등장하는 결과를 낳았다. 특히 일부 신교도를 포함한 전통주의자들은 신의 명령으로서의 도덕이론 또는 주의주의(voluntarism)를 주장했다. 이 이론은 아우구스티누스(St. Augustine)까지 거슬러 올라가는 것으로서 이에 따르면 어떤 행위가 옳거나 그른 이유는 오직 신이 그 행위를 행하거나 행하지 말라고 명령했기 때문이다. 따라서 우리는 신을 존중해 신의 보상을 받고 신의 처벌을 피하기 위해서 신이 원하는 대로 행해야 한다. 그리 정통적이지는 않은 구교도였던 데카르트(René Descartes)는 이런 주의주의를 도덕과 무관한 영원한 진리, 곧 논리학과 수학의 진리에까지 확장했다. 다른 한편으로 그로티우스(Hugo Grotius)나 푸펜도르프(Samuel Pufendorf) 같은 인물을 포함한 더욱 진보적인 신교도들은 자연법 이론을 옹호했는데 이는 최소한 아퀴나스(St. Thomas Aquinas)까지 거슬러 올라가는 이론이다. 이에 따르면 신은 인간이 자신들의 행복을 추구하기를 바라며 인간에게 이성이라는 능력을 부여했다. 따라서 인간은 신의 직접적인 개입이 없이도 신이 인간에게 부여한 이성을 수단으로 삼아 행복이라는 목표를 인식하고 추구할 수 있다. 이렇게 기독교 교파들 사이에 교리상의 대립이 계속되는 데 대한 반작용으로 고대의 회의주의에 대한 관심이 부활했는데—특히 몽테뉴(Michel de Montaigne)의 주도로—이는 다른 헬레니즘 시대 윤리학, 곧 에피쿠로스학파와 스토아학파에 대한 관심으로 이어졌다. 18세기에 세네카(Seneca)와 키케로(Cicero)의 저술은 유럽의 모든 문명국의 교육 과정에서 필수 교재로 사용되었다. 합리적 이기주의 이론, 곧 인간은 이성을 사용해 자기 자신에게 무엇이 최선의 이익인지를 발견해야 하며, 이런 자기 이익을 극대화하기 위해서는 다른 사람과의 협력이나 심지어 강력한 전제 정부에 복종하는 일도 얼마든지 할 수 있다는 이론도 등장했는데 17세기에는 홉스(Thomas

Hobbes)가, 18세기에는 맨더빌(Bernard Manderville)이 이런 이론을
확산시켰다. 이에 대한 대응으로 컴벌런드(Richard Cumberland), 섀
프츠베리(Anthony Ashley Cooper, the third Earl of Shaftesbury), 허
치슨(Francis Hutcheson), 흄(David Hume) 등은 '도덕감' 이론을 발
전시켰는데 이에 따르면 인간은 단지 자기이익이라는 동기만을 지니는
것이 아니라 자비로운 행위를 시인하고 이기적인 행위를 혐오하는 본
성적 감정을 지닌다—이런 성향은 신이 부여했거나 섭리에 따른 것일
수도 있지만 신의 의지나 명령에 대한 어떤 지식도 전제하지 않는다.
반면 18세기 독일에서는 라이프니츠와 볼프의 영향으로 일종의 완성주
의(perfectionism)가 주도적인 도덕이론의 위치를 차지했는데 이에 따
르면 인간의 의무는 신의 완전성을 인식하고 인간 본성에 내재한 잠재
성을 완전하게 실현함으로써 자신의 행위를 통해 신의 완전성을 드러
내는 것으로 규정된다.

『정초』에 등장하는 칸트의 논증에서 어느 정도 수준에 도달한 모든
정상적인 사람들이 실제로 도덕성의 근본 원리에 따라 행위하고 따라
서 이런 원리를 최소한 잠정적으로라도 인식한다는 사실은 핵심적인
역할을 하지만 칸트는 고대든 근대든 간에 이전의 어떤 도덕철학도 이
런 도덕원리와 그것의 근거를 적절하게 특징짓지 못했으며 이런 원리
에 따라 행위할 적절한 동기도 부여하지 못했다고 주장한다. 다소 직설
적으로 표현하면 칸트는 이전의 도덕이론들이 제시한 도덕원리는 제멋
대로거나 아니면 공허하고 이들이 도덕적 동기로 여기는 바는 대부분
고상하다기보다는 경멸스럽다고 주장한다. 칸트는 자신의 윤리학을 다
룬 저술이나 강의에서 자주 사용한 체계를 통해 이런 비판을 강력하게
표현한다. 『정초』에서 칸트는 방법론적 또는 인식론적 원리라고 부를
수 있는 것에 기초해 자신의 비판을 전개하는데 그렇게 한 가장 큰 이

유는 이전 도덕철학자들이 방법론을 혼동함으로써 도덕성의 근본 원리에 대한 중요한 설명을 전혀 제시하지 못했다고 생각하기 때문이다. 그는 이전의 도덕이론들이 도덕원리의 근거를 경험적으로 아니면 이성적으로, 바꾸어 말하면 경험에 기초하거나 아니면 아프리오리한 개념에 기초해 제시했다고 말하면서(『정초』, 4:441-2), 사실상 어떤 이론이라도 구성하려면 이들 둘 중 하나를 선택할 수밖에 없다고 주장한다. 『실천이성비판』에서도 도덕이론들을 '주관적' 이론과 '객관적' 이론으로 분류함으로써 이를 다시 한번 강조한다(『실천』, 5:40). 경험적 또는 주관적 이론들은 도덕원리를 행복이라는 '자연적' 감정으로부터(에피쿠로스), 특별한 '도덕적 감정'으로부터(허치슨) 또는 교육이나 정부와 같은 제도와 관행으로부터(몽테뉴와 맨더빌) 이끌어내려고 했다. 하지만 도덕적 감정은 모든 상황에서 도덕적으로 적절한 행위를 인도하는 것으로 여겨질 수 없다―때로는 동정심이 명백히 다른 사람의 의도에 대한 올바른 반응이 아니라 그릇된 반응이 되는 경우도 있다. 또한 개인의 행복 추구나 특정 지역의 관습에 따르는 일은 많은 상황에서 도덕적 대립을 낳는 경우가 무척 흔하다. 곧 나를 행복하게 하는 것이 상대방을 불행하게 만들기도 한다. 바꾸어 말하면 이런 이론들은 모두 도덕원리가 '**인간 본성의 특수한 배열이나** 우연적인 상황에 따라'(『정초』, 4:442) 좌우되는 것으로 봄으로써 장소와 시대를 넘어서서 모든 인간에게, 곧 모든 이성적인 존재에게 오직 그가 이성적이라는 이유만으로 타당한 (칸트는 인간이 아닌 다른 어떤 이성적 존재가 실제로 존재한다는 점을 결코 긍정하지는 않지만 이런 요구 자체는 성립한다고 본다) 도덕원리를 제시하지 못한다. 더욱이 그저 자기 자신의 행복에 대한 관심 또는 자신이 우연히 받게 된 교육이나 지니게 된 관습에 따라 행위하는 것이 동기로 작용한다면 여기서 특별히 존엄한 점은 전혀 발견되지 않는다.

다른 한편으로 '이성적' 또는 '객관적' 이론들은 공허하거나 아니면 논점을 선취한다. 칸트는 완성주의가 '공허하며 아무것도 규정하지 않는다'고 주장하면서(『정초』, 4:443), 완성주의는 오직 인간의 완전성 또는 행복이라는 경험적 개념을 전제할 경우에만 분명한 행위 원리를 낳을 수 있다고 말한다(이는 볼프의 완성주의에 대한 적절한 비판이다). 신의 의지는 완전하기 때문에 우리는 신이 명령한 바를 행해야 한다는 원리에 기초한 도덕이론은 더욱 열악한 수준에 그치는데 그 까닭은 다음과 같다. 첫째, 이 이론은 우리가 도덕원리에 대해 선행하는 지식을 지닌다는 점을 은연중에 전제하고 이를 통해 우리가 신의 명령으로 여겨지는 바를 인식할 수 있다고 생각하므로 순환논증에 빠진다. 둘째, 이 이론은 신 자신을 '오직 명예욕과 지배욕만이 가득 찬 존재로' 만들며, 도덕적으로 행위하려는 우리의 동기를 오직 '신의 권능과 복수를 두려워하는 표상' 안에 가둠으로써 '도덕과 정반대되는 윤리 체계'를 낳으며 도덕적으로 행위하려는 우리의 동기를 칭찬보다는 경멸의 대상으로 만든다(4:442). 칸트는 이런 견해 때문에 1786년 자신을 후원했던 프리드리히 대제(Frederick the Great)가 세상을 떠난 후 프로이센 정부를 장악했던 종교적 보수주의자들과 마찰이 일어나리라는 점을 잘 알았지만 신학적 윤리학을 지지할 수는 없다고 생각했다. 칸트에 따르면 신학적 윤리학은 신의 의지라는 개념을 형성하기에 앞서 우리가 무엇이 옳고 그른지를 안다고 전제하기 때문에 지적인 기만을 포함하며, 우리를 다른 사람에 대한 진정한 관심이 아니라 단지 신으로부터의 보상을 바라고 처벌을 두려워하는 이기적인 동기에서 행위하는 존재로 묘사하기 때문에 천박하다. (칸트는 볼프와 섀프츠베리를 다른 근거에서 비판했지만 이들도 모두 신학적 윤리학에 대해 칸트의 비판과 유사한 비판을 제기한다. 섀프츠베리는 신학적 윤리학이 '공평'하기보다는 '자신의 이익만을' 바라므로 합리적 이기주의를 가장한 형태에 지나지 않는다고 말함으로써 이런 비판을 표현했다.)[7]

칸트는 자주 근대의 여러 도덕철학에 비해 에피쿠로스학파와 스토아학파에 대해 우호적인 태도를 보인다. 하지만 그는 이들이 모두 덕과 행복을 제대로 구별하지 못했다고 비판한다. 에피쿠로스학파는 행복의 개념을 아무리 세련되게 정의하더라도 행복의 추구 자체가 곧 덕은 아니라는 점을 파악하지 못했으며, 스토아학파는 설령 덕에 도달하더라도 오직 그것만으로는 일상적인 의미에서의 행복이 전혀 보장되지 않는다는 점을 인식하지 못했다. 따라서 이들의 접근 방식 중 어떤 것도 '덕의 준칙과 자기 자신의 행복을 추구하는 준칙이 서로 전혀 다른 종류에 속하는 최고의 실천 원리를 지닌다는 점을' 깨닫지 못했다(『실천』, 5:113).

그렇다면 칸트는 이런 모든 주장을 통해 어떤 방향으로 나아가는가? 그의 견해에 따르면 도덕성의 근본 원리는 진정으로 보편적이어야 하며 따라서 시간과 공간을 넘어서서 모든 인간에게, 가능한 모든 이성적 존재에게 적용되어야 한다. 또한 그런 원리가 지금까지 제기되고 검토된 어떤 방법에 의해서도 아프리오리하게 인식되지 않았다 할지라도 그것은 경험적으로가 아니라 아프리오리하게 인식되어야 한다. 더욱이 진정한 도덕적 동기는 단지 자신의 행복을 추구하려는 욕구, 곧 보상을 바라고 처벌을 피하려는 욕구보다 고귀한 무언가여야만 한다. 하지만

---

7 Anthony Ashley Cooper, Third Earl of Shaftesbury, *Characktersticks of Men, Manner, Opinions, Times*, ed. Philip Ayres, two volumes (Oxford: Clarendon Press, 1999), 특히 *Sensus Communis: An Essay on the Freedom of Wit and Humour*, Part II, Section III, vol. I, 55-7면 참조.

행복에 관해 전혀 아무런 언급도 하지 않는 도덕이론은 비현실적인 것에 그친다. 왜냐하면 인간은 본성적으로 행복을 바라는데 도덕철학이 이런 사실을 완전히 무시할 근거는 없기 때문이다. 따라서 칸트가 발견해야 하는 바는 진정으로 보편적인 도덕원리와 도덕적으로 행위해야 할 진정으로 고귀한 동기이다. 하지만 이들 중 어떤 것도 도덕을 행복의 추구, 특히 개인 자신의 행복 추구로 축소시켜서는 안 되며 도덕의 체계 안에서 행복에 대한 적절한 관심을 허용해야 한다. 이것이 『정초』와 뒤이은 여러 도덕철학 관련 저술에서 칸트가 추구해야 하는 임무이다.

2장
주제들의 개관

1. 자율과 도덕

칸트는 이전의 모든 도덕철학들을 비판한 후에 자신이 도덕이론에 부과한 요구를 충족시키기 위해 무엇을 제안하는가? 그의 제안은 인간 이성 자체가 우리에게 '자율', 곧 '의지가 그 자신에 대해 (의지가 원하는 대상이 지니는 그 어떤 성질과도 무관하게) 스스로 법칙을 부과하는 특성'을 명령하며, 이런 자율은 곧 도덕과 동일하다는 것이다(『정초』, 4:440). 하지만 『정초』를 읽으면서 우리가 칸트에 대해 제기할 수 있는 비판 중 하나는 그가 인간 이성이 그 자체로 자율이라는 목표를 부과한다는 사실에 기초해 자신의 도덕이론을 전개하는 것이 분명하다 할지라도 그가 도덕성의 근본 원리로 여기는 많은 정식들에는—더욱 정확하게 '정언명령'의 정식들, 곧 보편적으로 타당하므로 '정언적인' 도덕성의 근본 원리이지만 이를 인식하고 이에 일치하게 행위할 수 있는 동시에 이를 거슬러서 행위하려는 성향도 지니는 우리와 같은 피조물에게는 최소한 가끔이라도 강제 또는 '명령'으로 지각되는(『정초』, 4:413-14) 정식들에는— '자율'이라는 용어가 전혀 등장하지 않는다는 점이다. 칸트가 제시한 정언명령의 정식 중 가장 유명하고 활발한 논의의 대상이 되는 것들은 다음과 같다.

그 준칙이 보편법칙이 될 것을 그 준칙을 통해 네가 동시에 원할 수 있는 오직 그런 준칙에 따라서만 행위하라. (4:421)

너 자신의 인격에서나 다른 모든 사람의 인격에서 인간성을 항상 동시에 목적으로 대하고 결코 단지 수단으로 대하지 않도록 행위하라. (4:429)

우리 스스로 법칙을 수립함으로써 등장한 모든 준칙은 자연의 나라로서 성립 가능한 목적의 나라와 조화를 이루어야 한다. (4:436)

『정초』에 대한 해석은 이런 정식들이 무엇을 의미하며 서로 어떻게 관련되는지 그리고 도덕적 의무에 관한 우리의 일상적 개념과는 어떻게 연결되는지뿐만 아니라 이들이 인간 이성 자체의 근본 목표인 자율의 개념과는 어떻게 연결되는지를 설명해야만 한다. 이 책에서 전개될 논증은 칸트가 자율을 통해 의미한 바가 바로 자율이 개인이나 집단으로서의 인간이 행하는 선택과 행위의 자유를 최대한 폭넓게 보존하고 증진할 수 있는 조건이라는 점, 칸트의 견해에 따르면 자율이 인간에게 가장 근본적인 가치를 부여한다는 점 그리고 정언명령의 정식들을 통해서 표현된 규범을 충실히 준수하는 것이 사실상 이렇게 이해된 자율이라는 목표에 이르는 수단이라는 점을 보이게 될 것이다. 하지만 정언명령의 정식들과 개인이나 집단으로서의 인간이 도달해야 하는 자유라는 목표 사이의 연결점은 『정초』에서는 수면 위로 분명히 드러나지 않는 경우가 많다.

하지만 칸트가 『정초』 이전에 사전 준비 작업을 하면서 쓴 많은 저술들에서는 사정이 이와 다르다. 따라서 『정초』에 등장하는 내용을 본격적으로 살펴보기에 앞서 이런 이전의 저술들을 간단히 검토하려고 한다. 초기 저술들에서 칸트는 다음과 같은 주장들을 전개한다. (1) 선택과 행위의 자유는 우리에게 가장 근본적인 가치를 지닌다. (2) 하지만 개인적인 선택과 행위는 그 자체로 자유롭다고 여겨질 수 있을지 몰라도 오직 자유가 자기일관성(self-consistency)을 지니는 법칙에 따라서, 곧 다른 사람들의 자유와 최대한 양립 가능한 자유로운 행위만을 허용하는 규칙에 따라서 발휘될 경우에만 자유는 한 개인 또는 다수의 개인이 행하는 다양한 행위들에서 보장될 수 있다. (3) 이런 자유의 자기일관성은 이른바 인간 행위의 도덕적 형식에 해당하는 반면 행위의 내용은 이런 형식과 양립 가능한 한에서 자기 자신 또는 다른 사람들이 지니는 특정한 욕구의 만족이다—이런 만족의 총합은 최대의 덕과 양립 가능한 최대의 행복을 형성한다. 이 세 주장은 앞에서 인용한 정언명령의 세 정식을 통해 『정초』에서도 그대로 반영된다. 전제 (1), 곧 자유가 우리에게 가장 큰 가치를 지니는 것이라는 전제는 인간성을 항상 동시에 목적으로 대하고 결코 단지 수단으로 대하지 않도록 행위하라는 명령의 배후에 놓여 있다. 주장 (2), 곧 자유는 오직 모든 자유로운 행위에 대해 요구되는 자기일관성에 따라 발휘될 경우에만 보장되고 증진될 수 있다는 주장은 우리가 동시에 보편법칙이 될 것을 원할 수 있는 준칙에 따라서만 행위해야 한다는 정식을 통해서 반영된다. 그리고 주장 (3), 곧 자유로운 행위의 형식적 일관성이 인간의 특정한 목적 추구를 통해서 실현된다는 주장은 칸트가 생각한 목적의 나라의 개념, 곧 '모든 목적들 (목적 자체로서의 이성적 존재뿐만 아니라 개별적인 이성적 존재들 각각이 스스로 내세울 수 있는 목적들) 전체'라는 (4:433) 개념을 통해서 반영된다. 이 장에서는 칸트가 『정초』 이전에 쓴 저술들에서 등장하는 위와 같은 주장의 논거를 검토할 것이며, 이런 주장들이 『정초』에서 어떻게 드러나는지에 대해서는 뒤이은 장들에서 밝히려 한다. 또한 우리는 초기 저술들에서 칸트가 단계 (1), 곧 자율이 절대적인 가치를 지닌다는 전제에 대해 인간 본성에 관한 경험적 주장들에 기초해 제시한 심리학적 설명도 살펴보려 한다. 칸트는 『정초』에서는 도덕의 기초에 대한 이런 방식의 설명을 거부한다. 따라서 우리는 『정초』에서 그가 과연 도덕의 기본 전제에 대한 또 다른 기초를 제공하는 데 성공했는지도 검토해야 한다.

칸트의 논증 중 처음 두 단계는 칸트가 『정초』를 준비하던 시절에 행했던 도덕철학 강의의 일부 내용에서 간결하게 드러난다. 칸트는 당시 독일의 제2세대 볼프주의자에 해당하는 바움가르텐(Alexander Gottlieb Baumgarten, 1714-62)의 저서를 교재로 삼아 강의를 진행했다. 바움가르텐은 인간의 모든 의무를 세 종류로, 곧 신에 대한 의무와 자기 자신에 대한 의무 그리고 다른 사람들에 대한 의무로 분류했다. 하지만 칸트는 우리가 신에 대해 어떤 의무라도 지닌다는 생각은 무시하고 오직 우리 자신에 대한 의무와 다른 사람들에 대한 의무만을 인정한다(이를 통해 칸트는 우리가 행한 바보다는 신앙에 의해서 구원에 이르게 된다는 루터주의 교리를 거부한다). 그런 다음 칸트는 우리 자신에 대한 의무를 우리의 진정한 의무로 여기면서 자신이 생각하는 이런 의무의 목록을 제시하고 이를 수행하는 것이 다른 사람들에 대한 의무를 수행하기 위한 필요조건이라고 주장한다. 이를 바탕으로 그는 '자기 자신에 대한 모든 의무의 원리는 과연 무엇에 기초하는가' 라는 질문을 던지고 이에 답한다.

한편으로 자유는 다른 모든 능력들에게 무한한 유용성을 부여하는 능력이다. 자유는 인간 삶의 최고 단계에 위치하며, 다른 모든 완전성의 배후에 놓여 있는 필요조건의 역할을 하는 속성이다. 모든 동물도 자신의 선택에 따라 자신의 힘을 사용할 능력을 지닌다. 하지만 동물의 선택은 자유롭지 않으며, 충동과 자극에 의해서 강제된다. 동물의 행동에서는 동물적 필연성만이 발견된다. 만일 선택 능력을 지닌 모든 존재가 이렇게 감각적 충동에 의해서 좌우된다면 이 세계는 어떤 가치도 지니지 않을 것이다. 하지만 이 세계의 내적 가치, 곧 최고선은 강제되지 않는 행위를 선택할 능력으로서의 자유에 놓여 있다. 따라서 자유는 곧 세계의 내적 가치이다. 하지만 다른 한편으로 자유가 어떤 제한조건의 역할을 하는 규칙에 의해서 제한되지 않는다면 자유는 이 세상에 존재하는 것 중 가장 끔찍한 것이 되고 말 것이다. … 만일 자유가 객관적인 규칙에 의해서 제한되지 않는다면 가장 난폭한 무질서를 낳을 것이다. 인간이 자유라는 능력을 자기 자신과 다른 사람들을 파괴하는 데, 더 나아가 자연의 모든 것을 파괴하는 데 사용하지 않으리라는 보장이 없기 때문이다. … 그렇다면 자유를 제한하는 조건은 과연 무엇인가? 그것은 바로 법칙이다. 특히 보편법칙이다. 너의 모든 행위가 규칙에 따르도록 행위하라. … 자유는 오직 이런 조건 아래에서만 일관성을 유지할 수 있다. 그렇게 하지 않는다면 자유는 자기 자신과 충돌하고 만다.[1]

칸트는 자신의 생각을 설명하기 위해 수많은 예를 드는데 가장 간단한 것으로 술 취하는 것을 피해야 할 의무를 언급한다. 술 취해야겠다는

---

1   나는 이 부분을 켈러(Johann Friedrich Kaehler)가 기록한 칸트의 1777년 여름학기 강의 내용에서 직접 번역, 인용했다. 켈러의 강의 기록은 Immanuel Kant, *Vorlesung zur Moralphilosophie*, ed. Werner Stark, with an introduction by Manfred Kuehn (Berlin and New York: Walter de Gruyter & Co., 2004), 176-7, 178, 180면에 수록되어 있다. 이와 유사한 내용이 콜린스(Georg Ludwig Collins)가 기록한 칸트의 1784-5년 겨울학기 강의 내용에서도 여전히 등장한다. 콜린스의 강의 기록은 Immanuel Kant, *Lectures on Ethics*, ed. Peter Heath and J. B. Schneewind, tr. Peter Heath (Cambridge: Cambridge University Press, 1997), 125-8면 참조.

결정은 그 자체만 놓고 보면 완벽하게 자유로운 결정이다. 하지만 그것
은 술 취한 몇 시간 동안 자유로운 선택을 할 능력을 잃게 만드는 결과
를 낳을 수도 있고 더욱 불운하게 차를 몰다가 나무를 들이박는 결과를
낳을지도 모른다. 따라서 술 취하는 것은 자유가 '그 자체와 조화를 이
루는' 경우가 아니라 자유가 '자기 자신과 충돌하는' 경우에 속한다.[2]
칸트가 명확하게 덧붙이지는 않지만 술 취해야겠다는 우리의 자유로운
결정은 얼마든지 다른 사람들의 자유와 충돌하거나 그들의 자유를 파
괴할 수도 있다. 예를 들면 술 취한 운전자가 자신의 차로 나무가 아니
라 아무 잘못도 없는 가족이 탄 다른 차를 들이받아 그들을 장애인으로
만들거나 사망하게 한다면 이는 그들의 선택과 행위의 자유를 제한하
고 파괴한 셈이 된다.

　이를 통해 칸트는 자신의 주장 중 처음 두 가지를 분명히 예증한다.
곧 자유는 근본적인 가치를 지니지만 각 개인 그리고 모든 사람의 자유
가 지닌 가치는 오직 각 개인이 자신의 자유를 더욱 신장할 뿐만 아니
라 자신의 선택과 행위에 의해서 영향을 받는 다른 사람들의 자유까지
도 보장할 수 있는 방식으로 발휘할 경우에만 완전히 실현될 수 있다.
하지만 여기서 칸트의 세 번째 주장, 곧 자유를 자기일관성을 지니는
방식으로 발휘해야 한다는 형식이 인간의 특정한 목적이나 목표라는
내용에 적용되어야 하며 따라서 자유를 합법적으로 발휘한다면 설령
자유의 가치가 그것이 낳는 결과에 의존하지 않는다 할지라도 자유는
인간의 행복으로 이어진다는 주장은 등장하지 않는다. 그리고 처음 두
단계조차도 칸트가 여기서 제시한 것 이상의 설명을 필요로 한다. 하지
만 칸트가 위에서 인용한 강의를 했던 1777년에 쓴 다양한 단편들에

2　Kant, *Vorlesung zur Moralphilosophie*, 179–80면.

비추어 이 세 가지 주장을 더욱 분명히 파악할 수 있으며 또한 칸트가
『정초』를 쓰는 동안 행한 일련의 정치철학 강의도 큰 도움을 준다.

　몇몇 단편에서 칸트는 자유의 근본적인 가치를 분명히 인정해, 자유
는 다른 어떤 목적을 위한 유용성에도 의존하지 않는 본질적 가치와 자
신을 스스로 파괴하는 경우를 제외한 다른 어떤 것에 의해서도 손상될
수 없는 무조건적인 가치를 지닌다고 주장한다. 일찍이 1769-70년에
이미 칸트는 바움가르텐의 저서 『실천철학 입문』의 여백에 다음과 같
이 썼다.

　　지성은 다른 어떤 선 또는 행복에 이르는 수단의 역할을 하는 간접적인 선
　　에 지나지 않는다. 직접적인 선은 오직 자유 안에서만 발견된다. … 따라
　　서 오직 인격만이 절대적인 가치를 지니는데 그 까닭은 인격이 자유로운
　　선택 능력이라는 선을 소유하기 때문이다. 자유는 모든 것의 출발점에서
　　제일근거를 포함할 뿐만 아니라 유일하게 자기일관성을 지니는 선도 포함
　　한다.[3]

1776-8년에 칸트는 (자신의 형이상학 강의에서 교재로 사용했던) 바
움가르텐의 『형이상학』의 여백에 '자유롭게 행위하는 존재 이외에는
어떤 것도 절대적으로 (모든 면에서 무조건적으로) 선하지 않다'고 썼
다.[4] 이와 비슷한 시기에 그는 다시 한번 바움가르텐의 『실천철학 입
문』 여백에 다음과 같이 썼다.

3　단편 6598 (19:103), Immanuel Kant, 『단편』, ed. Paul Guyer, tr. Curtis Bow-
man, Paul Guyer and Frederick Rauscher (Cambridge: Cambridge University
Press, 2005), 420면.
4　단편 5444 (18:183), 『단편』, 414면.

인간 본성이 존엄한 까닭은 오직 자유 때문이다. 자유를 통해서 우리는 모든 선을 누릴 자격을 얻게 된다. 하지만 인간의 존엄성은 (가치는) 자유를 어떻게 사용하는가에 의존하며 자유를 제대로 사용함으로써 인간은 자신을 모든 선을 누릴 만한 존재로 만든다. 인간은 또한 자신의 자연적 재능에 주어진 만큼 자유를 실천하고 다른 사람들의 자유를 외부적으로 인정함으로써 자신을 이런 선을 누릴 만한 존재로 만든다.[5]

여기서 칸트는 『정초』에서는 그리 중요하지 않지만 『실천이성비판』과 이후 저술에서는 도덕적 덕과 행복의 연결이라는 관점에서 중요하게 부각되는 하나의 논점을 제시하는데, 그것은 바로 우리가 자신의 자유를 다른 사람들의 자유와 조화를 이루는 방식으로 발휘함으로써 모든 사람이 자유를 조화롭게 발휘하는 훌륭한 결과를 낳는 데 기여할 수 있다는 점이다. 하지만 물론 자유는 이런 이익에 의존하지 않는 본질적인 가치를 지닌다. 여기서 우리는 자유가 본질적인 가치를 지니지만 이런 가치는 자유가 무절제한 방식이 아니라 규칙의 지배를 받는 방식으로 발휘될 경우에만 실현된다는 점을 기억할 필요가 있다. 칸트는 1784년에 행한 정치철학 ('자연권'을 다룬) 강의의 서론 부분에서도 이 점을 특히 강조해 다음과 같이 말한다.

오직 이성적 존재만이 목적 자체라고 한다면 그 까닭은 이성을 지니기 때문이 아니라 자유를 지니기 때문이다. 이성은 단지 수단에 지나지 않는다. … 이성이 없는 존재는 목적 자체가 될 수 없다. 왜냐하면 자신의 존재를 의식할 수도, 반성할 수도 없기 때문이다. 하지만 이성이 곧 인간이 목적

---

5   단편 6856 (19:181), 『단편』, 441면.

자체로서 다른 무엇과도 바꿀 수 없는 존엄성을 지니는 원인은 아니다. 이
성은 우리에게 그런 존엄성을 부여하지 않는다. … 자유가, 오직 자유만이
우리를 목적 자체로 만든다.[6]

이 인용문은 상당히 중요한데 그 까닭은 여기서 칸트가 인간이 이성적
이기 때문에 가치를 지니는 것이 아니라는 점을 분명히 밝히기 때문이
다. 여기서 그가 주장하는 바는 우리의 무조건적인 가치가 자유를 발휘
하는 능력에 놓여 있다는 점이다. 반면 이성은 도구적 가치만을 지닌
다. 왜냐하면 이성은 우리의 자유를 자기일관성을 유지하도록, 곧 각
개인이 자신의 자유를 우리 자신과 다른 사람의 자유를 보존하고 증진
하는 일과 양립 가능하도록 사용하는 방법을 알려주는 수단에 지나지
않기 때문이다.

2. 자율과 규칙

하지만 위의 인용문 중 어떤 것에서도 왜 자유가 무조건적인 가치를 지
닌다고 믿어야 하는지에 대한 이유는 전혀 등장하지 않는다. 이제 이
어려운 질문을 잠시 접어둔 채 칸트가 제시한 두 번째 단계에서 전개된
생각, 곧 위의 마지막 인용문에서 암시되듯이 규칙의 역할은 자유를 자
기일관성을 유지하도록 또는 우리의 개인적인 행위를 통해 자유를 보
존하고 증진할 수 있도록 만드는 것이라는 생각을 검토해 보자. 이는
칸트가 여러 단편에서 거듭 강조한 바이기도 하다. 일찍이 1764-8년부

---

6 Kant, *Naturrecht Feyerabend*, 27:1321-2. (이하 이 강의록은 『자연권』으로 약칭
－옮긴이의 첨가)

터 칸트는 왜 우리가 이성 및 이성의 규칙을 자유의 발휘에 적용해야 하는지에 대한 이유를 언급하기 시작했다. '모든 옳은 행위는 상호적으로 고려된 자유로운 선택 능력의 최대한이다.'[7] 곧 우리의 행위는 고립되어 존재하는 것이 아니라 서로 영향을 주고받으므로 어떠한 특수한 상황에서도 우리는 불필요하게 자유를 제한하는 행위가 아니라 우리 자신과 다른 사람의 자유를 최대한 보장하는 행위를 선택해야만 한다―하지만 어떤 행위가 이런 행위인지를 발견하기 위해서는 이성이 필요하다. 1776-8년에 칸트는 다음과 같이 썼다.

> **도덕 판단의 원칙**은 (자유를 이성 일반에 적합하게 만드는, 곧 보편적 합의라는 조건에 따르는 합법칙성의 원칙은) 자유에 대한 (자기 자신뿐만 아니라 다른 사람과도 관련되는) 보편적 합의의 원칙 아래서 자유에 복종하기 위한 규칙이다.[8]

이 인용문은 어떻게 어떤 특수한 자유로운 행위가 '자유에 대한 보편적 합의'와, 곧 자신의 자유와 다른 사람의 자유 모두를 보존하는 합의와 조화를 이루는지를 규정하기 위해서는 이성을 사용해야 한다는 사실을 다시 한번 암시한다. 이와 같은 시기에 쓴 다른 단편에서 칸트는 '일차적인 당위는 오직 자유를 아프리오리하게 규정되는 일정한 규칙들에 따라 행위하는 능력으로 만드는 조건이다. … 어떤 대상에 의해서도 제한되지 않는, 따라서 순수한 의지는 우선 자기 자신과 모순을 일으켜서는 안 되며 자유는 … 통일성을 지녀야 한다'고 말한다.[9]

---

7   단편 6596 (19:101), 『단편』, 420면.
8   단편 6864 (19:184), 『단편』, 443면.
9   단편 6850 (19:178), 『단편』, 439면.

한 핵심적인 단편에서 칸트는 다음과 같은 점을 더한다. 우리 자신과 다른 사람의 자유를 보존하기 위해서 우리는 규칙에 따라 행위해야 하는데 그 까닭은 그렇게 하지 않는다면 오직 충동에 좌우될 수밖에 없기 때문이다. 하지만 충동은 이미 우리 자신 안에서도 다른 충동과 상충하며 또 다른 사람의 충동과도 얼마든지 충돌함으로써 항상 우리 자신이나 다른 사람에게서 행위의 자유를 빼앗을 뿐이다.

> 오직 우리의 지성이 동시에 보편적 규칙을 추구하는 것만이 필요하다. 그런 규칙에 따라 명령하고, 자제하고, 행복을 향한 일관된 노력을 경주할 때 우리의 맹목적인 충동이 그저 우연히 여기저기서 우리를 압박하는 일은 없어질 것이다. 충동은 흔히 상충하므로 일종의 판단이 필요한데 이는 모든 충동에 공평하게 적용되는 규칙에 관한 판단이다. 이렇게 모든 성향에서 벗어나 오직 순수한 의지를 통해 모든 행위와 모든 인간에게 타당한 규칙에 도달함으로써 우리는 자기 자신 및 다른 사람과 최대한의 조화를 이루는 인간이 된다.[10]

오직 이성을 사용해 우리의 행위에 적용되는 규칙을 제시함으로써 우리는 서로 모순을 일으켜 자유를 손상시키는 우리 자신이나 다른 사람의 충동으로부터 비롯된 압박에서 벗어날 수 있다.

하지만 칸트는 과연 어떤 종류의 규칙을 생각하는가? 그리고 '모든 성향에서 벗어나 모든 행위와 모든 인간에게 타당한' 규칙이라는 말을 통해서 무엇을 의미하는가? 그는 단지 우리가 모든 성향과 충동을 무시하는 여러 규칙이나 아니면 항상 성향을 무시해야 한다는 하나의 규

---

10 단편 6621 (19:114-15), 『단편』, 425-6면.

칙에 따라 행위해야 한다는 점을 의미할 수는 없다. 왜냐하면 만일 우리 중 어느 누구도 어떤 성향도 지니지 않는다면 누구도 어떤 성향에 따라서도 행위할 필요가 전혀 없을 것이기 때문이다. 인간의 행위는 욕구와 충동, 성향 등을 통해서 드러나는 인간의 필요를 만족시키기 위한 수단이다. 따라서 칸트가 생각하는 규칙은 오직 어떤 성향에 따라 행위하는 것이 자기 자신이나 다른 사람의 자유와 일관성을 유지하는, 그런 성향에 따라서만 행위하라는 것이며 또한 이런 조건과 양립 가능한 더이상의 성향에 따라 행위하라는 것이다—바꾸어 말하면 이 규칙은 오직 '목적 자체로서의 이성적 존재뿐만 아니라 이런 존재 각각이 스스로 내세울 수 있는 특수한 목적들로 구성되는' 목적의 나라의 일부가될 수 있는 목적을 향해 나아가는 성향에 따라서만 행위하라는 것이다.

칸트는 이를 몇몇 놀랄 만한 단편에서 분명히 드러내는데 그 중 결정적인 한 단편에서 다음과 같이 말한다.

> 도덕철학은 순수한 이성을 통해서 규정되는 한에서의 목적들에 관한 학문이거나 아니면 이성적 존재가 지니는 모든 목적들의 통합에 (이들이 서로 충돌하지 않는 한에서) 관한 학문이다. 선의 내용은 경험적이지만, 선의 형식은 아프리오리하다.[11]

여기서 칸트는 형식과 내용의 구별을 사용해 자유를 자기일관성을 지니는 방식으로 발휘하는 것이 개별적 행위에 부과되는 형식적 제약인 반면 개별적 행위는 그 자체로 경험을 통해서 부여된 목적, 곧 자연스럽게 발생하는 욕구와 성향에 의해서 등장하는 목적을 추구한다는 점

---

11   단편 6820 (19:172), 『단편』, 437-8면.

을 암시한다. 따라서 도덕이 요구하는 바는 모든 특수한 욕구를 완전히 없애라는 것이 아니라 오직 자유를 내부적으로 또는 외부적으로 최대한 발휘하는 것과 조화를 이루는 방식으로 욕구의 만족을 추구하라는 것이다. 또 다른 단편에서 칸트는 '너의 행위는 너의 자유 및 너의 성향 안에 있는 보편적인 것과 일치해야 하며, 또한 다른 사람의 자유 및 다른 사람의 성향 안에 있는 보편적인 것과도 일치해야 한다'고 말한다.[12] 여기서 그는 '보편적'이라는 말을 통해서 우리가 또는 모든 사람이 항상 지니는 성향을 의미하는 것이 아니라 오직 자유의 보편성, 곧 우리와 다른 사람의 자유를 최대한 보존하고 증진하는 것과 조화를 이루는 방식으로 만족을 추구하는 성향을 의미한다.

만일 도덕이 요구하는 바가 단지 모든 성향을 완전히 없애라는 것이 아니라 오직 우리 자신 및 다른 사람이 지니는 최대한의 자유와 조화를 이루는 성향에 따라 행위하라는 것이라면 도덕은 모든 측면에서 행복과 관련되지 않을 수 없다. 행복은 성향의 만족으로 이루어지기 때문이다. 따라서 도덕은 실제로 우리에게 행복을 추구하라고 말하면서 동시에 오직 어떤 제한 조건 아래에서만 그것이 가능한지를 알려준다. 칸트는 『정초』에서 행복을 향한 욕구가 결코 도덕이 요구하는 행위의 적절한 또는 높이 평가할 만한 동기가 될 수 없다는 점을 강조하지만 이렇게 하면서 그가 사실상 도덕을 행복의 추구를 규제하는 형식으로 여긴다는 점을 기억해야 한다. 이것은 칸트가 『정초』에서 목적의 나라라는 개념을 통해 은연중에 드러내는 중요한 논점이기도 하다.

---

12 단편 6851 (19:179), 『단편』, 439면.

3. 자율의 가치

이 장의 첫머리에서 칸트가 『정초』이전의 저술들에서 암시한 세 단계 주장이 어떻게 전개되는지를 간단히 살펴보았다. 이제 왜 우리 자신과 다른 사람들이 지니는 최대한의 자유가 도덕법칙을 준수함으로써 증진 되어야 하는 근본 가치로 여겨져야 하는가라는 어려운 질문에로 눈을 돌려 보자. 칸트는 사실상 이 문제에 대한 서로 다른 몇 가지 접근 방식 을 제시한다.

자연권에 관한 강의에서 칸트는 모든 것이 단지 도구적 가치만을 지 닐 수는 없으며—마치 형이상학에서 원인의 무한소급을 피하기 위해 서는 자기원인인 무언가가 존재해야 하듯이 (또는 우리가 그렇게 생각 하듯이)—가치의 무한소급에 빠지지 않으려면 무조건적인 가치를 지 닌 무언가가 반드시 존재해야 한다는 논증을 암시한다. '목적 자체인 무언가가 존재해야 하며, 모든 것이 단지 수단으로서만 존재할 수 없다 는 점은 목적의 체계에서 필연적인데 이는 작용인의 연속에서 자기원 인인 존재가 필연적인 것과 마찬가지이다.'[13] 이는 다른 모든 종류의 것 들은 인간의 의지가 자유롭게 선택한 목적의 수단으로 사용될 수 있으 므로 인간의 목적을 위한 수단이라는 도구적 가치를 지니는 반면 인간 의지 자체의 자유만은 다른 것들을 수단으로 삼는 목적이어야 하며 따 라서 다른 것들이 지니는 조건적 가치의 근거를 제공하는 무조건적인 가치를 지닌다는 논증의 전제로 작용하는 듯하다. '단지 수단으로만 여겨지는 것은 오직 수단으로 사용될 경우에만 가치를 지닌다. 따라서 목적 자체인 무언가가 반드시 존재해야만 한다.'[14] 일부 학자들은 이것

---

13 『자연권』, 27:1321.
14 같은 책, 같은 곳.

이 『정초』의 핵심에 놓여 있는 논증이라고 주장하기도 하지만 이 논증
은 두 가지 문제점을 드러낸다. 첫째, 칸트는 『순수이성비판』에서 모든
연속의 출발점에 무조건적인 무언가를 놓으려는, 예를 들면 모든 사건
의 연속에서 그 출발점에 제일원인을 놓으려는 우리의 성향은 결코 경
험에 의해서 확증되지 않으며 따라서 어떤 현실적 인식도 낳지 못하며
단지 더 이상의 탐구를 인도하는 '규제적' 이념을 제시할 뿐이라고 분
명히 주장한다. 이와 마찬가지로 실천적인 영역에서 모든 도구적 가치
의 근거에는 무조건적인 가치를 지니는 무언가가 필연적으로 존재한다
는 가정은 충분한 근거를 확보하지 못하며 기껏해야 또 다른 규제적 이
념을 낳을 뿐이다. 둘째, 자연권에 관한 강의에 등장하는 논증에서 칸
트는 상당히 엄밀한 용어를 사용하는데 이를 보면 그가 인간 의지의 무
조건적인 가치에 호소해 인간이 사용할 수 있는 다른 것들의 도구적 가
치를 설명한다는 사실을 알 수 있다. 왜냐하면 그는 오직 인간의 의지
만이 목적 자체라고 생각하기 때문이다. '만일 아무런 목적도 없다면
수단 또한 무의미할 것이며 어떤 가치도 지니지 않을 것이다―인간은
하나의 목적이므로 인간이 단지 수단이어야 한다는 주장은 일종의 자
기모순이다.' [15] 바꾸어 말하면 자유로운 인간의 의지가 지닌 무조건적
인 가치는 단지 도구적인 가치들의 무한소급을 멈출 수 있는데 그 까닭
은 오직 인간이 목적 자체라는 점은 다른 어떤 것에도 의존하지 않는
독립적인 사실이기 때문이다―하지만 이 사실은 여전히 더 이상의 설
명을 필요로 한다.

  이 문제에 대해 또 다른 두 가지 방식으로 접근할 수 있다. 깜짝 놀
랄 만한 내용을 담은 한 단편에서 칸트는 심리학적인 접근 방식을 드

---

15 『자연권』, 27:1319.

러낸다.

> 모든 것은 결국 삶으로 귀결된다. 따라서 삶을 활기차게 만드는 것 또는
> 삶이 증진된다는 느낌은 우리에게 쾌감을 준다. 삶은 하나의 통일체이다.
> 따라서 모든 취미 능력은 활기를 불러일으키는 요소들을 통일하는 나름대
> 로의 원리를 지닌다.
> 　자유는 삶의 근원이며, 자유의 정합성은 모든 삶에 적용되는 조건이기
> 도 하다. 따라서 보편적 삶의 느낌을 증진하는 것 또는 보편적 삶이 증진
> 된다는 느낌은 쾌락을 낳는다.[16]

이런 생각은 일종의 심리학으로부터 유래하는 듯이 보이는데 이에 따
르면 가장 큰 쾌락을 낳는 근원은 자유로운 활동이다. 이로부터 자유
로운 활동의 영역을 극대화함으로써 그런 쾌락 또한 극대화할 수 있다
는 생각이 등장하며, 다소 역설적으로 들릴지도 모르지만 이렇게 하는
것은 우리의 자유를 어떤 규칙 아래, 이른바 우리가 항상 다른 기회에
도 우리의 자유를 극대화하는 일과 조화를 이루도록 자유를 발휘해야
한다고 말하는 규칙 아래 놓는 것에 의존한다. 오직 이런 방식을 통해
서만 우리는 실제로 최대한의 활동과 삶 또는 활기찬 생활을 누릴 수
있다.
　하지만 이런 논변은 기껏해야 항상 우리 자신의 자유가 발휘되는 영
역을 극대화하는 방식으로 행위하라는 규칙을 낳는 데 그치는 듯하다.
왜 다른 사람의 자유가 삶에 대한 나 자신의 느낌을 극대화하는 데 기
여하는가? 이 문제에서 벗어나려면 우리 자신의 자유를 극대화하는 일

16　단편 6862 (19:183), 『단편』, 443면.

이 사실상 다른 사람의 자유를 보존하고 심지어 증진하는 것을 필요로
한다는 점을 보임으로써 다른 사람의 자유가 나의 자유를 제한하는 것
이 아니라 오히려 증진하는 상호성을 지닌다는 주장을 펴야 할 듯하다.
그리고 이런 논변을 전개하는 것은 가능할지도 모른다. 하지만 이렇게
하더라도 현재의 접근 방식은 여전히 인간의 심리에 관한 우연적인 주
장에 의존하는 듯이 보인다. 예컨대 모든 사람이 자유를 발휘하는 일
을 즐기며, 자신의 자유가 존중받고 증진되는 사람들은 또한 다른 사
람의 자유를 존중하고 증진한다는 주장이 사실이라 할지라도 그렇다.
이들은 기껏해야 인간에 관한 우연적인 사실에 지나지 않으므로 칸트
는『정초』에서 자유의 가치를 논의하면서 이런 접근 방식을 사용하지
않는다. 그는 뒤늦게 인간학 강의를 위한 교과서에서 인간이 자유를 심
리적으로 사랑한다는 점을 인정하지만 동시에 이런 사랑이 사실상 비
이성적인 정념 또는 광적인 열정으로 변할 수도 있음을 경고한다[17]―따
라서 자유를 향한 심리적 욕구는 이성에 의해서 통제될 필요가 있는 무
언가인 듯이 보이며 그 자체로 무조건적인 가치를 지니는 것은 아닌 듯
하다.

  비록 칸트가 자유의 무조건적인 가치를 설명하기 위한 형이상학적,
심리적 접근 방식을 제시하긴 했지만 이들은 각각 나름대로의 문제점
을 지니는 듯이 보인다. 그렇다면 남은 가능성은 순전히 규범적인 접근
방식을 택해 자유의 근본적인 가치가 어떤 비규범적인 형이상학적, 경
험적 사실로부터도 도출되지 않으면서도 우리의 다른 모든 규범에 내
재함을 보이는 것이다. 칸트는 초기와 후기에 모두 이런 접근 방식을
내세우면서도 근본 규범은 '증명 불가능하다는' 점을 암시한다―이것

---

17 Kant, *Anthropology from a Pragmatic Point of View*, tr. Mary J. Gregor (The
Hague: Martinus Nijhoff, 1972), §82 (7:268-9), 135-6면 참조.

이 의미하는 바는 엄밀하게 말해서 어떤 규범이 근본적이려면 다른 어떤 것으로부터도 도출될 수 없으며 따라서 설명될 수 없다는 점이다. 칸트는 자연신학과 도덕의 원리를 다룬 초기 논문에서 완전성을 추구하고 불완전성을 피하라는 형식적 규칙들은 오직 '증명 불가능한, 실천적 인식의 질료적 원리와' 결합해서만 적용될 수 있다고 말하며,[18] 『실천이성비판』에서는 우리가 자유의 현실성을 도덕법칙 아래서 의무를 인식함으로써 추론할 수 있지만 후자는 다른 어떤 것으로부터도 이끌어낼 수 없다고―따라서 다시 한번 이는 증명 불가능하다고―주장한다. 하지만 그는 『정초』의 실마리를 제공하는 한 단편에서 이와는 약간 다른 접근 방식, 이른바 우리 모두가 존엄성을 지니는 까닭은 감정과 충동에 의해서 좌우되기 때문이 아니라 이들에 따라 행위할지 그렇게 하지 않을지를 스스로 결정하기 때문이라는 주장을 전개한다. 한 단편에서 그는 '인격은 의지가 성향으로부터 독립하는 것'이며, '도덕은 인격에 상응하는 것'이라고 말한다.[19] 다른 단편에서는 '지성을 지닌 존재인 인간의 눈으로 볼 때 만일 지성이 성향에 복종해 자신의 목적과 관련된 규칙을 확립하지 못한다면 이는 매우 불만족스러울 것'이라고 말하며,[20] 또 다른 단편에서는 '자유는 자신의 독립성 때문에 존엄성을 지닌다'고 말한다.[21] 이런 언급들은 우리 모두로 하여금 자신의 충동에 (다른 사람의 충동에 의해서 지배되는 충동을 포함해) 의해서 지배되

---

18   Kant, *Inquiry concerning the Distinctness of the Principles of Natural Theology and Morality*, Reflection 4, §2, 2:299; in Kant, *Theoretical Philosophy 1755-1770*, ed. David E. Walford with the collaboration of Ralf Meerbote (Cambridge: Cambridge University Press, 1992), 273면.

19   단편 6713 (19:138), 『단편』, 430면.

20   단편 6975 (19:218), 『단편』, 454면.

21   단편 7248 (19:294), 『단편』, 474면.

는 것에는 존엄하지 않으며 경멸스러운 무언가가 내재하는 반면 자유
를 보존하기 위해 우리의 충동을 이성의 규칙에 복종시키는 것에는 존
엄하고 칭찬할 만한 무언가가 내재한다는 느낌을 갖도록 만든다. 자유
가 다른 어떤 성향을 만족시키는 것이 지닌 조건적인 가치와는 대비되
는 무조건적인 가치를 지닌다는 말은 이런 느낌을 제대로 설명하지는
못하더라도 최소한 이를 형식화할 수 있는 방법을 제시한다.

   존엄성 및 가치에 대한 생각과 유사한 내용이 행복에 관한 칸트의 몇
몇 언급에서도 등장한다. 그는 '도덕의 원칙은 모든 행복 또는 자유의
보편법칙과 일치하는 행복이 낳는 모든 부수적인 결과에 대해 자유의
우선성을 인정하는 것'이라고 말한다.[22] 칸트가 이를 통해 의미한 바는
때로 만일 우리가 행복을 스스로 조절하고 통제할 수 있는 목적의 실현
으로 여긴다면 더욱 확고하게 행복에 이를 수 있으리라는 스토아학파의
주장처럼 보이기도 한다.[23] 하지만 그가 이를 여기서 행복이 단지 행운
의 결과인 한에서는 칭찬할 만한 요소가 전혀 없지만 우리의 자유로운
선택과 노력의 결과일 경우에는 충분히 칭찬받을 만하다는 점을 의미
한다고 보는 편이 더 나은 듯도 하다. 따라서 '행복은 단지 자연 또는
행운의 선물인 한에서는 스스로 충분한 가치를 지니지 않는다. 행복은
자유로부터 생겨날 경우에만 자기충족성과 조화를 지닌다.'[24] 설령 행
복에 이르렀다 할지라도 우리는 단순한 쾌락과 행복한 상태를 우리 스
스로 만들었다는 만족감을 구별할 수 있다―바꾸어 말하면 자유로부
터 생겨난 것은 그렇지 않은 것이 결코 지니지 못하는 존엄성을 지닌
다. 이를 다시 한번 자유는 다른 모든 것이 지니는 단순히 조건적인 가

22   단편 6867 (19:186), 『단편』, 444면.
23   단편 7202 (19:278), 『단편』, 466면 참조.
24   단편 7202 (19:277), 『단편』, 465면.

치와는 대조되는 무조건적인 가치를 지닌다는 말로 표현할 수 있다.

이 장에서 나는 칸트가 『정초』에서 가장 뚜렷하게 제시한 정언명령의 세 정식이 그의 초기 언급들, 말하자면 자유가 무조건적인 가치를 지닌다는 논증, 자유를 실현하고 극대화하기 위해서는 자유의 자기일관성에 관한 규칙이 필요하다는 논증, 또한 이 규칙은 우리 행위의 형식일 뿐이며 행위의 내용은 특정한 목적의 추구이므로 자유의 추구가 사실상 우리를 행복으로 이끈다는 논증 등과 밀접하게 관련된다는 점을 계속 보였다. 이제 우리의 임무는 이런 논증을 『정초』의 단단한 표면 아래 놓음으로써 칸트가 전개한 논증 전반에서 최초의 전제로 작용하는 주장, 곧 자유의 극대화가 무조건적인 가치를 지닌다는 주장에 관해 『정초』에서는 어떤 언급이 등장하는지를 살펴보는 것이다. 특히 『정초』를 쓴 이후 칸트는 도덕철학이 인간 본성에 관한 어떤 경험적 사실에도 결코 근거할 수 없다고 강력하게 주장하므로 그가 초기 저술에서 제시한, 자율의 가치에 대한 심리학적 논증을 대신하는 확고한 대안을 마련하는지도 눈여겨보아야 한다.

탐구할 문제들

1. 모든 사람들이 자유를 특정한 방식으로 사용해서 얻은 결과보다 자유 자체에 더 큰 가치를 부여한다는 인간의 심리에 관한 주장은 과연 사실인가?

2. 자유는 오직 규칙을 사용함으로써만 진정으로 보장되는가?

3. 왜 우리가 다른 사람의 자유에 가치를 부여하는지를 심리학을 통해서 설명할 수 있는가?

3장
본문 읽기: 머리말

1. 도덕철학의 순수성

『정초』의 머리말에는 주로 도덕철학 전반을 소개하는 내용이 담겨 있다. 여기서 칸트는 도덕철학이 어떻게 자신의 커다란 체계에 도입되어 어떤 위치를 차지하는지를 설명할 뿐 『정초』에서 전개될 도덕철학의 독특한 성격에 관해서는 거의 아무런 언급도 하지 않는다. 하지만 칸트가 논의하는 방법론적인 논점은 사실상 그의 도덕철학에 포함된 내용과 밀접하게 관련되므로 단지 전문 용어를 설명하는 듯이 보이는 부분도 결코 무시하거나 간과해서는 안 된다.

칸트는 머리말의 첫머리에서 논리학과 형이상학을 구별하고, 형이상학을 다시 자연 형이상학과 도덕형이상학으로 세분한다. 논리학은 '오직 지성 및 이성 자체의 형식만을 다루며, 대상을 구별하지 않고 오직 사고 일반의 보편적 규칙만을 탐구한다'(『정초』, 4:387). 이와는 대조적으로 형이상학은 '질료적 인식'의 형태를 띤다. 곧 형이상학은 '특정한 종류의 대상들과 그것이 따르는 법칙을' 다룬다. 칸트는 형이상학이 두 개의 주요 분과로 나뉜다고 생각하는데 그 까닭은 두 종류의 주된 대상과 법칙이 존재하기 때문이다. 그 중 하나는 자연적 대상과 '그것에 따라 모든 일들이 일어나는 법칙'이며, 다른 하나는 자유로운 행위와 이것에 적용되는 법칙, 이른바 '그것에 따라 모든 일들이 일어나

야만 하는 법칙'이다(4:387-8). 전자는 '물리학' 또는 자연에 관한 과
학의 주제인 반면 후자는 '윤리학' 또는 도덕에 관한 이론의 주제이다.
그 다음으로 칸트는 물리학과 윤리학 모두를 '이성적' 부분과 '경험적'
부분으로 나눈다. 전자는 '엄밀하게 아프리오리한 이론의 전개를' 다루
므로 '**순수** 철학'으로 불리는 반면 후자는 '경험에 기초하므로 **경험** 철
학'으로 불린다(4:388). 따라서 물리학은 '경험적 부분뿐만 아니라 이
성적 부분도 지니며' 윤리학 또한 두 부분으로 나뉘는데 그 중 한 부분
은 오직 순전히 이성적인 원리들만을 다루므로 도덕학이라고 불리는
것이 마땅하다. 다른 한 부분은 이런 원리들을 인간의 현존과 관련되는
현실 상황에 적용하는 문제를 다루므로 '**실천적 인간학**으로 불리게 된
다.' 칸트는 『정초』가 엄밀하게 순전히 이성적인 도덕원리들만을 다루
기 위한 저술이며, 이런 이성적 원리들을 인간이 처한 상황에 관한 기
본적인 경험적 사실들에 적용하여 도출되는, 인간의 구체적 의무에 대
해서는 '실천적 인간학'에 관한 뒤이은 저술에서 살펴볼 것이라고 예
고하는데 이 저술은 1797년에 이르러서야 『도덕형이상학』이라는 제목
으로 출판되었다.

   이런 모든 내용은 무미건조한 정의의 문제처럼 보이기도 하지만 이
에 관해서도 몇 가지 지적할 점이 있다. 첫째, 칸트가 '윤리'(Sitten)와
'도덕'(Moral, 때로는 Moralität)이라는 용어를 사용하는 방식은 혼란
을 일으킬 가능성이 있다. 영어에서 '윤리'(ethics)와 '도덕'(morals)
또는 '도덕성'(morality)은 서로 교환 가능한 것으로 사용되는데 칸트
도 처음에는 자신이 '윤리'라는 용어를 이런 방식으로 사용함을 암시
한다. 독일어에서 Sitten이라는 용어는 그리스어 ethos나 라틴어 mores
에 대한 번역어로서 '관습'을 나타내는 일반적인 의미로 사용되기도
하는데 이 경우에는 그리 강력한 규범적 의미를 내포하지 않는다. 하지

만 칸트는 이 용어를 이런 의미로 사용하지 않는다. 하지만 그는 논의를 진행하면서 점차 자신이 '윤리'와 '도덕'을 서로 교환 가능한 일반적인 의미로 사용하지 않는다는 점을 명확히 드러낸다. 앞에서 살펴보았듯이 그는 '도덕'이라는 용어가 행위 규범에 관한 자신의 이론 중 순수하게 이성적인 부분만을 지칭하기에 적합하다고 말한다. 그리고 그의 후기 저술인 『도덕형이상학』에서 '윤리'라는 용어는 실천적 인간학 또는 우리의 특수한 의무에 관한 이론 전반이 아니라 그런 이론의 한 부분에 해당하는, 이른바 법률이나 형법 체계를 통해서 강제로 부과될 수는 없는 의무만을 지칭하는 것으로 매우 제한적으로 사용된다. 강제로 부과될 수 있는 의무는 '법'이 다루는 주제이거나 '법적인 의무'인 반면 강제로 부과될 수 없는 의무는 '윤리적' 의무로서 '덕'의 의무로 불리기도 한다. 이에 대응하여 『도덕형이상학』은 '법 이론'과 '덕이론'을 다루는 부분으로 나뉜다. 우리에게 부과되는 특수한 법적 의무와 덕의 의무 모두를 포괄하는 일반적인 용어는 '실천적 인간학' 밖에 없는데 칸트는 이 용어를 그리 자주 사용하지 않는다. 따라서 『도덕형이상학 정초』와 『도덕형이상학』이라는 제목은 모두 혼란을 일으킬 가능성이 있다. 두 제목 모두 우리에게 강제로 부과될 수 없는, '윤리적' 의무의 원리와 내용이 다루어지리라는 점을 암시하는데 두 책에서 우리가 지게 되는 모든 의무의 원리와 내용이 다루어진다는 점은 명백하다. 따라서 칸트의 용어 Sitten을 '도덕'이라는 더욱 일반적인 용어로 번역해야 한다는 사실이 드러나며 표준판 영어 번역에서도 두 저술의 제목은 각각 *Groundwork for the Metaphysics of Morals*와 *Metaphysics of Morals*로 표현된다.

두 번째로 지적할 점은 칸트의 정의는 이미 상당히 깊이 있고 중요한 핵심을 함축한다는 사실이다. 곧 그는 도덕에 관한 이론을 자연에 관한 이론과 분리하고 전자를 후자의 한 부분으로 여기지 않음으로써 도덕 원리와 그것에 따라 행위할 가능성을 자연주의적으로 다룰 수 없다는 점을 암시한다. 칸트의 견해에 따르면 도덕원리는 단순한 자연 법칙을 통해서는 결코 설명될 수 없는 인간 능력에 뿌리를 두어야 하며, 도덕 법칙에 따르는 행위의 가능성은 자연 법칙을 통해서 결정되지 않는 인간 의지의 자유를 전제해야 한다. 바꾸어 말하면 칸트는 물리학과 도덕학을 대조함으로써 도덕철학에 대한 자신의 접근 방식을 한편으로는 허치슨(Hutcheson)이나 흄(Hume)과 같은 스코틀랜드 학파의 접근 방식과, 다른 한편으로는 디드로(Denis Diderot) 같은 프랑스 계몽주의 철학자들의 접근 방식, 곧 인간의 도덕적 감성과 성향들을 자연주의적으로—현대적 용어로는 '진화론적'으로—설명하려는 시도와 구별하려는 의도를 명확히 드러낸다. 물론 칸트는 자신의 접근 방식을 증명해야 하는 무거운 부담을 안게 된다. 그는 우리에게 도덕원리와 도덕적 행위에 대한 비자연적인 근거가 어떻게 성립할 수 있는지와 우리가 어떻게 그것을 인식할 수 있는지에 대한 그럴듯한 설명뿐만 아니라 인간 본성에 포함된 이런 비자연적인 요소가 어떻게 자연주의적인 측면, 곧 인간의 생리학과 심리학에 적용되는 자연주의적인 법칙과 어떻게 관련되는지에 대한 설명까지도 제시해야 한다. 이는 도덕철학에 관한 칸트의 저술 전반을 관통하는 핵심 주제이기도 하다.

마지막으로 칸트가 도덕철학 중 순수하게 이성적이고 아프리오리한 부분이라는 표현을 통해 무엇을 의미하는지를 묻지 않을 수 없다. 이를 두 개의 질문으로 나눌 수 있는데 그 중 하나는 도덕성의 근본 원리가 반드시 순수하고 아프리오리해야 한다는 말의 의미가 무엇인가이며, 다른 하나는 그 원리가 이성적이며 이성의 능력에 (어떤 의미에서는 순전히 본성적이지만은 않은) 근거를 두어야 한다는 주장이 무엇을 의미하는가이다. 둘 중 첫 번째 질문에 답하기는 비교적 쉬운 듯하다. 『순수이성비판』에서 칸트는 보편적이고 필연적으로 참이라고 인식되는 모든 원리는 아프리오리하게, 곧 모든 경험에 선행하여 인식되어야 한다고 설명하는데 여기서 선행한다는 말은 시간적 의미에서가 아니라 정당화의 의미에서 그렇다는 것이다. 왜냐하면 시간적 관점에서 보면 '우리의 모든 인식은 경험과 더불어 시작되기' 때문이다(『순수』, B 1). 보편적이고 필연적인 진리는 어떤 특수한 사례에 대한 경험을 통해서 인식될 수 없다. 흄이 인과성에 대한 우리의 믿음이 합리적인지에 대한 유명한 논변에서 제대로 지적했듯이 유한한 수의 경험을 아무리 모은 다고 해도 이는 그 경우에 속하는 약간의 사실들이 참임을 증명하는 데 그칠 뿐 경험하지 못한 경우까지도 참인 것으로 만들어 주지는 않는다.[1] 칸트의 언급에 따르면 '경험은 자신의 판단에 결코 참된, 엄밀한 **보편성**을 부여하지는 못하며 단지 가정 수준의 상대적인 보편성을 부여할 뿐이다. … 따라서 어떤 판단이 엄밀한 보편성을 지닌다고 생각된다면, 곧 단 하나의 예외라도 허용할 가능성이 없다고 생각된다면 그 판단은 경험에서 도출된 것이 아니라 절대적으로 아프리오리하게 타당한 것이다' (B 3-4). 따라서 칸트는 근본적인 도덕법칙이 구체적인 인간 행위의 예들에 대한 경험적인 탐구로부터는 도출될 수 없다고 생각한다—그 까닭은 후에 칸트 자신도 지적하듯이 실제로 어떤 사람이 순전히 도덕적이어야 한다는 동기에 의해서 행위하는지 그렇지 않은지를 결정하기가 몹시 어려울 뿐만 아니라(『정초』, 4:406) 논리적인 측면에서 도덕적으로 적절한 인간 행위를 보여주는 명확한 예들을 아무리 많이 모은다 할지라도 이로부터 진정으로 보편적이고 필연적인 도덕법칙

---

1   David Hume, *A Treatise of Human Nature*, 1권, 3부, 6-9절 및 *An Enquiry concerning Human Understanding*, 4권, 2부 참조.

을 결코 이끌어낼 수 없기 때문이다. 물론 이런 언급은 모두 무엇이 아프리오리한 지식의 근거가 될 수 없는지를 말해주는 소극적인 것들이다. 반면 자연에 관한 형이상학에서 무엇이 아프리오리한 지식의 근거가 될 수 있는지를 설명하는 내용은 『순수이성비판』의 대부분을 차지한다. 이와 마찬가지로 무엇이 아프리오리한 도덕원리의 근거가 될 수 있는지를, 특히 인간 이성이 그 자체만으로 경험을 통해서는 결코 설명될 수 없는 진정으로 보편적이고 필연적인 도덕법칙을 제공할 수 있는지를 검토하는 일은 칸트 도덕철학의 핵심적인 주제가 된다.

　따라서 이제 우리는 칸트가 아프리오리한 도덕법칙의 근거로 여기는 이성의 개념을 살펴보아야 한다. 하지만 이렇게 하기에 앞서 칸트로 하여금 아프리오리한 도덕법칙이 존재한다는 사실을 그토록 확신하게 만드는 것이 과연 무엇인지를 묻지 않을 수 없다. 이론 철학의 영역에서 칸트는 인과성에 대한 흄의 회의에도 불구하고 우리가 수학과 자연과학의 경우를 예로 들어 보편적이고 필연적인 진리에 대한 아프리오리한 인식이 성립한다는 점을 확신할 수 있다고 주장한다(『순수』, B 14-18). 뒤이어 그는 이런 아프리오리한 인식에 대한 유일한 설명을 통하여 모든 사건에는 원인이 있다는 일반 원리를 우리가 아프리오리하게 인식한다는 사실이 밝혀진다고 말한다. 도덕철학의 영역에서 칸트는 '단지 경험적일 뿐이어서 인간학에 속하는 모든 것들이 제거된 … 순수한 도덕철학의 가능성이 의무와 도덕법칙에 대하여 우리가 지니는 공통적인 관념 자체로부터 명확하게 드러난다'고 주장한다(『정초』, 4:389). 바꾸어 말하면 칸트는 모든 사람들이 보편적이고 필연적인 도덕원리들이 존재한다고 가정한다는 점을 당연시하면서 도덕철학의 임무는 이런 사실을 증명하는 것이 아니라 근본적인 도덕법칙을 확인하고 우리가 그것을 인식할 수 있는 가능성을 설명하는 것이라고 생각한다. 칸트의 기획은 보편적이고 필연적인 도덕법칙의 존재를 처음부터 회의하는 사람을 반박하기 위한 것이라기보다는 오히려 그런 도덕법칙이 존재한다는 공통적인 가정이 충분한 근거를 지닌다는 점을 보임으로써 이런 회의론에서 벗어나려는 시도로 볼 수 있다.

2. 이성적 도덕

이제 칸트가 이성이라는 말을 통해 무엇을 의미했으며 도덕성의 근본 원리가 오직 이성 자체에 근거하기 때문에 보편적이고 필연적으로 인식될 수 있다고 주장하면서 어떤 생각을 했는가라는 질문으로 돌아가 보자. 칸트는 인간의 인식 능력을 감성이라는 '하위' 능력과 지성이라는 '상위' 능력으로 분류한 후 지성을 다시 오성과 이성 그리고 (때로) 판단력으로 나눈다. 칸트에 따르면 감성은 특정한 대상에 대한 각각의 직접적인 표상 또는 '직관'을 지니는 능력인데 대상이 추상적이고 수학적일 경우에는 '순수 직관'을 얻으며, 구체적일 경우에는 시각이나 촉각과 같은 일상적인 감각을 통하여 '경험적 직관'을 얻게 된다(『순수』, A 19-21/B 33-5 및 A 320/B 376-7).[2] 오성은 개념을 형성하는 능력인데 개념이란 많은 개체들에게 공통적으로 적용될 수 있는 술어를 통하여 대상들이 어떤 유형에 속하는지를 규정하는 일반적인 표상이다. 이 경우 개념은 '실체'나 '인과성'처럼 아프리오리한 '범주'일 수도 있고, '고양이'나 '충돌'처럼 경험적일 수도 있다. 칸트는 개념을

2　또한 *Immanuel Kant's Logic: A Manual for Lectures*, ed. Gottlob Benjamin Jäsche, §1, in Kant, *Lectures on Logic*, ed. J. Michael Young (Cambridge: Cambridge University Press, 1992), 589면 참조.

실제 대상에 적용하는 능력을 때로는 오성의 능력으로 여기기도 하고 때로는 판단력에 속하는 별도의 능력으로 여기기도 한다. 마지막으로 칸트는 이성이라는 능력을 도입하면서 다양한 기능을 이성에 부여한다. 이성의 기능 중 하나는 '논리적' 기능인데 이는 다른 여러 능력들이 제공한 판단을 가지고 추론을 진행하는 능력이다. 예를 들면 '모든 인간은 죽는다' 와 '소크라테스는 인간이다' 라는 판단은 오성이 제공하는 것인데 이로부터 '그러므로 소크라테스도 죽는다' 는 결론을 이끌어내는 것은 이성의 작용이다. 또한 칸트는 다른 것들을 설명하기 위한 근거로 작용하지만 그 자신은 설명이나 근거를 필요로 하지 않는, 이른바 '무제약적인 것' 에 대한 '선험적 이념' 을 형성하는 능력을 이성에 속한 것으로 여기기도 한다. 자신은 원인을 지니지 않으면서도 다른 것의 원인이 되는 신, 모든 경험의 주체로서의 영혼 또는 행위를 최초로 시작할, 곧 어떤 앞선 원인과도 무관하게 사건의 연쇄를 일으킬 능력으로서의 자유 등에 대한 이념이 바로 이런 선험적 이념에 속한다. 칸트는 추론의 무한소급을 끝내기 위해서 이성은 무제약적인 것에 대한 이념을 형성하지 않을 수 없다고 주장함으로써 이성이 지닌 이런 두 측면을 서로 연결하려 한다.[3] 하지만 여기서 이에 관한 그의 주장을 단계별로 상세히 검토할 필요는 없을 듯하며 단지 칸트가 이성의 이념을 무제약적인 것에 대한 이념의 근거로 여겼음을 받아들이는 정도로 충분하다. 이제 우리는 어떻게 이성의 이념이 보편적이고 필연적으로 참인, 따라서 아프리오리하게 타당한 것으로 인식될 수 있으며 또한 인식되어야만 하는 근본적인 도덕원리의 근거가 될 수 있는가라는 질문을 던져야 한다.

---

3   『순수』, A 305-33/B 362-90.

칸트가 기본적으로 도덕성의 근본 원리가 이성에 기인해야 한다고 생각하는 까닭은 의무와 도덕법칙에 대한 일상적인 관념조차도 도덕법칙이 무조건적이어야 한다는 점을 드러내기 때문이다. 곧 도덕법칙은 우리가 어떤 특정한 욕구를 지니는지에 상관없이, 따라서 일상적인 의미로 우리가 도덕의 명령대로 행위하기를 원하는지 아니면 그와는 다르게 행위하기를 원하는지와 무관하게 적용된다. 하지만 이런 사실이 어떻게 칸트가 생각한, 무조건적인 것에 대한 특별한 관념과 연결되는가? 칸트는 『정초』의 머리말에서는 이에 관하여 분명히 설명하지 않지만, 앞으로 본문의 주요 내용을 해석하면서 보게 되듯이 칸트는 도덕법칙이 이성에 기인해야 하는 까닭은 그것이 인간의 자유를 완전히, 조금도 손상되지 않은 채 보전하기 위해서 또한 인간의 특수한 의도와 목표가 가능한 한 많은 것을 포함하는 하나의 전체로 통합되기 위해서 필요하다고 생각하기 때문이다. 달리 표현하면 개인의 준칙이 보편법칙으로 사용될 수 있어야 하며, 각각의 모든 인간이 목적 자체로 인식되어야 하며, 목적의 나라에서 모든 사람이 목적 자체로 대우되어야 하며 이들의 특수한 목적은 가능한 한 모두에 의해서 존중되어야 한다는 칸트의 생각은 오직 순수이성의 산물이며, 무조건적인 것에 대한 일반적인 관념을 자유로운 인간 행위의 다양한 측면에 적용한 것이기도 하다.

칸트가 생각한 이성의 개념에 대한 논의를 마치기 전에 반드시 지적해야 할 점이 한 가지 있는데 그것은 만일 어떤 법칙이 보편적으로 타당하려면 그것은 '단지 인간에게만 타당한 것이 아니라 다른 이성적 존재들도 그 법칙에 구애받지 않을 수 없다는' 점이며, 따라서 '의무의 근거를 인간의 본성이나 인간이 처한 세계 안의 상황에서 찾아서는 안 되며 오직 순수이성의 개념 안에서 아프리오리하게 찾아야 한다는' 점이다(『정초』, 4:389). 이를 통해서 두 가지 논점이 드러난다. 첫째, 여기서 칸트는 인간이 아닌 이성적 존재들, 예를 들면 천사나 신 등이 실제로 현존하는가라는 문제를 다루는 것이 아니므로 그가 인간을 넘어서서 모든 이성적 존재들에게 타당한 도덕법칙을 추구한다 해도 이는 그가 인간이 아닌 이성적 존재들이 실제로 존재한다고 믿기 때문이 아니다. 그가 도덕법칙이 가능한 모든 이성적 존재에게 타당해야 한다고 주장하는 것은 도덕법칙이 인간의 어떤 심리적 특성과도 무관하게, 따라서 어떤 특수한 욕구나 성향과도 무관하게 모든 인간에게 타당해야 한다는 점을 표현하는 방식이다. 그리고 그는 도덕법칙이 오직 이성에 근거할 경우에만 다른 이성적 존재들이 설령 우리와는 전혀 다른 심리적 특성을 지니더라도 우리와 도덕법칙을 공유할 수 있다고 생각한다.

둘째, 하지만 도덕법칙의 도출 과정에서 경험적인 것은 모두 '제거되어야' 하며 이 과정은 가능한 모든 이성적 존재에게 타당해야 한다는 칸트의 주장이 도덕법칙의 적용 과정 또한 인간 본성의 모든 구체적인 특성을 고려해서는 안 된다는 점을 의미하지는 않는다. 오히려 이와는 정반대로 도덕법칙의 적용이 '실천적 인간학'의 주제라는 칸트의 견해는 일반적 도덕원리로부터 특수한 의무를 이끌어내는 일이 인간의 생리와 심리 그리고 인간이 처한 상황에 대한 몇몇 기본적인 사실들을 반드시 고려해야만 함을 암시한다. 예를 들면 『도덕』에서 칸트는 과음과 과식을 피할 의무를 이끌어내는데 이런 의무는 과도한 분량의 알코올이나 음식을 섭취하면 사람들이 이성적으로 자유를 발휘할 능력을 잃게 된다는 사실에 기초한다. 하지만 우리와는 체질이 전혀 달라서 아무리 많은 알코올이나 음식을 섭취해도 자유를 발휘할 능력을 조금도 잃지 않고 따라서 자신이 원하는 대로 술 마시고 음식을 먹어도 도덕적으로 전혀 문제가 되지 않는 이성적 존재를 얼마든지 상상할 수 있다. 또한 칸트는 인간이 휴식을 취하고 농작물을 재배하는 등의 여러 가지 일을 하기 위해서는 물리적 공간이 필요하다는 사실로부터 사유재산권을 이끌어내는데 이런 공간을 필요로 하지 않는 전혀 다른 종류의 이성적 존재도 충분히 있을 수 있다. 그러므로 칸트의 도덕철학에서 도덕성의 근본 원리는 모든 이성적 존재에게 타당한 것이어야 하지만 이 원리를 인간에게 적용한 구체적인 의무들은 오직 인간에게만 타당한 것이다.

3. 도덕철학의 필요성

이제 전혀 다른 질문을 던져 보자. 칸트가 '의무와 도덕법칙에 대한 일반적인 관념'이 아프리오리한 도덕법칙이 존재한다는 사실을 자명하게 만든다는 점을 그토록 확신한다면 도덕철학 자체가 도대체 왜 필요한가? 칸트는 이 질문과 관련하여 두 가지를 언급한다. 우선 그는 다음과 같이 말한다.

> 도덕형이상학은 반드시 필요한데, 아프리오리하게 우리 이성 안에 놓여 있는 실천적 원리들의 근원을 탐구하기 위해서뿐만 아니라 도덕을 올바르게 판정할 지침과 최고의 규범이 없다면 도덕 자체도 모든 종류의 부패에 굴복할 수 있기 때문에 그러하다. 무언가가 도덕적으로 선하려면 그것은 도덕법칙과 **일치하기만 하는 정도로는** 충분하지 않으며 반드시 도덕법칙에 **말미암아** 등장한 것이어야 한다. 만일 그렇지 않다면 도덕법칙과의 일치는 매우 우연적이고 불확실한 것이 되고 만다. 왜냐하면 비도덕적인 근거는 가끔 도덕법칙과 일치하는 행위를 낳기도 하지만 그보다는 법칙에 위배되는 행위를 낳는 일이 더욱 잦기 때문이다. (『정초』, 4:389-90)

뒤이어 칸트는 '이 『정초』라는 저술은 오직 **도덕의 최고 원리를** 탐색하고 확립하려는 시도일 따름'이라고 말한다(4:392). 이런 언급들은 여러 가지를 암시하는데 이들은 이후 칸트의 논증을 통하여 더욱 분명하게 드러난다. 그 중 핵심적인 주장은 일반인들의 상식에도 이미 도덕성의 근본 원리가 포함되어 있지만 이 원리는 부패할 가능성도 지니는데 오직 도덕철학만이 이런 위험을 막을 수 있다는 것이다. 이를 통하여 칸트는 여러 가지 생각을 드러낸다. 첫째, 상식을 통해서도 도덕원리를 어떤 형태로 인식할 수 있지만 이 원리가 철학에 의해서 가능한 한 명확하게 정식화되지 않는다면 이를 오해하고 잘못 적용하여 도덕적으로 적절한 듯이 보이지만 사실은 그렇지 않은 행위를 할 위험성이 있다. 둘째, 도덕철학은 도덕성의 근본 원리가 올바른 행위의 **규범** 또는 기준이라는 점뿐만 아니라 그 원리가 올바른 행위를 하기 위한 유일한 **동기**를 제공한다는 점을 보이기 위해서도 필요하다. 왜냐하면 다른 어떤 동기는, 예를 들면 행위자 자신의 장기적인 행복에 대한 관심 같은 것은 겉으로는 항상 도덕이 요구하는 행위를 하는 데 가장 큰 도움이 되는 듯이 보이지만 모든 상황에서 도덕적으로 적절한 행위를 낳는다고 말할 수는 없다―만일 우리가 오직 다른 사람들로부터 좋은 평판을 들으려고 도덕과 일치하게 행위한다면 우리가 행한 바를 어느 누구도 알 수 없는 상황에서는 도덕적으로 행위할 동기가 사라질 것이다. 마지막으로 도덕법칙을 완전하고 충분한 동기로 여기는, 가장 훌륭한 의도를 지닌 사람조차도 자신이 진정으로 도덕이 요구하는 행위를 행할 능력을, 『실천이성비판』이나 『종교』에 등장하는 표현을 빌리면[4] 자신이 행해야만 할 바를 할 수 있는 능력을 지닌다는 사실을 확신하지 못한다면 그렇

---

4   『실천』, 5:30 및 『종교』, 6:45, 47, 49 각주, 50, 62, 67 참조.

게 행위하는 것이 몹시 어렵고 고통스러운 상황에서는 항상 도덕이 요
구하는 바를 행해야 한다는 의무를 망각할 수 있다. 바꾸어 말하면 우
리의 도덕적 의무를 주장하기 위해서는 우리의 의지가 자유롭다는 점
을 증명해야 하며 이를 통해 우리의 이전 내력에 비추어 우리가 무엇을
선택하리라고 예상되든 간에 이와는 무관하게 항상 도덕이 요구하는
바를 선택하리라는 점을 보일 수 있다. 그런데 오직 철학을 통해서만
이런 증명을 제시할 수 있다.

  칸트가 『정초』의 1절 끝부분에서 표현하듯이 '순진무구함'을―곧
도덕이 요구하는 바에 대한 우리의 자연적 인식과 그것을 행하려 하는
우리의 자연적 성향을―우리에게 같은 정도로 영향을 미치는 '자연적
변증론, 곧 의무의 엄격한 법칙들에 반대하여 궤변을 늘어놓고 그 법칙
들의 타당성을, 적어도 그들의 순수성과 엄격성을 의심하여 가능한 한
그들을 우리의 소망이나 성향과 더욱 들어맞도록 만들려는, 달리 말하
면 법칙들을 근본부터 타락시키고 그것의 존엄성을 파괴하려는 태도로
부터' (4:405) 보호하기 위해서는 도덕철학이 필요하다. 이런 '자연적
변증론'에서 벗어나 앞 절에서 지적한 관심을 유지하기 위해서는 두 가
지 중요한 요소가 반드시 필요하다. 첫째, 도덕원리는 자신의 행복이든
다른 사람의 행복이든 간에 행복을 도덕의 일차적인 목표로 삼고 행복
을 향한 욕구를 도덕의 동기로 여기는 어떤 원리와도 구별되어야 한다.
둘째, 우리가 도덕이 명령하는 바를 행할 수 있게 만들고 따라서 우리
의 동기가 훼손되는 것을 막는 자유 의지의 존재가 명확히 증명되어야
한다. 이들 중 첫 번째 임무, 곧 도덕원리 및 도덕적 동기를 행복에 대
한 관심과 구별하는 임무는 『정초』 2절의 핵심 주제이다. 반면 3절에서
는 도덕원리를 '확립하려는' 시도와 더불어 이 과정에서 우리가 도덕
이 명령하는 바를 행하는 것이 항상 가능하다는 사실이 증명된다.

4. 도덕철학의 방법

이제 칸트가 『정초』의 머리말 끝부분에서 제시한, 도덕철학의 방법에 관한 두 가지 언급을 검토함으로써 이 장을 마무리 지으려 한다. 이들 중 첫 번째 언급에서 칸트는 도덕형이상학을 위한 기초로 '순수한 실천이성에 대한 비판' 이외의 다른 것이 있을 수 없지만 이런 비판은 순수한 이론이성에 대한 비판만큼 긴급하지는 않다. 왜냐하면 후자는 '순전히 변증론적인', 곧 철저히 해명되어야 하는 형이상학적 환상의 연속과 관련되는 것인 반면 '인간 이성이 도덕을 다룰 경우에는 가장 평범한 상식의 수준에서도 대단한 정도의 정확성과 완전성을 쉽게 드러내기 때문이다.' 또한 칸트는 순수한 실천이성에 대한 비판이 완성되기 위해서는 '실천이성과 사변이성이 공통된 원리를 통하여 통일되어야 한다. 왜냐하면 이 둘은 결국 하나의 동일한 이성이 서로 다른 영역에 적용된 것에 지나지 않기 때문'이라고 말한다. 하지만 이런 통일을 보이기 위해서는 전혀 다른 방식의 고찰이 필요한데 이는 독자들에게 혼란을 불러일으킬지도 모른다(4:391). 바꾸어 말하면 칸트는 이론이성의 순수한 사용은 철저히 비판되어야 하는 혼동을 낳을 뿐인 반면 도덕철학의 핵심에는 상식이 놓여 있기 때문에 이를 기초로 형성될 수 있음을 암시한다. 앞서 지적했듯이 설령 상식이 자연적 변증론에 빠질 위험이 있다 할지라도 이는 이론이성과 그것의 변증론에서 요구되는 것과 같은 정도의 철저한 비판을 거치지 않고도 어떻게든 해결될 수 있다. 최소한 『정초』를 쓸 당시 칸트는 이렇게 생각한 듯하다. 하지만 『정초』를 펴낸 지 3년 만에 칸트가 바로 『도덕형이상학』으로 나아가지 않고 『실천이성비판』을 출판했다는 사실은 그가 이런 견해를 재고한 후 실천이성의 변증론이 지닌 위험성 또한 이론이성의 경우에 못지않게

크며 따라서 이론이성에 대한 비판과 마찬가지로 순수한 실천이성에
대한 비판도 반드시 필요하다는 결론에 이르렀음을 암시한다. 하지만
이 문제에 관하여 상세히 검토하는 것은 이 책의 범위를 넘어서는 일이
다. 따라서 우리는『정초』에 등장하는 논증에서 칸트가 어느 정도로 도
덕적 상식과 감성에 의존하는지 또한 그가 어느 정도로 이를 넘어서서
더욱 철학적인 검토에 근거하여 자신의 논증을 전개하는지를 제한적으
로 살펴보려 한다.

　마지막으로 칸트는 자신이『정초』에서 사용할 방법이 '[도덕에 관한]
상식적 인식으로부터 출발해 그런 인식의 최고 원리를 규정하는 데까
지 분석적으로 나아가고 그 후에 다시 이 원리 자체와 그것의 근원을
검토하는 데서 출발해 이 원리가 사용되는 방식에 대한 상식적인 인식
에로 종합적으로 되돌아오는 것'이며, 이런 방법 때문에『정초』는 다음
과 같이 세 절로 나뉘게 된다고 말한다.

1. 제1절. 도덕에 관한 상식적인 이성적 인식에서 철학적인 이성적 인식에
   로의 이행.
2. 제2절. 대중적인 도덕철학에서 도덕형이상학에로의 이행.
3. 제3절. 도덕형이상학에서 순수한 실천이성 비판으로 나아가는 마지막
   단계. (4:392)

칸트의 이런 주장들은 쉽게 풀어서 설명할 필요가 있다. 첫째,『정초』
에서 분석적, 종합적 방법이 모두 사용될 것이라는 칸트의 언급이 의미
하는 바를 이해해야 한다. 이들 두 방법 사이의 대비는 칸트가『순수이
성비판』에서 제시한 분석 판단과 종합 판단 사이의 구별에 의해서 이루
어진다. 이 구별은 술어개념이 명확하기는 하지만 이미 주어개념 안에

포함된 것 이외의 다른 어떤 것도 더해주지 않으므로 오직 주어개념을 논리적으로 분석함으로써 참임을 인식할 수 있는 판단과 술어개념이 주어개념에 진정으로 무언가를 더해주므로 오직 논리적 분석에 기초해서는 참임을 인식할 수 없는 판단 사이의 구별이다(『순수』, A 6-10/B 10-14). 칸트는 실제로 정언명령이 순수한 이성적 존재의 개념에 무언가를 더해주는, 아프리오리한 종합 명제라고 주장하지만 지금 여기서 칸트가 이에 관하여 언급하는 것은 아니다. 오히려 그는 여기서 더욱 전통적인 역진적 논증 방법과 전진적 논증 방법을 구별하면서 자신이 『정초』에서 이 두 가지 방법을 모두 사용할 것임을 주장한다. 전통적으로 분석적 또는 역진적 논증은 주어진 어떤 사실로부터 거슬러 올라가 그것의 전제나 그것을 가능하게 만드는 조건을 추론하는 반면 종합적 또는 전진적 논증은 어떤 전제로부터 출발하여 그것의 결론을 이끌어낸다. 이런 의미에서 선의지와 의무에 관한 상식적인 생각으로부터 출발하여 정언명령의 철학적 정식에 이르는 『정초』의 1절은 분석적이다. 왜냐하면 여기서는 상식적인 몇몇 믿음과 관행으로부터 거슬러 올라가 이들이 의지하는 원리를 추론하기 때문이다. 반면 2절에 등장하는 여러 부분, 곧 칸트가 정언명령의 정식들로부터 추론될 수 있는 일상적인 의무들의 예를 제시하는 내용은 종합적이라고 할 수 있다. 이는 원리로부터 그것이 낳는 결론을 이끌어내는 것이기 때문이다. (여기서 일상적으로 인정되는 의무들이 결론으로 도출된다는 사실은 또한 그 배후에 놓인 원리에 대한 칸트의 분석이 옳다는 점을 확증해준다.) 하지만 『서설』에서 칸트는 이런 전통적인 구별과 결별한다. 그는 분석적 논증 또는 탐구가 '이미 신뢰할 만한 것으로 인식된 무언가에 의지하여 이로부터 … 거슬러 올라가 [그것의] 근원을 추구하는 것'이라고 말하는데 이는 전통과 일치하는 견해이다. 반면 칸트는 다음과 같이 말함으로써 종합적 방법에 관한 새로운 설명을 도입한다. '이 방법은 순수한 이성 자체의 내부를 탐구함으로써 이성이 원리에 따라 순수하게 사용하는 요소와 법칙 모두의 근원을 규정하려는 것이다.'[5] 이를 통해서 칸트는 『정초』에서 사용되는 분석적, 종합적 방법에 이전과는 다른 역할을 부여한다는 점을 암시한다. 곧 1절에서 상식적인 생각과 관행으로부터 도덕성의 근본 원리를 이끌어내는 과정은 여전히 분석적이지만 2절에서 기본적인 철학적 개념으로부터 정언명령의 여러 정식들을 도출하는 과정은 새로운 정의에 따르면 종합적 방법에 더 가깝고, 3절에서 도덕법칙의 타당성을 확립하고 증명하는 과정이나 의지의 자유를 증명하는 과정도 이와 마찬가지이다. 왜냐하면 두 증명은 모두 이성의 본성에 대한 일련의 가정으로부터 결론을 이끌어내는 방식을 취하기 때문이다. 따라서 칸트의 논증 전체가 지닌 복잡한 구조를 이해하기 위해서는 분석적, 종합적 방법에 대한 전통적인 구별뿐만 아니라 칸트가 새로 제시한 구별도 항상 염두에 두어야 한다.

마지막으로 『정초』를 구성하는 세 절의 제목에 등장하는 '이행'이라는 말을 통해서 칸트는 무엇을 의미하는가? 여기서 그가 모든 경우에 같은 것을, 곧 '이어짐'과 유사한 무언가를 의미하며 또한 연속적인 이행을, 곧 1절이 2절로 이어지고 2절은 곧바로 3절과 이어진다는 점을 의미한다고 생각하기 쉽다. 이런 해석에 따르면 그가 붙인 절의 제목들은 1절에서는 '도덕에 관한 상식적인 이성적 인식'이 어떤 핵심적인 철학적 결론으로 이어지고, 2절에서는 이런 핵심적인 철학적 결론이 결국 더욱 발전된, 현실적 의무의 목록을 포함하는 도덕형이상학으로 이어지며, 3절에서는 도덕형이상학이 다시 순수한 실천이성에 대한 비판

5 『서설』, §4, 4:274-5.

으로 (칸트가 앞서 말했듯이 비록 완벽한 비판은 아닐지라도) 이어진다
는 점을 암시한다. 하지만 이런 해석은 잘못일 수도 있다. 칸트가 실제
로 제시한 논증의 구조는 다음과 같다.『정초』의 1절에서 그는 상식적
인 도덕 관념들이 철학적으로 상당히 정확하게 ─후에 밝혀지듯이 완
벽하지는 않지만 ─정언명령의 정식들로 이어진다는 점을 보이려 한
다. 하지만 2절에서 그는 이런 결과가 바로 완전한 도덕형이상학에로
이어진다는 점을 제시하지 않는다. 오히려 그는 우선 인간의 실제 행위
에 대한 경험적 관찰에 기초하여, 따라서 인간 행위의 적절한 원리가
행복을 향한 욕구에 근거한다는 가정에 기초하여 '대중적인 도덕철학'
은 상식으로부터 도출된, 더욱 순수한 형식의 도덕법칙에게 길을 내주
고 물러나야 한다고 주장한다. 하지만 뒤이어 그는 그리 명확하지는 않
지만 이 순수한 형식의 도덕법칙이 두 가지의 다른 의미로 '도덕형이
상학'에로의 '이행'을 이끌어야 한다고 주장한다. 한편으로 2절에서
등장한 정언명령의 정식들은 우리가 실제로 지니는 의무에 대한 적절
한 동시에 유일하게 일반적인 목록을 제시하는 것으로 여겨져야 하는
데 이런 작업은 칸트가 이후 출판한『도덕형이상학』의 제목 자체가 의
미하는 바이기도 하다. 다른 한편으로 정언명령의 다양한 정식들은 인
간의 이성, 의지, 가치를 비롯한 몇몇 기본적인 철학적 개념들에 기초
한 것으로 밝혀져야 하는데 이는 칸트가『정초』의 머리말에서 '도덕형
이상학'이라는 문구를 통하여 의미한 바에(예를 들면 4:388-9) 더욱
가까운 작업이다. 마지막으로 3절에서는 이 두 번째 의미에서의 '도덕
형이상학', 곧 정언명령의 기초를 제공하는 인간의 이성과 의지에 관
한 몇몇 가정들이 '순수한 실천이성에 대한 비판'이라는 제목에 어울
리는, 더 이상의 더욱 깊이 있는 철학적 탐구의 근거로 작용해야 한다
는 점이 제시된다 ─하지만 칸트는 이런 비판이 완성된 것은 아닐 수도

있음을 덧붙인다.

　이제『정초』의 본문에 해당하는 세 절에 대한 본격적인 탐구를 시작
하면서 위에서 언급한 내용들을 항상 염두에 두어야 한다. 하지만 칸트
가『정초』의 머리말에서 자신이 예비적 주석과 여러 강의에서 암시했
던 주장, 곧 정언명령의 기초가 되는 것은 바로 선택과 행위의 자유가
지닌 무조건적인 가치라는 주장에 관하여 아무런 언급도 하지 않는다
는 점은 지적할 만하다. 왜냐하면 우리 자신이나 다른 사람들에게서 자
유가 보존되고 증진되는 일은 오직 도덕법칙을 준수함으로써만 이루어
지기 때문이다. 그렇다면 이어질 탐구에서 우리의 임무는 머리말에서
암시된 다양한 전략들이 본문에서 어떻게 구체화되는지를 살펴보는 것
에 그치지 않는다. 이보다 더 나아가 칸트가 본문에서 이전에 암시했던
전략들을 제대로 구사하는지, 만일 그렇다면 어떻게 구사하는지도 검
토해야 한다.

탐구할 문제들

1. 도덕철학과 윤리학은 서로 어떻게 다른가?
2. 왜 도덕철학은 '순수'해야 하는가?
3. 순수한 도덕철학의 근원이 되기 위하여 이성은 어떤 모습이어야 하
　는가?
4. 도덕철학은 오직 한 가지 방법만 사용해야 하는가, 아니면 칸트가
　주장하듯이 다양한 방법을 사용해도 좋은가?

4장
본문 읽기: 1절
선의지에서 보편법칙의 정식에로

1. 서론

『정초』 1절에서는 도덕에 관한 '상식적' 지식에서 철학적 지식에로의 이행이 이루어진다. 1절의 주요 내용은 특히 선의지에 관한 상식 수준의 생각과 이성의 역할, 의무 등을 검토하고 이로부터 맨 처음 언급되는 도덕성의 근본 원리를 도출하는 것이다. 이 장에서 우리의 임무는 이런 상식적 생각에 대한 칸트의 해석을 검토하고, 칸트가 이로부터 도출된다고 주장하는 도덕성의 근본 원리에 대한 개념이 과연 제대로 도출되는지 살펴보고, 칸트가 1절에서 시도하는 이행이 앞서 2장에서 설명했던, 『정초』를 쓰기 이전의 주장과는 과연 어떻게 연결되는지를 고찰하는 것이다.

2. 선의지

칸트는 『정초』의 1절을 다음과 같은 유명한 문구로 시작한다. '이 세계 안에서, 아니 이 세계 밖에서조차도 아무 제한 없이 선하다고 생각될 수 있는 것은 오직 **선의지**뿐이다' (4:393). 칸트는 이런 주장을 상식에 속하는 것으로 여기면서, 상식의 차원에서 선하다고 인정되는 다른 여러 가지를 검토함으로써 이 주장을 옹호한다. 그는 '지성, 재치, 판단력' 같은 '정신적 **재능**', '용기, 결단력, 인내심' 같은 '**기질**상의 성질' 등이 선하다는 점에는 의심의 여지가 없지만 이들을 지닌 사람의 의지와 성격이 선하지 않다면 이들은 '극도로 악하고 해로운' 것이 될 수도 있다고 주장한다. 그는 또한 '권력, 부, 명예, 심지어 건강과 **행복**이라는 이름으로 불리는, 완벽하게 편안하고 만족스러운 자신의 상태' 같은 '**행운의 선물**'도 마찬가지로 선하기는 하지만 선의지가 이들을 통제하지 않는다면 우리를 오만에 빠지게 한다고(그리고 이런 오만은 의심의 여지없이 나쁜 결과를 낳는다고) 말한다. 그는 계속해서 '이성적이고 공평한 관망자'라면 '순수하고 선한 의지를 갖추지 못한' 누군가가 행복을 포함한 행운의 선물을 누리는 일을 결코 용인하지 않을 것이라고 주장한다. 자주 '이런 선의지에게 유익하며, 선의지의 작용을 수월하게 만들어주는' 성격상의 특성들, 예를 들면 '감정과 열정의 절제, 자제심, 냉철한 성찰' 등은 '많은 상황에서 선할 뿐만 아니라 심지어 인격이 지니는 **내적** 가치의 일부를 이루는 듯이 보인다.' 하지만 이들도 '내적인 무조건적인 가치'를 지니지는 못하며 이들의 가치는 '항상 선의지를 전제한다'(4:393-4). 칸트는 이런 것들이, 심지어 행복조차도 오직 선의지를 동반한다는 조건 아래에서만 가치를 지닌다는 사실로부터 선의지 자체는 무조건적인 가치를 지님에 틀림없다는 점을 이끌어낸다.

하지만 이는 타당한 추론이 아니다. 왜냐하면 이런 다양한 요소들 중 어떤 것도 무조건적인 가치를 지닐 수 없다는 사실로부터 오직 선의지만이 그런 가치를 지닌다는 사실을 추론할 수 없으므로 어쩌면 어떤 것도 결코 무조건적인 가치를 지닐 수 없는 듯이 보이기 때문이다. 궁극적으로 칸트는 왜 우리가 선의지를 무조건적인 가치를 지니는 것으로

생각해야 하는지에 대해 더욱 적극적인 이유를 제시해야 한다. 그리고
이는 『정초』 전반에 대한 폭넓은 비판의 근거이기도 하다. 더욱이 칸트
가 첫머리에서 시도한 바는 다른 도덕이론에서도 얼마든지 등장할 수
있는 주장이므로 그 자체만으로 선의지가 따라야 하는 특수한 도덕원
리의 개념을 함축하지 않는다. 하지만 이를 통해 칸트는 거의 모든 도
덕이론에 대한 공격의 포문을 열면서 최소한 고대 그리스 도덕철학이
지닌 한 가지 성향을 상당히 효과적으로 반박한다. 스토아학파와 같은
고대 도덕철학자들은 분명히 권력이나 부를 비롯한 행운의 선물이 바
람직하기는 하지만 도덕적으로 가치 있거나 '선택할 만한' 것은 아니
라는 점에 동의했다. 하지만 다른 고대 철학자들뿐만 아니라 스토아학
파조차도 지혜와 용기, 절제가—앞서 칸트가 언급한 지성, 재치, 판단
력은 지혜에, 용기, 결단력, 인내심은 용기에, 감정과 열정의 제어, 자
제심, 냉철한 성찰은 절제에 속할 것인데—정의(正義)와 더불어 기본
적인 덕을 구성하며 따라서 항상 본질적이고 무조건적인 가치를 지닌
다고 주장했다. 하지만 칸트는 이런 주장을 거부하면서 지혜와 용기,
절제 또한 선의지에 (어쩌면 고대의 덕 중 정의가 선의지에 해당할지
도 모르지만) 의해서 통제되지 않는다면 진정한 덕일 수 없다고 생각
한다. 고대의 도덕철학에 대한 이런 비판을 제외하면 칸트의 관점은 개
인의 행위나 성격을 도덕적으로 평가하면서 이들이 실제로 산출한 바
다는 의도한 바를 중요시하는, 곧 이들의 결과보다는 의도가 어떤 성질
을 지니는가를 평가 기준으로 삼는 대부분의 도덕철학과 여전히 양립
할 수 있는 듯하다. 예를 들면 심지어 선은 한마디로 최대 다수의 최대
행복에 기여하는 모든 것이라고 믿는 공리주의자조차도 한 개인이 오
직 최대 다수의 최대 행복을 산출하려는 진정하고 충분한 의도와 더불
어 행위를 실행한다면—달리 말해 그가 공리주의적인 관점에서 정의

된 선의지와 더불어 행위하기만 하면—설령 예상치 못한 어떤 이유 때
문에 그의 행위가 실제로 그런 결과를 낳지 못하더라도 그의 행위는 도
덕적 가치를 지닌다고 주장할 수 있다.

칸트는 오직 선의지를 동반할 경우에만 가치를 지니게 되는 것들의
목록에 지혜, 용기, 절제와 더불어 행복까지도 포함시킴으로써 어쩌면
이런 종류의 반박을 피하려 했는지도 모른다. 칸트는 다음과 같이 말함
으로써 선의지는 결코 우리가 의도한 결과 때문에 선한 것이 아니라고
주장한다. '선의지는 자신이 낳는 결과나 성취한 바 때문에, 또 이미
확립된 어떤 목적의 달성에 유용하기 때문이 아니라 오직 자신이 원하
는 바 때문에, 곧 그 자체로 선하다. 선의지는 그 자체만으로 어떤 경향
성, 아니 심지어 모든 경향성 전체를 위해 산출될 수 있는 것보다도 비
교할 수 없을 정도로 높이 평가되어야 한다' (4:394). 달리 표현하면 다
른 도덕철학들이 실제 결과가 아니라 의도한 결과를 근거로 삼아 행위와
성격을 평가하기도 하지만 칸트는 도덕적 가치가 행위의 결과와는, 심
지어 의도한 결과와도 전혀 상관이 없음을 강력히 주장한다. 그러나 이
런 관점을 유지하기 위해서 칸트는 단지 도덕적 평가에서 개인의 의도
가 낳는 실제 결과보다 의도 자체를 중요시해야 한다는 상식적 직관에
호소하는 것 이상의 무언가를 제시해야만 한다.

여기서 칸트는 공리주의를 공격하려는 의도를 드러내는데—공리주
의는 벤담(Jeremy Bentham) 이전에 허치슨(Francis Hutcheson)과 흄
(David Hume)의 저술을 통해 이미 상당히 부각된 이론이었다. 다음
단계의 논증에서 칸트는 다음과 같은 점들을 주장한다. 첫째, '어떤 유
기체의 자연적인 성향에' 속하는 모든 것은 반드시 어떤 목적을 지녀
야 하는데 이를 통해 그 유기체는 그것을 실현하는 '가장 알맞고 적절
한 도구가' 된다. 둘째, 인간 이성은 행복을 산출하는 데 적절한 도구

가 아니며, 이를 위해서는 단순한 본능이 더 나을 것이다. 셋째, 인간 이성은 행복의 산출이 아닌 다른 어떤 진정한 목적을 지녀야 하는데 그 것은 바로 선의지의 산출이다. '이성은 의지의 대상 및 모든 욕구의 충족과 관련해 의지를 안전하게 인도하기에는 충분히 유능하지 못하지만 … 우리에게 이성은 실천적 능력으로, 곧 **의지**에게 영향을 미쳐야만 하는 것으로 부여되었으므로 이성의 진정한 사명은 다른 무언가와 관련해 **수단**으로 사용되는 것이 아니라 **그 자체로 선한 의지**를 산출하는 것이다'(4:396). 우리를 행복으로 인도하는 데 이성이 본능만큼 유능하지 않다는 주장은 충분히 논쟁거리가 될 수 있지만 설령 이를 받아들인다 할지라도 이 논증에서는 여전히 두 가지 문제점이 발견된다. 첫째, 자연에 대한 목적론적 개념, 곧 자연 안의 모든 것이 어떤 목적 또는 목표를 지닌다는 점을 바탕으로 형성한 자연의 개념이 오직 규제적 이상에 지나지 않으며 결코 구성적 원리가 아니라는 사실은 칸트가 이후에 쓴 저술 『판단력비판』의 핵심 논점이다. 바꾸어 말하면 자연에 대한 목적론적 개념은 우리가 자연의 체계를 탐구하면서 사용할 수는 있지만 자연과학이나 형이상학에서 어떤 추론을 진행하면서 실제로 채택하거나 주장할 수 있는 전제는 결코 아니라는 것이다(『판단력비판』, 특히 §66, 5:376, §68, 5:381-3 및 §70, 387-8 참조). 그렇다면 칸트는 자연 안의 모든 것이 어떤 목적을 지니며 자신을 그런 목적에 가장 적합한 수단으로 만든다는 생각을 도덕철학의 결정적인 추론으로 사용해서는 안 된다. 자연의 모든 것이 어떤 목적을 지닌다는 생각은 기껏해야 이성의 목적이 단지 우리를 행복으로 이끄는 것이라는 정도의 주장을 제시할 뿐인데 이것만으로는 이성의 목적이 무엇인지는커녕 이성이 어떤 목적을 지닌다는 사실 자체도 증명할 수 없다. 이는 또한 칸트의 논증에서 제기되는 두 번째 문제점으로 이어지는데 그것은 그의 논증이 증명되지 않는 가정, 이른바 그 자체로 선한 의지의 산물이 다른 어떤 것을 위해 유용한 의지의 산물에 대한 진정한 대안이 될 수 있다는 가정에 의존한다는 점이다. 곧 그 자체로 선한 의지의 개념이 자신이 산출하는 어떤 목적과도 무관하게 가장 중요한 의미를 지닌다는 사실을 독립적으로 보일 수 없다면 이성이 의지를 그리 손쉽게 행복의 산출을 위한 수단으로 만들지 못한다는 생각이 낳는 유일한 대안은 결국 이성이 아무데도 쓸모가 없다는, 목적론적 전제에 반대되는 결론에 이를 뿐이다. 바꾸어 말하면 칸트는 여전히 자신이 낳는 어떤 결과와도 무관하게 무조건적으로 선한 의지가 존재할 수 있으며, 그런 의지를 확보하는 것이 도덕의 유일한 목표라는 데 대한 구성적이고 적극적인 논증을 필요로 한다.

이제 칸트가 지금까지 제시한 바를 더욱 발전시키기 위해 전개하는 다음 단계의 논증을 살펴보기로 하자.

3. 의무로부터 행한 행위

다음 단계에서 칸트는 우리가 의무에 대한 상식적인 개념을 검토함으로써 선의지에 대한 상식적인 개념을 더욱 명확히 밝힐 수 있다고 주장한다. 칸트에 따르면 '의무 개념은 비록 어떤 주관적인 제한과 방해를 받기는 하지만 선의지의 개념을 포함하며, 이런 제한과 방해는 선의지의 개념을 숨겨 알아볼 수 없도록 만들기는커녕 오히려 그것을 강조해 … 더욱 밝게 빛나도록 만든다'(4:397). 칸트는 '어떤 주관적인 제한' 때문에 선의지가 의무의 형태로 나타난다고 해명하는데 이는 그가 후에 강조하게 될 견해, 곧 인간이 도덕법칙의 요구를 충분히 인식하지만 동시에 인간은 도덕법칙에 거슬러 행위하도록 이끄는 경향성도 지니므로 우리는 도덕법칙이 요구하는 바를 강제의 형태로 경험한다는 견해를 암시하기도 한다. 우리가 도덕의 요구와 상충하는 경향성을 지닌다는 가정은 칸트의 논증에서 직접 중요한 역할을 하지는 않지만 도덕적으로 가치 있는 행위와 단지 경향성에서 비롯된 행위 사이의 차이는 설령 어떤 경향성이 도덕의 요구와 직접 상충하지 않는다 할지라도 명확하게 드러난다. 하지만 칸트의 논증에서 핵심적인 역할을 하는 것은 의무에 대한 상식적인 개념에 비추어 볼 때 경향성에서 비롯된 행위는 어떤 도덕적 가치도 지니지 않으며 오직 모든 경향성과 무관한 행위만이 도덕적 가치를 지닌다는 주장이다. 그리고 이는『정초』의 1절에서 등장한 논증을 우리가 앞서 2장에서 검토했던,『정초』이전의 저술에서 제시된 논증과 이어주는 중요한 연결고리이기도 하다.

칸트는 의무의 개념을 분석한 후 그 내용을 연이은 세 개의 명제로 표현하는데, 첫 번째 주장은 이후의 두 주장에 비해 그리 명확하게 제시되지 않는다. 그 다음에 그는 도덕성의 근본 원리를 명시하면서 선의지가 반드시 따라야만 하는 행위 원리가 이로부터 직접 도출된다고 말한다. 이를 통해 칸트는 평범한 사람들이 설령 도덕성의 근본 원리를 명확하게 정식화하지는 못한다 할지라도 그들 또한 자신이 지닌 의무의 개념을 통해 칸트 자신이 내세우려 하는 도덕성의 근본 원리를 드러낸다고 주장한다. 이제 칸트가 제시한 세 명제와 이로부터 칸트가 이끌어낸 원리를 우선 살펴보고 그 다음에 이들에 대한 칸트의 더욱 상세한 설명과 예시를 검토하기로 하자. 칸트가 제시한 예들로부터 이끌어낼 수 있는 첫 번째 명제는 다음과 같다. 어떤 행위는 단지 도덕이 요구하는 바와 외형상 일치하는 것이 아니라 오직 의무를 동기로 삼아 실제로 의무로부터 행해졌을 경우에만 선의지의 표현으로서 도덕적 가치를 지닌다(4:398). 또한 칸트는 일상적인 욕구나 경향성으로부터 행위하는 것에 대한 대안으로 의무로부터 행위하는 것을 채택했으므로 의무로부터 행한 행위는 욕구나 경향성의 어떤 대상이라도 목표 삼기 때문에 도덕적 가치를 지니는 것이 아니라 대상을 지향하지 않는, 어떤 내적인 의지의 원리에서 도덕적 가치를 발견해야 한다는 점도 받아들이지 않을 수 없다.

> 두 번째 명제는 다음과 같다. 의무로부터 행한 행위는 그 행위를 수단으로 삼아 성취된다고 여겨지는 **어떤 목표 때문이 아니라** 그 행위를 결정하는 준칙과 일치하기 때문에 도덕적 가치를 지닌다. 따라서 의무로부터 행한 행위는 행위 대상의 현실성에 의존하는 것이 아니라 욕구 능력의 모든 대상과는 전혀 무관하게 오직 행위를 일으키는 **의지 작용의 원리**에만 의존한다. (4:399-400)

뒤이은 세 번째 명제는 '앞의 두 명제로부터 도출된 것으로서' 이른바 **'의무는 법칙에 대한 존경으로부터 등장한 행위의 필연성'**이라는 것이다(4:400). 이 명제가 앞선 두 명제로부터 도출되는 까닭은 첫 번째 명제를 통해서 단순한 경향성을 대신하는, 도덕적으로 가치 있는 동기는 존경이라는 형태를 띠어야 한다는 점이 확립되었고, 두 번째 명제를 통해서는 도덕적으로 가치 있는 행위의 대상은 단순한 경향성의 대상이 아니므로 오직 의지의 내적인 법칙일 수밖에 없다는 점이 도출되었기 때문이다. 이 두 사실을 결합하면 도덕적으로 가치 있는 동기는 일상적인 욕구의 대상이 아니라 의지 작용의 어떤 법칙에 대한 존경이어야 한다는 결론이 등장한다. 칸트는 이를 다음과 같이 표현한다.

무릇 의무로부터 행한 행위는 경향성의 영향 및 의지의 모든 대상으로부터 완전히 분리되어야 하므로 의지를 규정할 수 있는 유일한 것으로는 오직 객관적으로는 **법칙**, 주관적으로는 이런 실천 법칙에 대한 **순수한 존경**만이 남는다. 따라서 나의 모든 경향성을 무시하더라도 이런 법칙에 따르겠다는 준칙만이 남게 된다. (4:400-1)

하지만 칸트가 지금 말하는 것은 과연 어떤 종류의 법칙인가? 우리가 지금까지 들은 바는 단지 단순한 경향성 및 경향성의 대상을 향한 욕구는 도덕적으로 가치 있는 행위의 기초가 될 수 없다는 점뿐이다. 도덕법칙이 어떤 것인지를 규정하려면 더 이상의 어떤 정보가 필요하지 않은가? 칸트는 이것이 자연스러운 질문임을 인정하면서도 도덕법칙이 실제로 어떤 것인지를 파악하는 데 더 이상 어떤 것도 필요하지 않다고 주장한다.

의지가 절대적이고 무제한적으로 선하기 위해서는 법칙으로부터 기대되는 결과를 전혀 고려하지 않고 오직 법칙의 표상만으로 자신을 규정해야 한다. 하지만 어떤 종류의 법칙이 이런 것일 수 있는가? 나는 어떤 법칙을 준수하는 데서 생길 수 있는 모든 충동을 의지로부터 제거했으므로 남는 것은 오직 행위 일반의 보편적 합법칙성뿐이며 이것만이 의지의 원리로 사용된다. 곧 **나는 나의 준칙이 보편법칙이 될 것을 내가 원할 수 있는** 방식으로만 행위해야 한다. 이 경우 오직 합법칙성 일반만이 (곧 특정한 행위에 의해서 규정된 법칙에 기초하지 않은) 의지의 원리로 사용되며, 의무가 공허한 환상이나 황당한 개념에 그치지 않으려면 반드시 그렇게 사용되어야 한다. 평범한 인간의 이성도 실천적 판단을 내리면서 이런 사실에 완벽하게 동의하며, 항상 이 원리를 염두에 둔다. (4:402)

여기서 칸트는 항상 어떤 경향성의 특수한 대상을 추구하는 법칙을 대신해 우리가 행위 원리로 ('준칙'이라는 전문적인 개념에 대해서는 후에 논의할 예정이다) 채택할 수 있는 유일한 대안은 법칙 또는 합법칙성의 관념 일반에 따라 행위하는 것을 일반 원리로 삼는 길뿐이라고 주장한다. 그런데 이 관념은 오직 보편적 타당성의 관념일 뿐이므로 이것이 요구하는 바는 보편법칙이 될 수 있는 특수한 원리에 따라 행위하라는 것, 바꾸어 말하면 다른 모든 사람이 받아들여 그것에 따라 행위할 수 있는 원리에 따라 행위하라는 것이다. 칸트는 모든 사람들이 실제로 도덕적 문제나 곤란한 상황에 직면했을 때 이런 요구를 적용해 자신들이 행하려 하는 행위 방식을 검토한다고 주장한다. 그러므로 선의지를 지닌다는 것은 오직 보편법칙이 될 수 있는 원리에 따라 행위하기로 결심하는 것이며, 의무에 따라 행위한다는 것은 설령 인간으로서 지니는 일상적인 욕구가 달리 행위하도록 유혹한다 할지라도 오직 보편법칙에 따라 행위하는 것이다. 그리고 의무로부터 행위한다는 것은 다른 어떤 것 때문이 아니라 오직 이런 요구를 존경하기 때문에 항상 의무에 따라 행위하려는 동기를 지니며 또한 이런 결심을 유지하는 것이다.

오직 보편법칙이 될 수 있는 원리에 따라 행위하라는 요구가 도덕성의 근본 원리와 일치한다는 칸트의 주장은 분명히 주의 깊게 검토할 필요가 있다. 하지만 칸트는 이런 원리를 『정초』의 2절에서 더욱 확장해 상세히 정식화하므로 이에 대한 철저한 검토는 다음 장에서 시도하려 한다. 여기서는 칸트가 도덕법칙의 근거가 된다고 주장한, 의무에 관한 세 명제를 어떤 방식으로 옹호하는지를 살펴보기로 하자. 칸트는 이에 관한 논의 대부분을 첫 번째 명제, 곧 의무와 일치하는 행위가 아니라 오직 의무로부터 행한 행위만이 도덕적 가치를 지니며 선의지를 드러낸다는 명제를 옹호하는 데 할애한다. 그는 이 주장을 옹호하면서 오직

한 종류의 행위, 말하자면 의무의 개념이 동기로 작용한다고 보이기도
하고 어떤 직접적인 경향성이 동기로 작용한다고 보이기도 하는 행위
만을 고려한다. 하지만 다른 두 종류의 행위도 고려되어야 할 듯한데
그 중 하나는 사실상 의무에 반하는 행위이며 다른 하나는 의무와 일치
하지만 우리가 그것을 향한 어떤 직접적인 경향성도 전혀 지니지 않는
행위, 곧 우리가 직접적인 경향성을 지니는 다른 어떤 목적에 대한 수
단이 되기 때문에 행하는 행위이다(4:397). 칸트는 어느 누구도 이런
행위가 도덕적 가치를 지닌다고 생각하지 않으리라고 보고 이런 행위
를 아예 고려하지 않는다. 하지만 그는 어떤 행위가 사실상 도덕이 요
구하는 바와 상충하지만 행위자는 진심으로 그 행위가 도덕이 요구하
는 바라고 잘못 생각해 그 행위를 행하는 경우를 언급하지 않는다. 어
떤 사람들은 이런 종류의 행위가 도덕적 가치를 지닌다고, 아니면 최소
한 행위자의 특수한 행위는 그렇지 않을지 몰라도 행위자의 성격은 도
덕적 가치를 지닌다는 사실을 드러낸다고 생각할지도 모른다. 하지만
칸트가 고려하는 경우는 오히려 외형상 도덕의 요구와 일치하지만 행
위자가 직접적인 경향성 때문에 행하거나 아니면 행위자가 도덕이 요
구하는 바를 인식하고 오직 이런 인식을 동기로 삼아 행할 수도 있는
행위이다. 이를 통해 칸트는 외형상 도덕의 요구와 일치하는 행위도 항
상 권장할 만한 것이지만 도덕적인 가치를 지니며 무조건적으로 선한
의지, 곧 모든 상황에서 선한 의지의 증거가 되는 것은 오직 행위자가
도덕의 요구를 인식하고 이를 동기로 삼아 행한 행위뿐이라고 주장한
다. 칸트는 이 점을 일종의 사고실험을 통해 논증한다. 우선 의무가 요
구하는 유형의 행위를 기꺼이 수행하려는 경향성을 타고난 사람을 상
상해보고, 그 다음에는 어떤 이유로 이런 경향성을 상실했지만 오직 그
런 유형의 행위가 자신의 의무라는 인식 때문에 어떻게든 그런 행위를

수행하려는 사람을 상상해보자. 이를 통해서 우리는 곧바로 오직 후자의 사람만이 무조건적인 선의지, 곧 자신의 경향성을 포함한 모든 상황과 무관하게 항상 선한 의지를 지니며 또한 그의 행위와 특성만이 도덕적인 가치를 지닌다는 점을 깨닫게 된다. 이로부터 다시 도덕적으로 선한 의지가 따르는 원리는 어떤 경향성의 존재에도 의존해서는 안 된다는 점이 도출되는데 바로 이것이 칸트가 진정으로 이끌어내려는 결론이다. (칸트의 예가 일종의 사고실험이라는 점은 중요하다. 왜냐하면 그는 『정초』의 2절에서 인간 행위에 관한 실제의 예에 기초해 도덕이론을 형성하는 것은 그리 안전한 일이 아니라고 주장하기 때문이다. 그는 이런 주장의 근거로 현실의 삶에는 항상 자기이익이라는 숨겨진 동기가 존재한다는 사실을 든다. 반면 사고실험에서 행위자는 우리가 그에게 부여한 것 외에는 다른 어떤 동기도 지니지 않으므로 이런 문제가 발생하지 않는다. 사고실험에 대한 우리의 반응 또한 우리 자신의 자기이익이라는 숨겨진 동기에 의해서 왜곡되지 않는다. 왜냐하면 사고실험에서 등장하는 행위자는 실제의 행위자가 아니므로 우리는 그와 어떤 현실적인 관계도 맺을 수 없으며 그가 어떤 행위를 하리라고 상상하든 간에 우리의 이익과는 무관하기 때문이다.)

칸트는 자신의 관점을 드러내기 위해 네 가지 예를 드는데 이들 중 하나는 행위자가 동기를 감추지만 의무에 속하는 행위를 수행하려는 직접적인 경향성을 지니지 않으므로 어느 누구도 이를 도덕적으로 가치 있는 행위와 혼동하지 않을 경우에 해당한다. 나머지 세 가지 예는 직접적인 경향성 때문에 행위할 수도, 의무로부터 행위할 수도 있는 경우인데 오직 후자의 경우만이 도덕적 가치를 지닌다는 점을 보이기 위한 것이다. (이런 예들은 칸트가 『정초』의 2절에서 정언명령의 정식들을 확인하면서 사용한, 네 종류의 의무를 예견하게 한다. 하지만 칸트는 이 점을 직접 언급하지는 않는다.) 칸트가 고려하는 첫 번째 예는 이른바 '타산적인 상인'에 관한 것이다. 이 상인은 세상 물정에 어두운 손님에게도 절대 바가지를 씌우지는 않지만 그렇게 하는 것이 그의 의무라는 생각이나 손님에 대한 애정이라는 직접적인 경향성 때문이 아니라 정직이 최선의 방책이라는 속담을 곧이곧대로 믿고 그가 정직하고 바가지를 씌우지 않는다는 소문이 널리 퍼지면 더 많은 손님이 오고 따라서 자신이 더욱 부유해지리라고 예상하기 때문에 그렇게 한다. 이는 순전히 자기이익과 관련되는 문제이다. 상인의 방책이 그르다고 생각하는 사람은 아무도 없겠지만—이런 방책 때문에 손해를 보는 사람은 아무도 없겠지만—또한 아무도 상인의 태도가 도덕적으로 칭찬할 만한 것이라거나 그가 상행위와 관련된 선의지를 드러낸다고 생각하지 않을 것이다.

칸트가 고려하는 두 번째 예는 '자신의 생명을 보존할' 의무, 곧 자살해서는 안 된다는 의무이다. 18세기 사상계에서 자살의 도덕성은 활발한 논의의 대상이 되었던 주제였다. 자살에 관한 논의를 유행시킨 최초의 계기는 애디슨(Joseph Addison)이 쓴 비극 『카토』(*Cato*, 1713)였는데 이 작품에서 애디슨은 카이사르(Julius Caesar)의 독재를 받아들이기보다는 자살을 선택한 로마의 원로원 의원이자 장군인 카토를 주인공으로 삼았다. 뒤이어 사랑하는 사람을 얻지 못하는 편보다는 자살을 선택한 열정적인 젊은이를 주인공으로 한 괴테(Johann Wolfgang von Goethe)의 소설 『젊은 베르테르의 슬픔』(*Die Leiden des jungen Werthers*, 1774)이 크게 유행하면서 자살에 관한 논의 또한 더욱 확산되었다.[1] 칸트는 『정초』의 2절에서 자살은, 최소한 자기애를 (곧 자신

---

1 칸트는 카토의 경우를 자주 인용하는데 애디슨의 희곡을 독일어로 각색, 번역한 고체트(Johann Christoph Gottsched)의 작품 『빈사(瀕死)의 카토』(*Der sterbende*

의 고통에서 벗어나려는 욕구를) 동기로 삼아 시도되는 자살은 항상 비도덕적이라고 주장한다. 그러나 여기서 그의 핵심 논점은 사람들이 일반적으로 자신의 생명을 보존하려는 강력한 직접적인 경향성을 지니므로 거의 항상 자살을 피하려 하는데 이들의 행위는 옳은 것이기는 하지만 어떤 특별한 도덕적 동기도 증명하지 못한다는 점이다. 반면 누군가가 '연이은 불운과 희망 없는 슬픔 때문에 삶에 대한 미련을 완전히 잃어버린 상황에서도' 절대 자살하지 않는다면 이런 사람은 '경향성이나 두려움 때문이 아니라 오직 의무로부터' 그렇게 한다고 결론지어야 하며 이 경우 '그의 준칙은 도덕적 가치를 지닌다고' 생각해야 한다 (4:398). 여기서 칸트는 이 예에 대한 우리의 상식적인 반응을 보면 우리가 경향성에 의한 동기보다는 의무로부터의 동기를 도덕적으로 가치 있는, 선의지를 지닌다는 사실에 대한 증거로 여긴다는 점을 알 수 있다고 주장한다. 곧 우리 자신의 생명을 보존해야 한다는 의무는 그저 매사가 잘 풀리는 안락한 삶을 계속 누리려는 경향성에 기초한 우연적인 것이 아니라 무조건적인 것이다.

칸트가 든 그 다음 예는 다른 사람들에게 자선을 베풀 의무, 곧 단지 손해를 입히지 않는 것이 아니라 그들이 자신의 목표를 실현할 수 있도록 적극적으로 도울 의무에 관한 것이다. 여기서 칸트는 다른 사람들에게 자선을 베푸는 행위가 분명히 의무와 일치하며 '사랑받을 만한' 것이라고 주장한다. 그런 행위를 하는 사람은 '동정심이 넘치는' 성격을 타고나 다른 사람들을 돕는 데서 '내적인 만족'을 누리는, 달리 말하면

Cato, 1724)를 통해서 애디슨의 희곡을 접할 수 있었던 듯하다. 고체트의 작품은 애디슨의 희곡 대부분을 표절했거나 아니면 로마사에 대한 자신의 해석을 담은 것으로 보인다. 애디슨의 희곡 현대어판은 *Cato: A Tragedy, and Selected Essays*, ed. Christine Dunn Henderson and Mark E. Yellin (Indianapolis: Liberty Fund, 2004) 참조. 내가 아는 한 칸트가 괴테의 『젊은 베르테르의 슬픔』을 인용한 적은 한 번도 없다.

실제로 다른 사람들을 돕는 데서 만족을 느끼는 직접적인 경향성을 지 닌 사람이다. 그의 행위는 방해받아서는 안 되며 오히려 '칭찬과 격려' 를 받는 것이 마땅하다. 하지만 그의 행위가 도덕적으로 칭찬받을 만한 것은 아니다. 왜냐하면 그는 오직 자기만족을 위해서 행위하기 때문이 다. 이제 그 자신이 어떤 어려움에 처해 동정심에 가득 찬 경향성이 완 전히 사라졌는데도 여전히 능력을 다해 다른 사람들을 돕는다면 그의 선의지가 자신이 처한 상황에 의존하지 않는, 무조건적이라는 점이 명 백히 드러난다. 따라서 이 경우 그는 '어떤 경향성도 없이 오직 의무로 부터' 자선을 베풀며, 그의 행위는 '비로소 진정한 도덕적 가치를 지니 게 된다' (4:398). 칸트는 다시 한번 이 경우에 대한 상식적인 반응에 호소한다. 곧 우리 모두는 의무로부터 행한 행위는 높이 평가하지만 경향성으로부터 행한 행위는 그리 높이 평가하지 않는 듯하다고 주장 한다.

　칸트는 마지막 예에서 '자기 자신의 행복을 확보할' 의무를 다룬다 (4:399). 사실 자기 자신의 행복이 지닌 도덕적 중요성은 칸트에게 상 당히 까다로운 문제이므로 여기서 그의 논의는 무척 복잡한 양상을 띤 다. 우선 칸트는 행위자 자신의 행복을 확보할 의무가 '간접적' 의무라 고 주장하면서 '자신의 상태에 대한 불만', 곧 불행은 **의무를 위반하 게 만드는 대단히 큰 유혹**'으로 작용한다는 사실을 통해서 이를 설명한 다. 바꾸어 말하면 우리는 자신에게 주어진 몫에 만족하지 못할 경우 허용될 수 없는 수단을 통해서, 예를 들면 성실하게 노력하기보다는 도 둑질을 하여 더 많은 몫을 차지하려는 유혹에 빠지기 쉽다. 하지만 여 기서 칸트는 이런 생각을 더 이상 발전시키지는 않는다.[2] 그 대신 그는

2　칸트는 후에 『도덕』, '덕이론', 머리말, V.B절, 6:388에서 이런 생각을 발전시킨다.

다음과 같은 논증을 전개한다. 첫째, 그는 '모든 인간이 이미 스스로 행복을 향한 매우 강력한 내적 경향성을 지닌다고' 주장한다. 왜냐하면 바로 이런 경향성 안에서 모든 경향성이 하나로 통합되며, 자기 자신의 행복이라는 관념은 사실상 자신의 모든 경향성 전체가 누리는 가능한 최대한의 만족이라는 관념과 다르지 않기 때문이다. 이런 정의를 통해 칸트는 우리가 실제로 자신의 행복을 향한 경향성을 지님에 틀림없다는 바로 그 사실 때문에 우리 자신의 행복을 증진시키는 것은 의무가 될 수 없다고 주장한다. 왜냐하면 의무란 우리의 경향성에 반하는 무언가를 강제로 추구하도록 만드는 도덕적 요구이기 때문이다.[3] 하지만 칸트는 뒤이어 우리의 모든 경향성을 만족시키는 일은 절대 불가능하다고 주장한다—예를 들면 통풍을 앓는 환자는 오늘밤 포도주를 몇 잔 더 마시려는 경향성과 내일 고통을 느끼지 않을 경향성을 모두 만족시킬 수 없다. 그리고 최대한 많은 수의 경향성을 만족시키는 것으로서의 행복이라는 애매한 개념을 통해서는 우리가 서로 양립할 수 없는 경향성들 중에 어떤 것을 만족시켜야 하고 어떤 것을 억제해야 하는지를 전혀 알 수 없다. 따라서 칸트는 '행복을 향한 보편적인 경향성이 여러 경향성들 중 하나의 경향성을 더욱 선호하도록 행위자의 의지를 규정하지 않는다면 다른 모든 경우에서와 마찬가지로 여기서도 오직 하나의 법칙만이, 곧 경향성에서가 아니라 의무에서 [자신의] 행복을 증진시키라는 법칙이 남게 되며 이때 비로소 [그의] 행위는 진정한 도덕적 가치를 지니게 된다' (4:399). 하지만 이런 칸트의 결론에는 상당한 문제가 있다. 칸트는 여기서 자신의 행복을 증진하는 일이 우리의 의무라는 점을 제대로 설명하지도 않지만 어쨌든 우리가 그것을 의무로 인식

---

3 『도덕』, '덕이론', 머리말, IV절, 6:386 참조.

한다 할지라도 우리 자신의 행복을 증진하는 일이 의무임을 인식하는 것과 이런 사실에 의해서 실제로 자신의 행복을 증진하는 방향으로 행위하는 것은 우리가 각각 우리의 행복에 필수적인 듯이 보이는, 서로 양립할 수 없는 두 경향성 사이에서 갈피를 잡지 못할 때 아무런 도움도 되지 않는다. 위에서 예를 든 통풍 환자의 욕구, 곧 오늘밤 포도주를 몇 잔 더 마시려는 욕구와 내일 고통을 느끼지 않으려는 욕구가 바로 이런 경우에 속한다. 우리에게는 여전히 이런 갈등을 해소하기에 충분한, 더욱 명확한 행복의 개념을 규정할 어떤 방법이 필요한데 그저 우리 자신의 행복이 일종의 의무일 수도 있다는 생각은 이런 방법을 전혀 제공하지 못한다. 여기서 칸트가 검토했었어야 하는 경우는 오히려 고대 철학자들이 아크라시아(akrasia) 또는 의지의 나약함이라고 불렀던 경우, 곧 우리가 모든 것을 고려한 후 자신을 행복하게 만드는 것이 무엇인지를 완벽하게 파악했지만 그것을 행할 마음이 별로 없는 경우인 듯하다. 이는 또한 우리가 자신의 행복을 추구할 의무를 지닌다는 생각이 단순한 경향성을 통해서는 제공될 수 없는 동기를 제공하는 경우이기도 하다. 어쨌든 칸트의 논증에 포함된 이런 난점을 관대하게 눈감아준다면 우리는 위의 예들에서 드러나는 그의 일반적 관점, 곧 도덕적으로 허용 가능한 행위나 심지어 도덕적으로 의무인 행위를 추구한다 할지라도 단지 경향성에 따라서 그렇게 한다면 이는 결코 무조건적인 도덕적 가치를 지니지 않는다는 견해를 얼마든지 받아들일 수 있다. 이런 가치는 오직 의무라는 동기로부터, 달리 말하면 현재 우리가 지니는 경향성이라는 우연적인 상태에 전혀 의존하지 않기 때문에 무조건적인 의무 자체로부터 행위를 추구할 경우에만 성립한다.

경향성이 도덕적으로 가치 있는 동기를 부여하지 못한다는 칸트의 주장은 오랫동안 논란의 대상이 되어 왔다. 이에 관해서는 후에 간략히

살펴보기로 하고 우선 칸트가 제시한 논증의 나머지 단계들을 검토해
보자. 이들은 위의 예들을 통해서 드러나는 결론, 곧 경향성에 따른 행
위는 아무런 도덕적 가치도 지니지 못하며 오직 의무로부터 행한 행위
만이 그런 가치를 지닌다는 결론에 의존한다. 앞서 살펴보았듯이 칸트
의 두 번째 명제를 지지하는 기초는 경향성에 따른 행위는 어떤 도덕적
가치도 지니지 못하므로 어떤 특수한 경향성의 대상을 욕구하는 일도
도덕성의 근본 원리에 대한 기초를 제공할 수 없다는 사실이다. 칸트는
이 명제에 관한 간략한 논의를 통해 이른바 의지를 규정하는 데 사용될
수 있는 대안을 제시함으로써 『정초』의 1절에 등장하는 논증 전체의 결
론을 준비한다. 의지는 어떤 특정한 욕구 대상을 추구하려는 경향성에
의해서 규정되거나 아니면 '[우리의] 행위를 통해서 산출될 수 있는 어
떤 목적과도 전적으로 무관한' 어떤 원리를 채택해야 한다. 따라서 의
지는 항상 '형식적인, 아프리오리한 원리'와 '질료적인, 아포스테리오
리한 동기' 사이의 갈림길에 서 있다. 하지만 첫 번째 명제에 관한 논
의에서 드러났듯이 도덕적 의지는 경향성에 따라 행위하지 않으므로
'의지 작용 일반의 형식적 원리에 따라 행위하는 것 이외에는 선택의
여지가 없다. … 왜냐하면 이 경우에만 모든 질료적 원리가 제거되기
때문이다'(4:400). 여기서 칸트는 오직 경향성에 의한 행위만이 목적
을 지닐 수 있으므로 경향성으로부터 행위하는 것에 대한 유일한 대안
은 어떤 목적과도 전혀 관련되지 않는 형식적 원리에 따라 행위하는 것
이라는 핵심적인 가정을 채택한다. 그는 또한 이런 전제를 바탕으로 도
덕적 가치를 지니는, 무조건적인 선의지에 적용될 수 있는 유일한 법칙
은 오직 보편법칙이 될 수 있는 준칙에 따라 행위하라는 형식적 법칙이
라는 전체 논증의 결론을 이끌어낸다(4:402).

　하지만 만일 칸트의 논증이 의지를 규정하는 근거가 오직 두 가지뿐

이라는, 곧 의지는 단지 경향성이 부과하는 조건적인 가치를 지니는 목적에 의해서 규정되거나 아니면 오직 일반화 가능한 원리들에 따라 행위하라는 형식적 원리에 의해서 규정된다는 가정에 의존한다면 그의 논증은 형식적인 면에서 건전하지 않다. 왜냐하면 이 논증은 한 가지 가능성, 말하자면 일종의 필연적 목적이 존재할지도 모른다는 가능성을 배제하기 때문이다. 이 목적은 단지 우연적인 경향성이 아닌 다른 무언가가 추구하라고 명령하는 것이므로 이 경우 의지는 우연적인 목적을 추구하는 것과 목적과는 아무런 상관이 없는 원리에 따르는 것 사이의 선택이 아니라 단지 조건적인 가치를 지니는 목적을 추구하는 것과 무조건적인 가치를 지니는 목적을 추구하는 것 사이의 선택이라는 갈림길에 서게 된다. 그렇다면 이렇게 명백한 가능성을 누락시켰기 때문에 칸트의 도덕이론 전체는 제대로 출발선을 떠나지도 못한 채 실패로 귀결되는가? 다음 장에서 우리는 그렇지 않다는 사실을 발견할 것이다. 왜냐하면 칸트가 『정초』의 2절에서 제시하는 논증이 다름 아닌 목적 자체의 무조건적인 가치를 드러내는 보편화 가능한 원리에 따라 행위하라는 법칙이 어떻게 의무로서 강제력을 지니는지, 그 근거를 밝히는 것이기 때문이다. 바꾸어 말하면 그는 어쨌든 어떤 필연적 목적이 존재하며, 도덕적 선택을 내려야 하는 모든 상황에서 의지는 결국 조건적인 가치를 지니는 어떤 우연적인 목적을 추구할 것인가 아니면 무조건적인 가치를 지니는 필연적인 목적에 따라 행위할 것인가 사이의 선택에 직면한다는 전제에 근거해 자신의 논증을 전개해 나간다. 2절에서 그의 논증은 우리가 오직 보편화 가능한 원리들에 따라 행위하라는 형식적 법칙의 채택을 통해서만 이 필연적 목적을 추구할 수 있다는 점을 보이려는 것이다.

이 논증의 세부 사항에 대해서는 후에 검토하기로 하고, 현 단계에서는 왜 칸트가 1절에서 형식적으로 그리 건전하지 않으며 자신이 2절에서 전개할 더욱 강력한 논증을 제대로 예견하지 못하는 논증을 제시했는가라는 질문을 던지는 정도로 충분할 듯하다. 이 질문에 대해 『정초』의 1절은 그저 상식 수준의 도덕 개념에 머물며, 칸트는 경향성에 의해 제기된 목적들이 단지 조건적인 가치를 지닌다는 사실은 상식적으로도 명확하지만 필연적 목적의 관념은 그리 명확하지 않으므로 후자의 관념을 도입하기 위해서는 더욱 철학적인 수준에로의 이행이 필요하다는 생각을 했으리라고 대답할 수 있다. 잠시 후에 살펴보겠지만 또한 칸트는 우리가 도덕적 딜레마에 직면할 경우 상식 수준에서도 실제로 항상 원리의 보편화 가능성을 사용해 이런 경우를 검토하므로 자신의 출발점, 곧 경향성에 의해 제기된 목적은 단지 조건적인 가치를 지닌다는 점뿐만 아니라 자신의 종착점, 곧 보편화 가능성의 요구까지도 상식이 인정한다고 여김으로써 어떻게 출발점으로부터 종착점에 이를 것인지에 관해 조금도 염려할 필요가 없다고 주장한다.

　이제 상식적 도덕도 자신의 논증이 전제하는 원리를 실제로 사용한다는 칸트의 주장과 우연적인 경향성을 동기로 삼는 행위는 어떤 도덕적 가치도 지니지 않는다는 칸트의 근본적인 전제에 관한 논의를 본격적으로 살펴보기에 앞서 그의 세 번째 명제를 조금 더 상세히 검토해보자. 우선 의지가 드러내는, 객관적으로 타당한 형식적 법칙에 대해 존경을 표시하는 주관적 상태만이 유일하게 도덕적 가치를 지니는 동기로 작용한다는 세 번째 명제는 앞선 두 명제를 결합하기만 하면 바로 도출되는 것으로 여겨진다는 점을 기억해야 한다. 이는 또한 이 명제가 단지 경향성을 동기로 삼는 행위는 어떤 도덕적 가치도 지닐 수 없다는 전제에 의존함을 의미한다. 그리고 칸트가 다음과 같은 언급을 통해 이 명제를 지지한다는 사실이 바로 명백해진다.

내가 행하려 하는 행위의 결과라는 대상에 대해 나는 분명히 **경향성**을 지닐 수는 있지만 결코 그것을 **존경**할 수는 없다. 왜냐하면 그 결과는 단지 의지가 낳은 결과일 뿐, 의지의 활동이 아니기 때문이다. 마찬가지로 나는 나 자신의 것이든 아니면 다른 누구의 것이든 간에 경향성 일반을 존경할 수도 없다. 나는 기껏해야 나의 경향성을 시인할 수 있을 뿐이며, 다른 사람의 경향성을 때때로 좋아할 수 있을 뿐이다. 곧 그것을 나 자신의 이익에 도움이 되는 것으로 여길 수 있을 뿐이다. 결코 결과로서가 아니라 순전히 근거로서 나의 의지와 연결되는 것, 곧 나의 경향성에 봉사하는 것이 아니라 그것을 압도하는 것, 최소한 나의 선택을 평가하면서 경향성을 전적으로 배제하는 것만이, 따라서 오직 순전한 법칙 그 자체만이 존경의 대상이 될 수 있고 또한 명령이 될 수 있다. (4:400)

이 인용문을 통해 칸트는 상식적인 수준의 도덕감도 그저 우연히 의지상에서 발생한 일이 아니라 의지의 진정한 행위만이 긍정적이든 부정적이든 적절한 도덕적 평가의 대상이 될 수 있음을 인정하며, 따라서 경향성은 단지 인간에게 우연히 일어난 자연적인 것에 지나지 않으므로 도덕적 평가의 적절한 기초가 될 수 없다고 주장한다. 또한 이는 어떤 경향성이 아무리 동정심을 불러일으키고 호의적이라 할지라도 결코 선의지가 지닌 도덕적 가치의 기초가 될 수 없는 이유이기도 하다. 한마디로 경향성은 의지의 산물이 아니다. 대신 칸트는 두 번째 명제를 지지하기 위해 의존했던 대비, 곧 경향성의 대상을 추구하는 데 대한 유일한 대안은 의지가 '오직 법칙 그 자체'에 따를 것을 선택하는 행위를 하는 것, 바꾸어 말하면 오직 보편화 가능한 원리들에 따라 행위하는 것이라는 주장을 계속 이어나간다. 도덕법칙을 존경하기로 한 결정은 그 자체가 진정으로 존경할 만한 가치를 지닌다. 왜냐하면 이렇게 하는 것이 의지가 진정 수동적이 아니라 능동적으로 작용할 수 있는 유일한 방식이기 때문이다.

여기서 몇 가지를 지적할 필요가 있다. 만일 칸트의 논거에 대한 현재의 분석이 옳다면 이 분석은 근본적이지만 증명되지 않은, 어쩌면 증명할 수 없는 규범적 전제, 이른바 오직 의지의 진정한 행위만이 도덕적 존경을 받을 만한 가치가 있다는 전제에 의존한다. 칸트의 논거는 이 규범적 전제가 경향성에 따라 좌우되는 것은 결코 의지의 진정한 행위가 아니며, 순수하게 형식적 법칙에 따라 행위하기로 선택하는 것만이 수동적으로 경향성에 따라 좌우되는 것의 유일한 대안이라는 점을 결합함으로써 작동하게 된다. 경향성에 따라 좌우되는 것은 결코 의지의 진정한 행위가 아니라는 주장은 어쩌면 규범적으로 중립적인, 순전히 형이상학적인 주장일지도 모른다. 하지만 현재 칸트의 논거는 이 주장뿐만이 아니라 오직 의지의 진정한 행위만이 도덕적 존경을 받을 만한 가치가 있다는 규범적 전제에도 의존한다. 이 전제는 경향성에 의해 휘둘리는 것만큼 수준 낮은 일은 없다는 이전의 주장을 적극적인 형태로 표현한 것이라 할 수 있는데 여기서는 이 주장이 심리학적이라기보다는 규범적인 모습으로 제시된다. 따라서 현재의 논증은 순전히 형이상학적 전제들로부터 어떤 규범적인 결론을—곧 도덕성의 근본 원리를—이끌어내는 논증으로 여겨져서는 안 된다. 이 논증은 최소한 하나의 규범적 가정을, 도덕적 평가에 관한 상식적인 가정으로 여겨지는 것을 도입함으로써 논의를 순조롭게 출발하려는 시도로 보아야 한다. 우리는 이런 결론이 이후 칸트가 『정초』에서 정언명령을 이끌어내는, 더욱 철학적인 내용에 대해서도 그대로 적용되는지를 살펴볼 것이다.

여기서 지적해야 할 두 번째 논점은 다음과 같다. 경향성은 결코 의지의 작용이 아니므로 도덕적 평가의 적절한 대상이 아니라는 칸트의 전제는 단지 어떤 경향성이 발생했다는 사실만으로는 이에 대해 긍정적인 또는 부정적인 도덕적 평가를 내릴 수 없다는 점과 긍정적인 평가뿐만 아니라 부정적인 평가조차도 항상 의지의 진정한 행위에 대해―곧 행위자의 경향성 자체가 아니라 그의 선택에서 드러나는 특성에 대해―적용되어야 한다는 점을 함축한다. 칸트는 이 점을『정초』에서는 분명히 드러내지 않지만『종교』의 1부에서는 이것이 핵심적인 주장으로 제시된다.『종교』에서 칸트는 선이든 악이든 간에 그것의 '주관적인 근거'는 '항상 그 자체로 자유의 작용이어야만 하며', 선뿐만 아니라 '악의 근거 또한 경향성을 통해 선택 능력을 규정하는 어떤 대상 안에라도, 곧 어떤 자연적 충동 안에라도 놓여 있는 것이 아니라 오직 선택 능력이 자신의 자유를 발휘함으로써 산출하는 규칙 안에 놓여 있다'고 분명히 말한다.[4] 실제로 칸트는 다시 한번 일종의 목적론적인 가정, 곧 자연 안의 모든 것에는 그 자신의 선과 적절한 사용 방식이 있다는 가정의 부정이 증명되기 이전까지는 최소한 이 가정을 받아들여야 한다고 주장하면서 이 가정에 호소해 자연적인 충동이나 경향성도 잘못 사용되지 않는 한 선을 향할 능력을 지닌다고 강조하며[5], 이를 통해 모든 형태의 청교도와 금욕주의자에 반대하는 태도를 보인다. 또한 그는『종교』에서 사람들이 선한가 악한가는 항상 그들이 어떤 선택을 내리는가에, 곧 특정한 경향성에 따라 행위할 것인가 말 것인가 또 언제 그렇게 할 것인가에 대해 내리는 자유로운 결정에 달려 있다고 주장한다. '도덕적 의미에서 인간이 무엇인지, 무엇이 되어야 하며 또한 선한지 악한지는 인간 자신이 **스스로** 만드는 바 또는 만들어 온 바임에 틀림없다. 선과 악은 인간의 자유로운 선택 능력의 결과임이 분명하다. 만일

4　『종교』, 6:21 ; in Wood and di Giovanni, 70면.

5　『종교』, 6:35 ; in Wood and di Giovanni, 81-2면 참조.

그렇지 않다면 선과 악의 책임을 인간에게 물을 수 없을 것이고 … 인 간은 **도덕적으로** 선할 수도 악할 수도 없을 것이기 때문이다.'[6] 칸트는 특히 의지가 두 원리 또는 근본 준칙들 사이에서 선택을 내린다고 주장 한다. 의지는 도덕법칙을 우리에게 발생할지도 모를 모든 특수한 경향 성을 만족시키는 '**최상의 조건**'으로 만들 것을 선택할 수도 있고, 이와 는 정반대로 도덕법칙이 자기애의 원리에 복종할 것을, 바꾸어 말하면 준칙이 항상 우리 자신의 경향성을 만족시킬 것을 선택하면서 이렇게 하는 것이 과연 도덕의 요구를 충족시키는 것인지 그렇지 않은지는 전 혀 문제시하지 않을 수도 있다.[7]

이런 주장은 도덕법칙에 따라 행위할 것을 선택하는 일이 경향성에 의해 규정된 행위를 하는 것에 대한 엄밀한 대안이 아님을 의미한다. 더욱 정확하게 말하자면 도덕법칙에 따라 행위할 것을 선택하는 일은 경향성에 의해 인도되기를 선택하는 것에 대한 대안이다. 만일 경향성 을 지니는 것 그 자체는 도덕적 평가의 적절한 대상이 아니며, 도덕적 평가는 항상 오직 의지의 행위에 대해서만 이루어져야 하며, 행위에 대 한 도덕적 평가는 항상 두 가지가 가능하므로 행위는 선하거나 아니면 악하다는 칸트의 전제를 받아들인다면 이는 칸트가 인간 행위 모델을 자연스러운 방식으로 형성한 것이라 할 수 있다. 하지만 이런 모델은 『정초』의 3절에 등장하는 핵심 논증과 관련해서는 문제의 원인이 되기 도 하는데 벌써부터 이를 걱정할 필요는 없을 듯하다. 지금은 『정초』의 1절에서 제시된 칸트의 논증이 지니는 적극적인 면, 곧 경향성은 결코 의지의 행위가 아니므로 어떤 행위나 행위자에 대한 긍정적인 도덕적 평가의 적절한 기초는 어떤 경향성을 지닌다는 사실이 아니라 오직 도

---

6   『종교』, 6:44; in Wood and di Giovanni, 89면.
7   『종교』, 6:36; in Wood and di Giovanni, 83면.

덕법칙에 따라 행위하려는 의지의 작용이라는 점을 받아들이는 정도로 충분하다. 바로 이런 의미에서 도덕법칙에 대한 존경은 선의지가 자신을 표현하는 유일한 방식이며, 특히 도덕법칙에 반대되는 어떤 경향성에 직면해서 이런 존경을 드러낼 때 존경을 표현하는 유일한 방식은 의무이다.

『정초』1절에서 칸트의 논증 중 마지막 단계는 '평범한 인간 이성'도 '실천적 판단'을 내리면서 실제로 항상 우리가 그것이 보편법칙이 되기를 바랄 수 있는 원리만을 사용한다는(4 : 402) 자신의 주장을 옹호하는 것이다. 칸트는 정상적인 사람이라면 누구라도 '약속을 지키려는 의도가 없이 거짓 약속을 함으로써' 어려운 상황에서 벗어나는 일이 허용될 수 있는가라는 예를 고려하면서 거짓 약속을 하는 것이 과연 영리한 일인가, 곧 그런 약속을 한 사람이 어려움에서 벗어나는 데 성공할 수 있는가라는 질문과 그렇게 하는 것이 과연 의무에 부합하는 일인가라는 질문을 구별한다고 말한다. 모든 사람들이 인정하듯이 영리함은 항상 거짓 약속에 반대하는 근거로 작용하는 듯하다. 거짓 약속을 통해 어려움에서 벗어날 수 있다는 점을 확신할 수 없기 때문이다. 하지만 때로는 그렇게 확신하면서 거짓 약속을 하기도 한다. 그렇다면 영리함은 거짓 약속에 반대하는 논거로 제대로 작용할 수 없다. 반면 이 또한 모든 사람이 인정하듯이 의무의 질문에 대한 대답은 상황에 따라 달라지는 우연적인 것이 결코 아니다.

거짓 약속이 의무와 부합하는가라는 문제를 해결하려는 관점에서 … 나는 다음과 같이 자문해본다. 나는 (진실하지 못한 약속을 함으로써 어려움에서 벗어나려는) 나의 준칙이 (나뿐만이 아니라 다른 사람을 위한) 보편법칙으로 타당해야 한다는 것에 과연 만족할 수 있는가? 그리고 나는 거짓

약속 이외의 다른 방법으로는 벗어날 수 없는 어려움에 처한 사람은 누구
든 거짓 약속을 해도 좋다고 나에게 말할 수 있는가? 이런 생각을 해보면
나는 곧바로 비록 내가 거짓 약속을 할 수는 있어도 거짓말하는 것이 보편
법칙이 되기를 바랄 수는 없다는 점을 깨닫는다. 이런 보편법칙에 따르게
되면 약속이라는 것이 아예 성립할 수 없을 것이다. 나의 약속을 믿으려
하지 않는 다른 사람들에게 내가 이후에 약속을 반드시 지키겠다는 의지
를 밝혀도 사람들이 이를 전혀 믿지 않을 것이며, 혹시 그들이 성급하게
믿는다 해도 곧 그들도 똑같이 내게 거짓 약속을 할 것이기 때문이다. 따
라서 위와 같은 나의 준칙은 보편법칙이 되자마자 자기 자신을 파괴하고
말 것이다. (4:403)

여기서 칸트는 자신의 행위가 의무에 부합하는지를 검토하려는 사람은
누구든 자신이 다른 모든 사람도 그렇게 행위하기를 바라는 방식으로
행위하는 데 성공할 수 있는가를 물어보아야 하는데, 모든 사람이 이런
질문을 던지는 까닭은 그들이 칸트 자신처럼 도덕법칙의 정식을 명확
히 지니지는 못하지만 어렴풋하게나마 도덕법칙을 인식하기 때문이라
고 주장한다. 그렇다면 어떤 개인이 모든 사람이 행위하기를 바라는 방
식으로 행위하는 데 성공할 수 없다는 사실을 알면서도 다른 사람들은
그렇게 행위하지 않을 방식으로 행위한다면 그는 자신의 행위가 도덕
적으로 그른 것임을 알게 된다. 그의 행위는 오직 일반법칙의 예외로
인정될 경우에만 행할 수 있는 것이 된다. 위의 경우처럼 거짓 약속을
함으로써 어려움에서 벗어나려는 행위자의 행위는 만일 모든 사람이
거짓 약속을 한다면 결코 성공을 거둘 수 없다. 왜냐하면 모든 사람이
거짓 약속을 한다는 사실이 알려지면 제정신인 어떤 사람도 다른 사람
의 약속을 믿지 않을 것이고—따라서 '나는 …할 것을 약속한다'라는

말은 곧바로 공수표가 되고 말 것이기 때문이다. 칸트는 이것이 바로
의무에 대한 자신의 분석을 지지하는 도덕적 추론의 일반적 유형이라
고 주장한다.

여기서 칸트는 한 개인이 거짓 약속을 하면 그를 따라 다른 모든 사
람도 거짓 약속을 시작할 것이고 결국 약속이라는 관행이 무너질 것이
라는 식의 경험적 사실을 가정하지 않는다. 이런 일이 실제로 일어날
것인가는 우리 자신의 의도가 실제로 다른 모든 사람들에게 알려질 수
있는가, 다른 사람들이 우리 자신의 행위가 그들에게 거짓 약속의 선례
를 제공한다고 여겨 실제로 거짓 약속을 따라할 것인가 등에 달려 있
다. 그런데 이들은 모두 우연적인 요소이다. 칸트는 오히려 만일 다른
모든 사람이 어떤 방식으로 행위한다면 과연 우리도 그런 방식으로 행
위하는 데 성공할 수 있는가를 자문해보아야 한다고 말한다. 우리가 어
떤 방식으로 행위하는 것이 실제로 다른 사람들을 같은 방식으로 행위
하도록 이끄는지 그렇지 않은지는 현재의 문제와 상관이 없다. 여기서
칸트는 도덕적 행위자라면 오직 보편법칙이 될 수 있는 원리들에 따
라서만 행위하기를 원하리라고 가정한다. 그리고 만일 그가 자신이
생각한 원리가 보편법칙이 될 수 없다는 점을, 곧 다른 모든 사람이
그 원리에 따른 행위를 선택하는 것을 허용할 수 없다는 점을 알게 된
다면—그의 선택이 다른 사람들의 선택에 어떤 영향이라도 미치는지
그렇지 않은지에 상관없이—그는 그 원리에 따라 행위하려 하지 않을
것이다.

칸트는 오직 보편법칙이 될 수 있는 원리에 따라 행위한다는 원리가
어떻게 작용하는지를 보이기 위해 『정초』 2절에서 또 다른 구체적인 예
들을 제시한다. 이 원리가 진정으로 예외 없이 모든 경우에서 작용하는
지를 살펴보기 위해 이를 비판적으로 상세히 검토하는 일은 다음 장으

로 미루기로 한다. 지금 우리가 던져야 할 질문은 칸트가 제시한 도덕
적 추론의 유형을 과연 『정초』를 읽은 적이 없거나 명확하게 정식화된
칸트의 원리를 접한 적이 없는 일반인들도 실제로 사용하는가라는 것
이다. 일반인들도 실제로 사용한다는 점을 보인다면 현 단계에서 칸트
는 해야 할 일을 다 한 셈이 된다.

4. 『정초』 1절에 대한 비판적 논의

이제 『정초』 1절에 등장하는 칸트의 논증에 관한 몇몇 비판적인 논의들
을 검토해보자. 칸트는 진정한 선의지와 도덕적 가치는 경향성에 의해
서가 아니라 오직 의무에 대한 존경이라는 동기로부터 행해진 행위를
통해서만 드러난다고 강력히 주장하는데, 이런 주장은 서로 다른 두 가
지 근거에서 자주 혐오의 대상이 되었다. 한편으로 우리가 공감이나 동
정심에서 행위하는 행위자보다 의무감에서 행위하는 행위자에게서 더
큰 도덕적 가치를 발견한다는 주장은 많은 사람들에게 인간의 덕을 지
나치게 차갑고 냉정하게 만드는 것으로 보였다. 일찍이 실러(Friedrich
Schiller)가 이런 비판의 목소리를 비길 데 없이 잘 드러내었다. 하지만
사실 실러의 의도는 칸트를 비판하려는 것이 아니라 칸트의 비판자들
이 칸트를 너무 어설프고 서툴게 해석했음을 풍자하려는 것이었다. 어
쨌든 실러는 다음과 같이 말한다.

　기꺼이 나는 친구들에게 봉사하지만 슬프게도 그저 마음에 들어서 그렇게
　한다.
　그래서 나는 자주 내가 덕이 없는 사람이라는 생각이 든다.

거기에 다른 방법은 없다. 마음에 드는 것을 완전히 경멸하는 것 외에는.
그리고 아무리 싫더라도 바로 행하라, 의무가 명령하는 것이라면.[8]

그런데 칸트에 대한 수많은 현대의 비판도 이와 유사한 반박에 뿌리를
두고 있다. 예를 들면 스토커(Michael Stocker)는 아픈 친구를 우정에
서 생겨난 직접적인 감정이 아니라 의무감에서 병문안해야 한다는 식
의 주장은 병문안 자체의 의미를 퇴색시킨다고 지적하며, 윌리엄스
(Bernard Williams)는 아내와 잘 모르는 낯선 사람이 동시에 물에 빠
졌을 경우 부부애 때문이 아니라 의무감에서 아내를 구해야 한다는 주
장은 '우리에게 너무나 많은 것을 생각하도록 요구한다'고 비판한다.[9]
다른 한편으로 칸트에 관한 전문적인 연구서에서는 잘 등장하지 않지
만 20세기에 일어난 두 차례 세계대전 전후로 독일 철학 전반에 대해
제기된 비판이 있는데 이는 칸트의 관점이 의무감에서 행한 행위라면
그 어떤 것이라도 모두 정당화한다는 것이다. 이런 비판에 따르면 가장
흉악한 범죄를 저지르는 군인이나 조직원이라도 그가 상관이 명령한
것에 반드시 따라야 할 의무가 있다고 생각해서 그런 행위를 한다면 문
제가 되지 않으며, 이것이 바로 칸트가 주장한, 의무에 대한 존경에서
행위하는 행위자의 개념을 여실히 드러내는 예라는 것이다.

---

8 A. B. Bullock의 번역, H. J. Paton, *The Categorical Imperative: A Study in
Kant's Moral Philosophy* (London: Hutchinson, 1947), 48면에서 재인용. 페이튼은
이를 Hastings Rashdall, *The Theory of Good and Evil* (London, 1907), vol. I, 120
면에서 인용했다고 밝힌다. 이 시구는 원래 실러와 괴테의 『크세니엔』(*Xenien*)에 등
장한다.
9 Michael Stocker, 'The Schizophrenia of Modern Ethical Theory', *Journal of
Philosophy* 73 (1976), 453-66; Bernard Williams, 'Persons, Character, and Moral-
ity', in his *Moral Luck: Philosophical Papers*, 1973-1980 (Cambridge: Cambridge
University Press, 1981), 17면 참조.

   이런 두 비판 중 어떤 것도 결코 성공할 수 없는데, 그 이유까지도 같다. 비판자들은 칸트가 든, 아무런 공감적 경향성도 전혀 지니지 않고 오직 의무에 대한 존경에서 행위하는 행위자의 예가 도덕의 기본 원리를 정확하게 확인하는 데 도움을 주기 위한 일종의 사고실험으로 마련된 것일 뿐, 인간적인 덕의 전체 모습을 제시하기 위한 것이 아니라는 점을 깨닫지 못했다. 여기서 칸트의 핵심은 도덕적으로 행위하려는 어떤 경향성도 없는 상태에서 다른 모든 동기를 제거하고 오직 의무에 대한 존경에서 도덕적으로 행위하는 개인이 선의지와 도덕적 가치를 지닌다는 점은 분명한 사실이므로 도덕의 기본 원리는 경향성과는 아무 관련도 없는 것이어야 하며 어떤 경향성의 존재에 의존해 자신의 능력을 드러내지 않는다는 점이다. 하지만 이런 사실이 아무리 그릇된 행위라도 의무감에서 행해지기만 하면 도덕적 가치를 지닌다든지, 도덕적 가치를 지니는 유일한 행위는 실제로 다른 어떤 경향성도 없는 상태에서 오직 의무에 대한 존경에서 수행된 행위뿐임을 의미하지는 않는다.

   방금 언급한 두 논점 중 첫 번째 논점은 쉽게 이해된다. 상관이 명령하는 것이면 무엇이든 자신의 의무로 여기는 군인이나 조직원은 의무의 개념에 대해 한 번도 생각해본 일이 없음이 분명하다. 만일 생각해봤다면 그는 그저 자신의 충동에 따라 행위하는 것이 자신의 의무일 수 없듯이 상관의 (또는 상관의 상관으로 끝까지 거슬러 올라가 총통이나 위대한 영도자의) 충동에 따라 행위하는 것 또한 결코 자신의 의무일 수 없음을 깨달았을 것이다. 또한 그는 의무에 따른 행위가 단지 누군가의 충동에 따른 행위가 아니라 오직 모든 사람이 자신의 충동과 무관하게 받아들일 수 있는 원리에 따른 행위와 동일하다는 점, 그리고 이런 조건이 단지 그가 따르는 상관의 명령에 의해서는 결코 충족될 수 없다는 점을 깨닫지 못했다. 두 번째 논점, 곧 칸트가 사실상 칭찬하거나 권장한 것은 진정한 의무의 원리에 대한 존경에서 행한 행위가 아니라 모든 감정이 배제된 행위라는 주장은 어쩌면 다소 이해하기 어려울지 모른다. 하지만 감정과 의무 사이의 관계에 대해 칸트가 다양하게 언급한 바를 주의 깊게 검토해보면 『정초』 1절에서 칸트는 도덕법칙 자체가 경향성과 무관하다는 점을 보이기 위해 처음에는 오직 공감이라는 경향성을 동기로 삼았다가 그 후에 이런 경향성을 완전히 버림으로써 오직 도덕법칙에 대한 존경을 동기로 삼는 행위자를 사고실험의 대상으로 삼은 반면 인간적인 덕의 본성에 관해 논의하면서는 의무에 대한 존경이 일반적으로 도덕적 감정을 동반한다고 가정한다. 우리는 이런 감정을 덕의 원인에서 발견되는 온화함으로 생각할 수도 있을 듯한데, 실제 삶에서 우리는 의무에 따라 행위할 때 이런 일반적인 도덕적 감정을 동반함으로써 적절한 상황에서 특수한 공감적 경향성에 따라 행위하는 것이 허용될 수 있으며 심지어 이런 감정을 계발하는 방향으로 나아가기도 한다. 하지만 감정에 따라 행위하는 것이 도덕적으로 부적절한 특수한 상황에서는 어떤 감정에 따라 행위해서는, 심지어 일상적인 자비심에 따라 행위해서도 안 된다는 점이 우리에게 요구된다. 바꾸어 말하면 칸트가 실제로 덕을 갖춘 사람의 행위 유형이라고 생각한 바는 그가 『정초』 1절에서 든 예보다 훨씬 복잡하며, 『정초』 1절은 단지 일반적인 도덕원리를 설명하기 위한 것으로서 이 과정에서 감정의 역할이 잘못 이해되고 과장되면 어떻게 되는지를 보이려는 것이다. 칸트가 생각한 진정한 인간상은 의지의 가장 깊은 수준에서 도덕법칙을 준수함으로써 덕의 원인으로 작용하는 온화함이라는 일반적인 감정을 드러내고, 이를 통해 어떤 상황에서 특수한 경향성에 따라 행위하도록 자신을 계발하여 이런 경향성에 따라 행위하지 않거나 또는 다른 부적절한 경향성에 따라 행위하는 일을 효과적으로 제어하는 인간이라고 할 수 있다.

　이 점을 제대로 살펴보기 위해서는 『정초』 1절의 논의를 넘어서야 한다. 하지만 현재 가장 중요한 논점을 해명하기 위해 이에 관한 최근의 논의를 검토해보자. 허먼(Barbara Herman)은 '의무라는 동기에서 행한 행위의 가치에 관하여'(On the Value of Acting from the Motive of Duty)라는[10] 논문에서 올바른 방향을 제시한다. 그녀는 다른 칸트 연구자인 헨슨(Richard Henson)의 제안을 비판하는데 헨슨은 칸트가 『정초』 1절에서 제시한 예들을 도덕적 가치 판단에 대한 '무공 표창장' 모델에 비유할 수 있다고 주장한다. 이에 따르면 덕을 갖춘 행위자가 칭찬받아 마땅한 이유는 자신의 의무라고 인식한 바를 행하기 위해 어떤 경향성에 따라서도 행위하지 않았거나 아니면 의무에 반대되는 경향성을 극복했어야 했기 때문이다. 반면 후기의 칸트는 도덕적 평가에 대한 '인사고과표' 모델을 제시했는데 이에 따르면 우리는 어떤 행위자가 자신의 의무를 행하려는 경향성이 부족한 상태에서도 오직 의무를 수행하려는 마음에서 의무를 행하는 데 전념한다고 여길 경우 그를 덕이 있다고 판단한다. 하지만 그 행위자에게 올바른 행위를 하려는 경향성이 실제로 있었다고 해도 이것이 반드시 효과를 발휘할 필요는 없다.[11] 헨슨에 대한 허먼의 비판은 칸트가 『정초』에서 든 예와 그 이후에 든 예에 대한 헨슨의 해석이 모두 옳지 않다는 것이다. 왜냐하면 두 경

10　이 논문은 원래 *The Philosophical Review* 90 (1981), 359–82면에 실렸지만 그 후 그녀의 저서 *The Practice of Moral Judgement* (Cambridge, MA: Harvard University Press, 1993), 1–22면에 다시 실렸다.

11　이런 내용이 등장하는 헨슨의 논문은 'What Kant Might Have Said: Moral Worth and the Over-determination of Dutiful Action', *The Philosophical Review* 88 (1979), 39–54면이다. 이에 대한 허먼의 논의는 *The Practice of Moral Judgement*, 7면에서 시작된다.

우 모두에서 칸트는 경향성이 도덕적으로 유익하든 그렇지 않든 간에 또는 얼마나 강하든 약하든 간에 행위자의 근본 원리가 단지 자신의 경향성에 따라 행위하는 것이어서는 안 된다는 점을 요구하기 때문이다. 허먼은 '의무라는 동기가 제시하는 바는 오직 우리 행위의 준칙이 도덕적으로 만족스러울 경우에만 우리는 원하는 바를 행하는 데 전념해도 좋다는 것이라고'[12] 보면서, 의무라는 동기가 우리의 다른 동기에 대한 '제한 조건'으로[13], 곧 의무와 일치하는 또는 의무가 요구하는 바를 행하도록 이끄는 경향성에 따라 행위하는 것을 허용하며 의무와 일치하지 않는 행위를 낳을지도 모를 경향성에 따라 행위하는 것을 금지하는 일반 원리로 작용한다고 주장한다. 이렇게 도덕원리가 '제한 조건'으로 작용한다는 생각을 받아들인다면 앞서 언급한 스토커나 윌리엄스의 반박에 답할 수 있는 방법이 마련된다. 그저 병원에 입원한 친구를 병문안 갈 마음이 생겨 방문한 친구는 그렇게 하는 것이 자신의 의무라는 점을 의식적으로 생각할 필요는 없다. 그리고 입원한 친구가 이런 사실을 알더라도 별 문제가 되지 않을 것이다. 곧 병문안 온 친구의 유일한 동기가 그저 그렇게 할 마음이 생긴 뿐이라는 점을 입원한 친구가 알게 되더라도 입원한 친구는 그다지 실망하지 않을 것이다. 방문한 친구는 자신이 이끌리는 대로 하고 싶은 일을, 예를 들면 아픈 친구를 방문하는 일을 해도 좋다. 하지만 이런 일이 의무와 일치한다는, 예를 들면 도덕적으로 더욱 긴급한 일이 없다는 제한 조건을 만족시키는 한에서 그렇다. 이와 마찬가지로 윌리엄스의 예에서 등장하는 남편 또한 물에 빠진 아내를 구하기에 앞서 그렇게 하는 것이 자신의 도덕적 의무라는 생각을 의식적으로 할 필요는 없다. 이런 생각을 반드시 해야 한다

---

12   Herman, *The Practice of Moral Judgement*, 13면.

13   Herman, *The Practice of Moral Judgement*, 15면.

면 이는 윌리엄스의 말대로 '우리에게 너무나 많은 생각을 요구하는' 것이다. 이 경우 남편은 아내를 구하는 것보다 더욱 긴급한 어떤 도덕적 의무가 없다면, 예를 들어 수백만 명의 생명을 구할 수 있는 백신을 지닌 유일한 의사가 아내와 함께 물에 빠져 그 의사를 구해야 하는 등의 의무가 없다면 그저 자신의 의무를 다해야 한다는 일반적인 생각을 하는 것으로 충분하다.

항상 자신의 의무를 다하라는 원리가 일반적으로 작용한다는 또는 이것이 특수한 경향성에 따른 우리의 행위를 규율하는 '이차적' 원리라는 허먼의 견해는 칸트 해석의 올바른 방향을 지적하지만 의무와 감정 사이의 관계에 대한 칸트의 생각을 모두 포착하지는 못하는 듯하다. 그녀는 한 개인이 이런 일반 원리를 준수하는 것 자체가 특유한 도덕적 감정의 존재를 표현한다는 칸트의 견해를 충분히 강조하지 못했을 뿐만 아니라 이 감정이 단지 어떤 구체적 상황에서 이런 경향성에 따라 행위하고 다른 경향성에 따라 행위하지 않는 것을 허락하는 수준에 그치는 것이 아니라 명확히 어떤 경향성에 따라 행위하도록 만듦으로써 인간 삶의 실제 상황에서 우리가 도덕이 요구하는 바를 행하도록 인도하는 데 효과적인 일련의 감정들을 계발하도록 이끈다는 점을 드러내지도 못했다. 이제 허먼이 제대로 강조하지 못한 두 논점을 명확히 드러내기 위해 칸트가 의무와 감정에 관해 이후에 언급한 몇몇 대목들을 간단히 검토해보자.

첫 번째 논점은 칸트에 따르면 의무가 요구하는 바를 일반적으로 준수하려는 우리의 행위가 순전히 추상적으로, 이차적으로 행해지는 것이 아니라 특별한 도덕적 감정을 동반한다는 점이다. 그는 도덕철학을 다룬 여러 저술에서 이런 견해를 다양한 형태로 드러낸다. 『정초』에서 칸트는 '존경'(Achtung)이라는 용어를 오직 도덕법칙을 우리 자신의 기본적인 준칙으로 선택하는 것에 적용한다. 예를 들면 1절 중 일상적인 의무 개념을 분석하는 대목의 세 번째 명제에서 칸트는 '의무에 대한 존경' 또는 '도덕법칙에 대한 **순수한 존경**'이라는(4:400) 문구를 사용하여 자신의 선택을 구체적으로 선호하는 감정적인 측면을 개입시키지 않으면서도 도덕법칙이 요구하는 바에 따라 행위하려는 행위자의 선택을 특징적으로 규정한다. 하지만 2절에서는 다음과 같이 말한다.

> 경험적 자극에서 더해진 어떤 외부적 요소도 섞이지 않은 순수한 의무의 표상, 더욱 일반적으로 도덕법칙의 표상은 오직 이성을 통해서만 (여기서 이성은 처음으로 자신이 실천적일 수도 있음을 인식하는데) 인간의 심정에 영향을 미치는데, 사람들이 경험적인 영역에서 얻을 수 있는 다른 모든 동기보다 훨씬 더 강력한 영향을 미친다. 이를 통해 이성은 자신의 존엄성을 의식하고 경험적 동기들을 경멸하면서 이들을 지배할 수 있게 된다. (4:410-11)

여기서 칸트는 의무의 표상이 '인간의 심정에' 의식적인 결과를 낳는데, 우리는 이런 표상을 통해 순수한 실천이성의 능력을 인식하고 도덕적 동기로 작용하는 경험적 자극들에 대해 경멸을 표시함으로써 이들을 지배하게 된다고 말한다. 순수한 이성이 '인간의 심정에' 이런 결과를 낳는다는 언급을 통해 칸트는 자신이 이전에 도덕법칙에 대한 '순수한 존경'이라고 불렀던 바가 감정적 측면을 지닌다는 점과 이런 감정적 측면이 우리가 도덕과 무관한 동기들을 지배하는 방식의 일부라는 점을 암시한다. 칸트는 『정초』에서는 이런 감정적 측면 자체를 존경의 감정이라고 표현하지 않지만 『실천이성비판』에서는 다음과 같이 말함으로써 정확히 이를 표현한다.

도덕법칙은 자만심을 무너뜨린다. 하지만 도덕법칙은 그 자체로 여전히 적극적인 것이므로, 곧 지성적 인과성, 다시 말해 자유의 형식이므로 도덕법칙은 우리 안에 있는 주관적인 적들, 곧 경향성들에 반대하여 자만심을 **약화시킴**으로써 동시에 **존경**의 대상이 된다. 그리고 그것은 자만심을 완전히 **무시함**으로써, 곧 철저히 배제함으로써 가장 큰 **존경**의 대상이 되며 또한 경험적인 근원에서가 아니라 아프리오리하게 인식되는 적극적인 감정의 근거로 작용한다. (『실천』, 5:73)

여기서 칸트는 도덕법칙에 대한 순수한 존경이 우리의 감정에 복합적인 결과를 낳는다고 말한다. 그 중 하나는 고통스러운 것으로서 도덕법칙이 (최소한 때때로라도) 자만심을, 곧 마치 우리 자신의 경향성을 만족시키는 것이 우리가 할 수 있는 가장 중요한 일이라는 듯이 경향성에 따라 행위하려는 성향을 무너뜨릴 것을 요구할 경우에 발생한다. 하지만 동시에 긍정적인 결과도 낳는데 이는 우리가 이런 일을 행하는 것이 우리 이성의 능력이며, 또 이렇게 하는 것이 옳다는 느낌을 받을 때 생긴다. 칸트는 또한 이런 복합적인, 하지만 결국에는 긍정적인 것으로 변하는 우리의 감정 또는 정서의 상태 자체를 '존경'이라고 부르면서 뒤이어 다음과 같이 말한다. '도덕법칙에 대한 존경은 지성적 근거에서 생겨난 감정으로서, 이는 우리가 완전히 아프리오리하게 인식하는, 그리고 그것의 필연성을 통찰할 수 있는 유일한 감정이다'(같은 곳). 달리 말하면 지성적인 또는 추상적인 의미에서 도덕법칙에 대한 존경은 우리에게 존경의 감정을 낳는데 이는 우리가 의식하는 감정 상태로서 일상적으로 수반되는 것이며 또한 우리가 다른 동기들에 따라 행위할 때 작용하는 체계의 일부이기도 하다. 따라서 칸트가 생각하는 덕을 갖춘 개인의 개념은 앞서 든 예에서 등장하는, 법칙에 대한 존경을 느끼지 않으면서도 순전히 의지의 행위를 통해 자신의 박애주의에 따른 의무를 계속 완수하려고 애쓰는, 동정심을 지닌 박애주의자의 경우에 의해 거의 손상되지 않는다. 칸트는 실제의 삶에서 우리의 의무를 수행하는 의지의 행위는 주관적인 감정을 동반하며, 바로 이런 감정을 통해 의지는 행위자가 지닐지도 모를 바람직하지 못한 경향성들을 억누르게 되리라고 주장한다. 하지만 이런 주장은 의무를 전혀 생각하지 않고 순전히 감정에 따라 행위하는 친구나 연인의 경우를 정당화하지는 않으며, 또한 지극히 냉담하게 오직 그것이 자신의 의무라는 추상적인 생각에서 의무가 요구하는 바만을 행하는 사람을 추천하지도 않는다.

하지만 지금까지 논의한 바는 인간의 행위 동기가 지닌 정서적이고 감정적인 면에 대한 칸트의 분석 중 일부에 지나지 않는다. 그의 설명 중 두 번째 부분은 우리가 특별한 감정을, 예를 들면 고통과 어려움에 빠진 사람들에 대해 동정심과 같은 감정을 형성하는 과정을 드러내고, 우리가 일반적으로 도덕에 관여할 경우 요구되는 바는 바로 적절한 상황에서 이런 감정에 따라 행위하고 더 나아가 이런 감정을 계발하는 것이므로 그런 상황에서는 감정에 따라 행위하는 것도 얼마든지 가능하다는 점을 보이는 것으로 구성된다. 칸트는 항상 도덕의 기본 원리가 경향성에서 도출되거나 경향성에 근거할 수 없다는 점을 주장하기 위해 몹시 애쓰는데 때로는 이 점을 잠시 잊은 듯한 모습을 보이기도 한다. 하지만 숙고를 거친 그의 주장은 『도덕』 중 '덕이론'에서 자선, 감사, 동정과 같은 '사랑의 의무'를 논의하는 대목에 등장한다.

공감적 기쁨과 슬픔[Mitfreude와 Mitleid, 문자 그대로 다른 사람과 '함께 기뻐함'과 '함께 괴로워함', 곧 도덕적 공감(sympathia moralis)]은 다른 사람의 즐겁고 고통스러운 상태에 대해 쾌 또는 불쾌를 느끼는 감각적 느낌(감정의 공유, 곧 공감적 정서)임이 분명한데 (이 때문에 감성적이라고 불리는데), 자연은 이런 감수성을 이미 인간 안에 심어 놓았다. 그러나 이런 감수성을 능동적이고 이성적인 자비를 증진하기 위한 수단으로 사용하는 것은 비록 조건적이기는 하지만 **인간성**(humanitas)이라는 이름 아래 부과되는 특수한 의무이다. 왜냐하면 여기서 인간은 단지 이성적 존재가 아니라 이성을 부여받은 동물로 여겨지기 때문이다. (『도덕』, '덕이론' , §34, 6:456)

여기서 가장 눈에 띄는 점은 칸트가 단지 '이성적이기만 한 존재' 와 '이성을 부여받은 동물' 을 대비한다는 사실이다. 만일 우리가 감정이 전혀 없는 순전히 이성적이기만 한 존재라면 우리는 도덕법칙을 오직 지적인 형태로만 파악하고 이에 따라 행위할 것이다. 하지만 우리는 그런 존재가 아니라 감정적인 삶을 살아가는 존재이며, 우리 안에서는 우리로 하여금 특수한 행위를 하도록 촉발하는 특수한 감정들을 사용하는 도덕적 작업이 일반적으로 계속된다. 달리 말하면 우리가 도덕법칙을 일반적으로 준수하는 일 자체는 일반적인 도덕적 감정 또는 존경의 감정을 통해서 수행되는데 또한 이런 일은 자주 특수한 감정들, 예를 들면 동정심과 같은 감정을 통해서 이루어진다. 더욱이 칸트는 설령 자연이 우리 안에 그런 감정을 지닐 성향 또는 감수성을 심어 놓았다 할지라도 우리는 우리의 의무를 준수하려는 일반적인 태도의 일부로서 이런 감정을 적극적으로 보존하고 계발해야 한다고 덧붙이기까지 한다. 곧 특수한 상황에서 우리의 의무를 다할 수 있도록 해주는 특수한 감정을 갖도록 만드는 것이 우리의 의무 중 일부라는 것이다. 따라서 칸트는 '우리 안에 있는, 함께 괴로워하는 자연적인 (감성적인) 감정들을 계발하고, 이런 감정들을 도덕원리 및 도덕원리에 어울리는 감정들에서 기인한 공감에 이르기 위한 다양한 수단으로 사용하는 것은 간접적인 의무'라고 말한다. 이에 대해 다음과 같은 예를 들 수 있다.

> 생필품조차도 없는 가난한 사람들이 사는 곳을 피하는 것이 아니라 오히려 그들을 방문하는 것, 벗어날 수 없는 고통스러운 공감적 느낌을 피하기 위해 병실이나 죄수들이 갇힌 감옥에서 눈을 돌리는 것이 아니라 이런 곳을 직시하는 것이 우리의 의무이다. 왜냐하면 이는 단지 의무의 표상 자체만으로는 이룰 수 없는 일을 이루기 위해 자연이 우리 안에 심어 놓은 충동이기 때문이다. (『도덕』, '덕이론', §35, 6:457)

이 인용문 중 특히 마지막 문장은 우리 자신의 의무를 행하려는 동기가 충분히 강하지 않을 때 일종의 대비책으로 우리가 공감의 감정을 필요로 한다는 듯이 들리며, 바로 이런 이유 때문에 우리는 (병실에서 눈을 돌림으로써) 공감의 감정을 억눌러서는 안 되며 오히려 (우리의 도움을 필요로 하는 사람들을 찾아 나섬으로써) 이를 적극적으로 계발해야 한다. 우리가 일반적으로 도덕에 관여할 경우 그 기초로서 유지되고 계발되어 온 이런 감정에 따라 행위함으로써 우리의 의무를 더욱 제대로 수행할 수 있다는 주장은 바로 앞의 인용문에 등장하는 내용, 곧 이런 종류의 감정이 우리가 의무를 행하도록 인도하기 위해 자연이 우리 안에 심어 놓은 수단이라는 언급과 더욱 잘 조화를 이루는 듯하다. 달리 말하면 일반적으로 의무를 다하는 일은 그 자체로 존경심을 동반하고 또 존경심에 의해 더욱 강화된다. 그리고 이는 또한 우리가 특수한 감정들을 계발하는 원인으로도 작용하는데, 이런 감정을 통해 우리는 특수한 상황에서 의무가 요구하는 바를 곧바로 행하게 된다.

이는 도덕적 동기에 관한 지나치게 복잡한 주장으로 보일지도 모른

다. 하지만 여기서 중요한 점 한 가지는 칸트가 공감, 사랑 또는 우정과
같은 감정의 존재와 효과를 우연에 내맡기는 것이 아니라 오히려 덕을
갖춘 개인이라면 이런 감정들을 계발해야 한다고 강조한다는 사실이다.
구체적으로 이런 감정은 두 가지 방식으로 계발될 수 있다. 가난하고 병
든 사람들을 방문하는 예를 통해 칸트는 우리가 공감이라는 일반적인
감정을 계발해야 함을 주장한다. 하지만 동시에 우리는 특수한 개인을
향한 또는 더욱 일반적으로 말하자면 '우리의 일상적인 관계를 유지하
기 위한' 의무를 다하도록 이끄는 감정들을 계발할 필요도 있는 듯하다.
칸트는 후자의 감정을 '덕이론'에서는 그리 강조하지 않지만 몇몇 강의
록에서 결혼에 관해 논의하면서 결혼한 후에는 부부 각자에게 배우자에
대한 존경심을 계발해야 할 도덕적 의무가 성립한다는 점을 강조한다.
오직 이럴 경우에만 부부는 단지 '아름다움이나 재능에서 느끼는 본능
적인 매력에' 기초한, '경향성에 기인한 애정이' 점차 약해지거나 심지
어 사라진다 할지라도 서로 상대방을 계속 존중할 것이기 때문이다.[14]
사실 단지 경향성에 기초한 윤리는 매우 불안정하다. 예를 들면 첫사랑
의 상대방과 결혼한 신혼의 젊은 남편이 오직 뜨거운 사랑 때문에 아내
를 위험에서 구하는 일은 얼마든지 일어날 수 있고 또 충분히 예상 가능
하다. 하지만 부부로서 오랜 관계를 유지한 후에 남편은 자신이 아내에
대한 의무를 지닌다는 생각에서 행위하는 편이 더 바람직하다고 여기는
시기를 맞이할 것이다. 사람들이 처음 서로를 알게 되었을 때 느끼는 강
력한 사랑이 항상 유지되어 여기에 의지하기는 쉽지 않기 때문이다. 부
부가 오랜 기간에 걸쳐 성공적인 관계를 유지하는 일은 부부의 순간적
인 애정이 얼마나 강력하든 간에 확고한 의무감에 기초하기 마련이다.

---

14   *Kant on the Metaphysics of Morals (Vigilantius)*, 26:671; 또한 *Lectures on Ethics*, ed. Heath and Schneewind, 404면.

의무와 감정이라는 주제를 마무리 짓기 전에 마지막으로 한 가지를 더 검토하려 한다. 공감의 감정을 도덕적 목적에 이르는 수단으로 사용할 의무에 관해 논의하는 대목에서 칸트는 이런 감정을 사용할 의무가 '특수할' 뿐만 아니라 '조건적'이라고 말한다. 여기서 '조건적'이라는 말은 무엇을 의미하는가? 어쩌면 그는 공감의 감정에 따라 행위할 의무가 이런 감정이 우리가 의무를 다하도록 만들기 위해 자연이 우리에게 부여한 수단이 된다는 경험적 사실과 관련하는 한에서만 성립한다는 점을 의미했을 수도 있다―그런데 자연은 우리의 심리를 지금과는 전혀 다르게 구성할 수도 있었을 텐데 만일 그랬다면 우리는 이런 간접적 의무를 지지 않을 것이다. 또한 칸트는 이런 감정이 특수한 상황에서 수행하도록 인도하는 행위가 사실상 그런 상황에서 의무가 허용하거나 요구하는 행위라는 조건 아래에서만 이런 감정에 따라 행위해야 한다는 점을 의미했는지도 모른다. 바꾸어 말하면 이런 감정에 따른 행위가 아무리 도덕과 일반적으로 일치하더라도 우리는 도덕의 일반 원리를 특수한 감정에 따라 행위하려는 우리의 성향을 제한하는 조건으로 사용해야 한다는 것이다. 물론 앞서 살펴본 바대로 제한 조건의 역할을 하는 것이 일반적인 도덕원리의 유일한 역할은 결코 아니다. 예를 들어 무거운 짐을 지고 고생하는 사람을 돕는 것이 우리의 일반적인 성향이라 할지라도 한밤중에 우리가 아끼는 미술관에서 뭔지 모를 커다란 짐꾸러미를 화물차에 옮겨 싣느라 애쓰는 사람을 도와서는 안 된다. 그 사람은 한밤중에 귀중한 예술품을 훔치는 절도범일지도 모르기 때문에 이때 우리의 의무는 그를 돕는 것이 아니라 경찰에 신고하는 것이다.[15] 일상적인 경우에는 우리의 의무를 완수하는 데 기여하는 가장 가치 있는

---

15 Herman, *The Practice of Moral Judgement*, 4-5면.

감정들이 어떤 상황에서는 의무에 정반대되는 행위를 낳는 경우를 얼마든지 쉽게 상상할 수 있다. 따라서 우리가 의무를 수행하는 데 수단으로 작용하는 감정들을 계발하는 것뿐만이 아니라 그런 감정에 따른 행위가 우리의 의무와 일치한다는 점을 확인하는 것 또한 우리의 의무에 속한다. 의지가 항상 의식적인 반성 작용을 요구하지는 않지만 때로는 요구한다는 점을 인식한다면 그런 경우에는 우리가 처한 상황에 대해 숙고하고 우리의 감정에 따라 행위하는 일이 허용되는지를 검토하는 것까지도 우리의 의무에 포함된다. 이 점 또한 순수한 경향성에 근거한 윤리가 간과하는 또 다른 중요한 주장으로 생각된다.

이제 자유가 무조건적인 가치를 지닌다는 칸트의 처음 주장으로 되돌아감으로써 이 장을 마무리 지으려 한다. 내가 앞서 언급했듯이 자유가 근본적인 가치를 지닌다는 가정은 『정초』 1절에서 단지 경향성으로부터 등장한 행위는 결코 진정한 도덕적 가치를 지니지 못한다는 형태로 변형되어 작용한다. 이런 종류의 행위가 도덕적 가치를 지니지 못하는 까닭은 한 개인이 진정으로 행하기를 원한 행위, 달리 말하면 진정으로 자유로운 행위가 아니라 그 개인이 우연히 행하게 된 행위에 지나지 않기 때문이다. 칸트의 전제는 오직 진정으로 자유로운 행위만이 도덕적 가치를 지닌다는 것으로 바꾸어 표현할 수 있다.

하지만 이 명제는 행위의 자유 자체가 어떤 행위가 지니는 도덕적 가치의 원천이라는 명제와 결코 동일한 것이 아니다. 이 명제는 기껏해야 도덕적 가치를 어떤 행위나 행위자에게 속한 것으로 여기기 위한 필요 조건에 지나지 않는다. 곧 어떤 행위의 가치는 그것이 의도하거나 실현하려 하는 목적으로부터 도출된다고 가정할 수 있을지 몰라도 그런 행위를 수행한 개인은 자연적인 힘에 의해서든 아니면 다른 사람에 의해서든 간에 강요당하거나 교묘하게 가장한 것이 아니라 스스로 자유롭게 또는 자발적으로 그런 행위를 하지 않은 이상 어떤 도덕적 칭찬이나 신뢰도 받을 자격이 없다. 그렇다면 칸트는 행위자의 자유가 그의 행위와 특성이 지니는 도덕적 가치에 대한 필요조건일 뿐만 아니라 동시에 충분조건 또는 그런 가치의 원천이라는 점을 보여주는 논증도 제시하는가? 그가 『정초』 1절의 현 단계에서 그런 논증을 명확히 제시한다고 주장한다면 이는 지나치게 관대한 해석이 아닐 수 없겠지만 최소한 그는 이런 논증을 위한 핵심 전제는 암시한다고 볼 수 있다. 우리는 논의의 첫머리에서 칸트의 선의지 개념을 설명하면서 우리가 행위나 행위자를 평가할 때 이들이 실제로 낳은 결과가 아니라 처음에 의도한 결과에 의해 평가된다는 일반적인 사실이 어떤 결과를 의도한 것의 가치 자체가 그런 결과가 실현될 경우 발생하는 가치로부터 도출되지는 않는다는 사실을 함축한다는 점을 지적했다. 따라서 도덕적 평가와 관련된 이런 일반적 사실은 어떤 결과의 가치에 의존하는 도덕이론들과도 (이런 이론들을 결과론적 도덕이론이라고 부르는데, 전통적인 공리주의가 이에 속하는 전형적인 예이다) 충분히 양립 가능하다. 하지만 여기서 칸트가 이런 점을 제대로 깨닫지 못한 잘못을 저질렀다고 말할 수는 없을 듯하다. 앞서 살펴보았듯이 그는 경향성 자체는 어떤 가치도 지니지 못한다는 전제를 기초로 삼아 의무의 개념을 분석해왔다. 이런 전제는 오직 경향성에 의해 기계론적으로 수행하는 것이 아니라 오직 자유롭게 행위를 수행하는 것만이 그런 행위에 가치를 부여하는 필요조건이라는 점뿐만 아니라 경향성은 자신이 추구하는 대상에 결코 가치를, 특히 무조건적인 가치를 부여할 수 없다는 점을 함축한다. 따라서 경향성에 의해 우리가 추구하는 대상이 되는 결과의 가치로부터, 결국 의도된 결과를 목표로 추구함으로부터 도출된 이론은 결코 무조건적인 가치에 관한 이론이 될 수 없으며, 최소한 칸트의 관점에서 보면 진정한 도덕이론이 될 수 없다. 그렇다면 대안은 무엇인가? 어쩌면 칸트는 경향성에 대한 유일한 대안은 오직 자유로운 선택뿐이며, 따라서 자유로운 선택은 그 자체만으로 무조건적인 가치를 지녀야만 한다고 주장하는 듯도 한데 물론 이런 주장은 증명을 필요로 하지만 그는 아직 이에 대한 증명을 제시하지는 않는다. 또한 이는 그가 만일 어떤 행위의 가치가 자신이 목표로 삼는 경향성의 대상으로부터 도출될 수 없다면 유일한 대안은 행위의 가치를 오직 '의지 작용의 원리' 또는 '그런 행위를 통해 추구할 수 있는 목적들과는 무관한, 의지의 원리'로부터(『정초』, 4:400) 도출하는 것뿐이라고 말할 때 의미한 바인지도 모른다.

이런 결론에 도달하려면 칸트에게는 더 이상의 증명이 필요할지도 모른다. 경향성으로부터 등장한 가치들은 단지 우연적일 뿐이고, 기껏해야 경향성이 내세우는 조건적인 가치를 지니는 목적에 지나지 않는다는 가정에 대한 또 다른 대안이 존재하는 듯이 보이기 때문이다. 말하자면 무조건적인 가치의 근원이 될 수 있는 또 다른 종류의 목적, 곧 필연적 목적이 존재한다는 대안이 가능한 듯이 보이기 때문이다. 앞으로 『정초』 2절을 다루면서 살펴보겠지만 칸트는 자신이 1절의 끝부분에서 도달했던 전제, 곧 정언명령을 준수하는 것이 필연적 목적, 이른바 이런 맥락에서 칸트가 목적 자체로서의 '인간'이라고 부르는 이성적 존재 또는 인간이라는 목적을 존중하기 위해 반드시 필요하다는 전제에 기초해 정언명령의 구속력을 정당화한다. 또한 앞으로 살펴보겠지만 칸트가 사용한 인간성이라는 용어는 다름이 아니라 경향성이 우리의 목적을 규정하도록 내버려두지 않고 우리가 자신의 특수한 목적을 자유롭게 선택하는 능력을 의미한다. 따라서 1절과 2절에서 칸트의 논증은 동일한 결론, 곧 무조건적인 가치를 지니는 유일한 것 따라서 도덕이론의 기초로 작용할 수 있는 유일한 것은 오직 자유로운 선택 자체뿐이라는 결론에 도달하는지도 모른다. 물론 2절과 관련되는 가장 중요한 질문은 과연 칸트가 2절에서 자유로운 선택 능력으로 이해되는 인간성이 무조건적인 가치를 지닌다는 점을 보여주는 새로운 증명, 곧 자유의 가치를 심리학적으로 보여준 이전의 증명과는 다른 증명을 제시하는가 그렇지 않은가가 될 것이다.

그렇다면 2절의 핵심 내용, 곧 목적 자체로서의 인간성이 무조건적인 가치를 지닌다는 생각은 『정초』에 등장하는 주장을 칸트가 이전에 전개했던 주장, 곧 자유가 우리의 무조건적인 목적이며 이성과 이성의 규칙들은 단지 자유라는 목적을 위한 수단에 지나지 않는다는 주장을 연결하는 역할을 한다. 하지만 이미 1절에서도 칸트는 자신이 이런 주장을 통해 우리가 경향성에 의해 갖게 된 특수한 목적들의 가치를 완전히 무시하려는 의도는 없다는 점을 충분히 암시한다. 그는 이성이 행복의 산출이 아닌 다른 목적을 지녀야 한다는 점을 주장하는 대목에서 다음과 같이 말하는데, 칸트가 『정초』 이후에 쓴 저술들에 관한 지식이 부족한 독자들은 별로 주목하지 않고 넘어갈지도 모르겠다.

> 하지만 우리에게 이성은 실천 능력으로, 곧 **의지**에 영향을 미칠 수 있는 능력으로 주어져 있으므로 이성의 진정한 사명은 다른 어떤 목표에 대한 **수단으로서가** 아니라 **그 자체로 선한 의지를** 낳는 것이어야 한다. … 이 의지는 유일한, 완전한 선일 필요는 없지만 명백히 최고선이어야 하고, 다른 모든 선에 대한, 심지어 행복하려는 욕구에 대해서도 조건이 되어야 한다. … (4:396)

여기서 칸트는 자신이 『순수이성비판』에서 ('순수이성의 규준'이라는 제목의 절에서) 이미 도입했던 주장을 환기하는데, 이 주장은 『실천이

성비판』을 비롯한 후기 저술들에 이르면 인간 전체를 위한 완전선이 최
대한의 덕과 사실상 덕의 결과로 얻어지는, 덕과 조화를 이루는 최대한
의 행복이 서로 결합함으로써 구성된다는 주장으로 더욱 상세히 발전되
기에 이른다.[16] 그런데 행복이란 결국 특수한 경향성들의 만족을 모두
합한 것이므로 이런 주장은 경향성과 욕구의 만족이 충분한 가치를 지
닌다는 상식적인 견해를 전제한다. 하지만 이런 만족이 무조건적인 가
치를 지니지는 않는다는 칸트의 논점을 유지할 필요는 있다—그런 만
족의 가치는 그보다 앞선 도덕의 요구를 만족시켜야 한다는 점에서 조
건적이다. 하지만 경향성의 만족이 지닌 가치가 무조건적이라는 점을
부정하는 것이 그것이 어떤 가치라도 지닌다는 점을 부정하는 것이 아
님은 명백하다.

　칸트는 『정초』에서 자신의 완전선 이론을 더욱 분명히 전개하려 하
지는 않는다. 하지만 앞으로 2절에 관한 논의에서 보게 되듯이 그는
'목적의 나라'를 확립하기 위해서는 모든 인간을 목적 자체로 존중하
는 것뿐만 아니라, 특수한 목적들의 만족은 결국 행복을 산출하는 것이
기 때문에 사람들의 특수한 목적을 체계적이고 일관된 방식으로 증진
하는 것 또한 필요하다고 주장함으로써 이 이론을 핵심 전제로 도입한
다. 따라서 앞으로 보게 되듯이 목적 자체로서의 인간이라는 개념은 2
절에 등장하는 철학적 논증의 기본 전제로 작용하는 반면 목적의 나라
의 개념은 이런 철학적 논증을 칸트가 1절에서 논거로 삼았던 상식적
도덕과 조화시키는 핵심적인 역할을 수행한다.

16　완전선 이론에 관한 칸트의 가장 명확한 설명은 그가 1793년에 쓴 논문 '그것은
이론상 옳을지 몰라도 현실에서는 쓸모가 없다는 흔한 말에 관하여'(On the common
saying: That may be correct in theory but it is of no use in practice)의 1절에 등장
하는 듯하다.

탐구할 문제들

1. 칸트가 생각한 선의지의 개념은 무엇인가, 그리고 이는 그 자체만으로 도덕의 기본 원리라는 특수한 개념을 산출할 수 있는가?

2. 칸트가 생각한 의무의 개념은 무엇인가, 그리고 이는 그 자체만으로 도덕의 기본 원리라는 특수한 개념을 산출할 수 있는가?

3. 도덕적 가치라는 말을 통해 칸트는 무엇을 의미하는가, 그리고 왜 그는 경향성은 그 자체만으로는 결코 도덕적 가치를 지닐 수 없다고 생각하는가?

4. 도덕적으로 가치 있는 행위에서 경향성의 적절한 역할은 무엇인가?

5장

본문 읽기: 2절
정언명령의 정식화

1. 서론

『정초』1절에서 칸트는 선의지와 의무에 대한 상식적인 개념으로부터 정언명령을 이끌어내었다. 반면 2절에서 그의 목표는 정언명령을 건전한 철학적 전제들로부터, 곧 '대중적 도덕철학'을 대신해 자신이 1절에서 근거로 삼았던 '도덕에 관한 상식적인 이성적 지식'과 조화를 이루는 방식으로 이끌어내는 것이다. 대중적 도덕철학을 대신하게 될 것은 바로 '도덕형이상학'이다. 하지만 여기서 칸트는 이 문구를 『정초』의 머리말뿐만 아니라 후기 저술인 『도덕』에서와도 다른 의미로 사용한다. 곧 『정초』의 머리말에서 이 문구는 도덕철학 중 경험적으로 응용된 부분이 (칸트는 이 부분을 '실천적 인간학'이라고 부르는데) 아닌 오직 순수한 부분을 의미하는 것으로 사용되고, 『도덕』에서는 정확히 도덕철학 중 응용적인 부분을 지칭하는 것으로 사용된다. 반면 『정초』2절에서 '도덕형이상학'은 정언명령에 대한 완전한 분석을, 결국 핵심적인 철학 개념으로부터 정언명령의 다양한 정식들을 이끌어내는 과정에 대한 분석을 의미한다. 하지만 이런 정언명령에 따라 행위하는 일이 우리 인간에게 가능한 동시에 필연적이라는 점에 대한 증명은 3절에 등장한다. 여기서 칸트는 자신이 '순수한 실천이성에 대한 비판'인 동시에 '주관에 대한 비판'이라고(『정초』, 4:440) 부른 바를, 달리 표현하자면 인간 주관 안에 있는 순수한 실천이성에 대한 비판을 기초로 삼아 이런 증명을 제시한다. 칸트는 자주 정언명령은 '아프리오리한 종합명제'라고 말함으로써 자신의 증명 작업을 강조하는데, 이런 언급의 내용에 대한 분석은 2절에서 발견되지만 이에 대한 우리의 인식은 오직 3절에 이르러서야 증명된다. 하지만 앞서 이 책의 3장에서 살펴본 바대로 『정초』가 분석적 방법과 종합적 방법을 모두 사용한다는 칸트의 언급이 단지 이것만을 의미하지는 않는다. 3장에서 지적했듯이 칸트는 또한 정언명령의 정식들을 확증하려 하는데 이들은 분석적 방법을 통해 의무의 분류로부터 도출된다. 그런데 의무들은 사실상 종합적 방법의 사용을 허용한다. 어쨌든 정언명령의 확증은 2절에서 이루어진다. 따라서 2절에 관해 논의하면서 우리는 칸트가 정언명령의 모든 정식들을 어떻게 이끌어내는지뿐만 아니라 그가 정언명령이 인간의 의무에 관한 상식적인 개념과, 설령 의무의 세세한 부분까지는 아니더라도 최소한 일반적인 의무의 유형과 일치하는지를 보이는 데 얼마나 성공하는지도 함께 살펴보아야 한다. 하지만 그가 우리와 같은 인간에 대해 정언명령이 구속력을 지닌다는 점을 증명하는 데 궁극적으로 성공했는가 아니면 실패했는가라는 질문에 대해서는 3절을 다루면서 논의해야 한다.

칸트는 '대중적 도덕철학'이 인간의 실제 정서와 행위에 대한 경험적 관찰로부터 도덕원리들을 이끌어내려 한다고 전제한다. 그의 견해에 따르면 이런 접근 방식을 통해서는 결코 진정으로 필연적이고 보편적인 원리에는 도달할 수는 없지만 진정으로 이성적인 행위자가―곧 의지를 지닌 이성적 존재가―따르려 하는 법칙들에 대한 개념적 분석에는 이를 수 있다. 따라서 2절의 중심 논증은 이성적 행위자의 개념에 포함된 핵심적인 특징으로부터 정언명령의 다양한 정식들을 이끌어내려는 시도로 이해될 수 있다. 간단히 말하면 이 논증은 다음과 같다. 자연법칙에 따라 작동하면서도 그런 법칙 자체를 전혀 인식하지 못하는 일상의 사물들과는 달리 이성적 행위자는 행위 법칙에 따라 행위하는 동시에 그 법칙을 진정으로 인식할 수 있다. 더욱이 몇몇 행위 법칙들은 단지 어떤 특수한 목적을 위한 수단에 지나지 않으며, 그런 목적을 채택한 특수한 행위자에게만 구속력을 지니는—칸트는 이런 법칙들을 '가언명령'(hypothetical imperative)이라고 부르는데 그 까닭은 이들의 구속력이 행위자가 어떤 목적을 채택한다는 가정(hypothesis)에 의존하기 때문이다—반면 다른 행위 법칙들은 보편적, 필연적으로 타당한 것으로 또는 어떤 조건과도 무관하게 정언적으로 적용되는 것으로—바꾸어 말하면 정언명령으로—인식된다. 하지만 정언명령의 지위에 오를 수 있는 유일한 후보는 칸트가 이미 1절에서 도달했던 명령, 곧 오직 또한 보편법칙이 될 수 있는 준칙에 따라서만 행위하라는 명령뿐이다. 그러므로 보편적, 필연적으로 타당한 법칙에 따라 행위하려 하는 이성적 행위자는 오직 보편화 가능한 준칙들에 따라서만 행위하라는 원리에 따라 행위해야만 할 것이다. 그 다음에 칸트는 이성적 행위자의 개념에 그런 행위자도 마음 안에 어떤 목표나 추구하는 대상이—곧 어떤 목적이—없이는 행위하지 않으리라는 점을 더한다. 하지만 그의 목적은 어떤 경향성이 규정한 목적일 수는 없다. 만일 경향성이 규정한다면 그런 목적의 가치는 경향성의 존재에 의존하는 조건적인 것이 되고 말 것이다. 그렇다면 완전히 이성적인 행위자가 마음 안에 품은 목적은 그 자체로 목적인 것 또는 무조건적인 목적임에 틀림없다. 이어서 칸트는 이런 목적의 유일한 후보는 오직 이성적 존재 자체 또는 우리에게 더욱 친숙한 형태로 표현하면 '인간성'뿐이며, 이 목적의 무조건적인 가치는 모든 가능한 정언명령의 성립근거, 곧 우리가 이미 분석했던 정언명령을 정당화하고 그것의 준수를 강제하는 것이라고 주장한다. 칸트는 인간성을 스스로 자신의 목적을 자유롭게 규정하는 능력, 바꾸어 말하면 모든 행위자가 오직 모든 사람이 그것에 따라 행위하는 데 자유롭게 동의할 수 있는 준칙, 곧 보편화 가능성이라는 조건을 확실히 만족시키는 준칙에 따라서 행위하겠다는 원리를 받아들일 경우에만 유지되는 능력과 동일시한다. 이런 결과로부터 칸트는 완전히 이성적인 행위자는 오직 자신의 행위 법칙을 스스로 규정하는 모든 사람이 지닌 자유를 인정하는 준칙, 곧 모든 사람이 모두를 위해 자유롭게 수립할 수 있는 준칙에 따라서만 행위할 것이라는 한걸음 더 나아간 결론을 이끌어낸다. 칸트는 고대 정치 이론의 용어를 빌려와 우리가 오직 자유롭게 스스로 수립한 법칙에 따라서만 행위하는 상태를 '자율'이라고 부르면서, 오직 모든 사람이 모든 사람을 위해 자유롭게 수립하는 것만이 이런 법칙에 속할 수 있다고 주장한다. 더욱이 자율적인 공동체에서 자율적인 행위자는 각각 다른 모든 사람의 자율을 충분히 존중할 것이므로 모든 행위자가 자신의 특수한 목적을 자유롭게 규정할 권리를 인정하는 준칙에 따라 행위할 뿐만 아니라 모두가 자유롭게 수립한 준칙들이 보편화 가능한 범위 안에서 가능한 한 이런 목적의 실현을 증진하려 할 것이다. 바꾸어 말하면 진정으로 자율적이고 이성적인 행위자는 이른바 '목적의 나라', 곧 '(목적 자체인 이성적 존재들과 각각의 이성적 존재가 스스로 규정할 수 있는 특수한 목적들로 이루어지는) 모든 목적들의 전체'를(4:433) 구성하게 될 것이다. 칸트가 주장하듯이 이성적이라는 개념에서 또한 체계성(systematicity)의 역할을 강조하는 방식을 통해서도 이런 결과에 도달할 수 있다. 곧 이성적 행위자는 체계적으로 행위하므로 그는 법칙의 수립과 특수한 목적의 추구 모두에서 반드시 체계성을 목표로 삼을 것이다. 칸트는 이성적 행위자에 대한 순수한 개념을 적절히 분석함으로써 이런 모든 것들을 이끌어낼 수 있다고 전제하며, 바로 이런 의미에서 자신의 분석이 경험에 기초한 '대중적 도덕철학'에 대한 확실한 대안이 될 수 있다고 생각한다. 하지만 우리가 실제로 다양한 정식으로 표현되는 정언명령을 준수함으로써 자율이라는 목표를 성취할 수 있고 또한 성취해야만 하는 이성적 행위자라는 점에 대한 증명은 다시 한번 『정초』 3절에 가서야 이루어진다.

　이런 논증을 통해 1절에서 그리 분명하게 해명되지 않은 바, 곧 자유가 무조건적인 가치를 지니기는 하지만 오직 보편법칙을 통해서만 유지되고 증진될 수 있다는 칸트의 이전 주장과 정언명령 사이의 연관성이 명확히 제시된다. 여기서 칸트는 한편으로 자율이 이성적 행위자가 자신에게 법칙을 부여할 수 있는 조건이며 따라서 자율적인 행위자의 공동체에서는 각각의 구성원이 공동체 전체가 준수하는 법칙의 공동 수립자로 간주된다는 점을 강조할 뿐만 아니라 또한 우리가 자신에게 부여한 법칙에 따라서 행위하는 것이야말로 우리 자신의 외부에서, 이것이 자연 일반이든 아니면 그저 자연적인 힘을 지닌 다른 개인이든 간에, 등장한 법칙에 의해 규정되는 일을 피할 수 있는 유일한 방법임을 암시하기 때문이다. 더 나아가 칸트는 우리가 외부의 힘으로부터 벗어날 수 있다는 바로 이 점, 곧 자율적이라는 점 때문에 우리는 존엄성을 지닌다고 주장한다. 우리가 목적의 나라를 위한 법칙을 자율적으로 수립함으로써 자연이 우리를 규정하는 데서 벗어날 수 있고 바로 이 점 때문에 우리가 존엄성을 지닌다는 『정초』의 주장은 칸트가 자유의 무조건적인 가치가 오직 보편법칙에 따라 행위함으로서만 실현될 수 있다는 이전 주장을 변형한 것에 지나지 않는다.

　다음 절에서는 칸트가 이성적 행위자의 개념에서 정언명령의 여러 정식들을 이끌어내는 과정을 더욱 상세히 검토하고, 오직 정언명령을 준수할 경우에만 자율에 이를 수 있다는 그의 주장을—곧『정초』2절 중 '분석적인' 부분을 살펴보려 한다. 그리고 이 장의 3절에서는 과연 칸트가 자율의 가치가 도덕의 기초라는 점을 확립했는지, 만일 했다면 어떤 방식으로 했는지를 더욱 상세히 고찰하려 한다. 그 다음 4절에서는『정초』2절에 등장하는 칸트의 주장 중 '종합적인' 대목, 이른바 자신의 도덕원리가 실제로 우리에게 부과되는 의무와 책무들에 대해 상식적으로 받아들여지는 분류를 제공한다는 점을 보임으로써 일반적인 도덕원리에 대한 자신의 분석을 확증하려는 시도에 관해 논의해야 한다. 이 부분을 설명하면서 칸트는 두 차례에 걸쳐 의무를 분류하고 각각의 분류를 시도한 후에 정언명령의 주요 정식 두 가지를 제시하지만 나는『정초』2절의 핵심적인 분석적 논증 전반을 소개한 후에 칸트가 제시한 예들을 상세히 논의하려 한다. 5절에서는 정언명령의 적용과 관련되는 의무의 분류 중 가장 중요한 부분에 해당하는 '완전한' 의무와 '불완전한' 의무 사이의 구별을 검토하려 한다. 그리고 마지막 6절에서는 정언명령에 대해 제기되는 가장 흔한 비판들을 살펴보려 한다.

2. 이성적 행위자의 개념에서 정언명령의 정식들에로

i. '대중적 도덕철학'에 대한 칸트의 비판

『정초』2절은 몇 페이지에 걸쳐(4:406-10) '대중적 도덕철학'을 비판하는 내용으로 시작된다. 여기서 칸트는 경험적 관찰에 근거한 도덕이론에서는 진정 필연적이고 보편적인 도덕원리를 산출하려는 어떤 시도도 결코 성공할 수 없으며, 인간 행위의 실제 사례에 기초해 도덕원리를 도출하려는 시도는 결국 자기애에 어떤 특권을 부여할 뿐이라고 말하는데 사실상 이것 이상의 내용을 의미한다. 그는 또한 어떤 행위라도 그것을 완전하든 불완전하든 간에 도덕적 시도로 인정하려면 그 행위보다 앞선 독립적인 도덕원리의 개념을 전제하고, 그 행위를 이런 원리의 한 예로 여겨야 한다고 주장한다. 이런 주장은 기본적인 도덕원리가 오직 아프리오리한 분석을 통해서만 인식될 수 있다는 칸트의 핵심 이론 중 일부에 해당한다.

칸트는 『정초』 1절에서 '실천이성의 상식적 사용'으로부터 의무의 특성을 이끌어낸 자신의 시도가 결코 의무의 개념을 '경험적 개념'(원어는 Erfahrungsbegriff)으로 환원하려는 시도로 해석되어서는 안 된다는 주장과 함께 논의를 시작한다(4:406). 그리고 바로 이것이 그가 의무로부터 행한 행위에 대한 예들을 경험적 서술이 아니라 일종의 사고실험으로 여기는 이유이기도 하다. 만에 하나 실제 인간 행위에 대한 경험적 관찰로부터 도덕원리들을 이끌어내려 한다면 우리는 아마도 '그저 세련된 자기애'를 옹호하는 도덕원리에 머물고 말 것이다. 왜냐하면 수많은 인간 행위들이, 겉으로는 의무가 요구하는 바와 일치하는 듯이 보이는 경우조차도 사실은 자기애를 동기로 삼아 행해지기 때문이다. 아니면 최소한 자기애는 자신을 위장하는 데 매우 능하므로 '아무리 엄밀하게 조사한다 할지라도' 겉보기에 의무와 일치하는 행위가 자기애라는 '은밀한 동기'에 의해 행해진 경우를 가려낼 수 없기 때문이다. 따라서 '의무와 일치하는 행위의 준칙이 오직 도덕적 근거와 우리가 지닌 의무의 표상에만 의지하는지를 단 하나의 경우에라도 단지 경험을 통해서만 완전히 확실하게 결정하는 일은 사실상 절대 불가능하다'(4:407). 하지만 칸트는 실제 인간 행위에 대한 이런 명백히 비관적인 평가로부터 자기애의 원리가 아닌 어떤 도덕원리도 형성하는 것이 불가능하다는 주장을 이끌어내지 않는다. 오히려 이와는 정반대로 그는 우리의 실제 동기에 대한 지식이 대부분 불완전하다는 점과 실제로 인간의 행위가 대부분 불완전하다는 점을 인정하면서 이런 점들은 모두 우리가 사실상 도덕적으로 올바르고 가치 있는 행위가 무엇이어야 하는지를 안다는 사실을 전제한다고 주장한다. 따라서 그는 모든 시대에 걸쳐 수많은 철학자들이 '인간 본성의 나약함과 불순함에 대해 진심으로 유감을 표시했지만' 이를 통해 그들이 '도덕성 개념의 정당성을 의심하기에' 이른 것이 아니라 오히려 도덕성이 '존경할 만한 관념'이라는 점을 전제하게 되었다고 지적한다(4:406). 여기서 칸트의 논점은 도덕성의 관념과 그것의 근본 원리에 대한 우리의 지식이 설령 확실하지 않다 할지라도 우리는 오직 이런 지식에 비추어 인간 행위의 수많은 구체적인 예들에서 불완전함이 드러나고, 인간 본성이 무척 자주 나약하고 불순하게 드러난다는 점을 인식한다는 것이다. 만일 우리에게 인간 행위와 본성을 평가할 수 있는 독립적인 기준이 없다면 이들을 결함이 있거나 아니면 이상적인 상태에 미치지 못한 것으로 여길 아무런 이유가 없을 것이다. 이상에 대해 알지 못한다면 우리는 이상보다 못한 것 또한 알 수 없을 것이다.

이어서 칸트는 설령 완전한 도덕적 행위자가 존재한다 할지라도 그의 도덕적 완전성을 인식하려면 우리는 그를 완벽한 예로 여기게 만드는, 그보다 앞선 독립적인 도덕원리에 대한 지식을 전제해야 한다고 주장한다. 따라서 우리는 우리가 지닌 옳고 그름의 개념을 신성한 의지의 명령과 같은 이른바 계시로부터 도출할 수 없으며, 계시에 앞서 무엇이 옳고 신성한지에 대해 지식을 지닐 경우에만 그런 명령을 신성한 의지의 표현으로서 인식할 수 있을 뿐이다(4:408). 그렇다면 불완전한 예뿐만 아니라 심지어 완전한 예를 도덕적 행위의 예로 인식하는 일조차도 우리가 그보다 앞서 도덕성의 개념을 지닌다는 점을 전제하므로 도덕성의 근본 원리에 대한 우리의 지식은 오직 아프리오리할 수밖에 없다. 따라서 경험적 방법을 통해 도덕원리들을 발견하는 것의 문제점은 단지 부적절하고 그릇된 도덕원리를 낳는다는 수준에 그치지 않는다. 그것은 사실상 모순적인 방법임이 드러난다.

　『정초』 2절의 대부분을 차지하는 칸트의 적극적인 논증, 곧 이성적 행위자의 개념으로부터 정언명령의 정식들을 이끌어내는 작업에로 눈을 돌리기에 앞서 그가 '대중적 도덕철학'을 비판하면서 내세우는 또 다른 논점 하나를 지적할 수 있다. 이 논점은 다음과 같다. '감정 및 경향성이라는 동기와 더불어 이성의 개념들까지 합쳐진 혼합된 도덕이론은 우리의 마음을 어떤 원리 아래에도 속하지 않는, 따라서 극히 우연히 사람들을 선으로 이끌기도 하지만 그보다 자주 악으로도 이끄는 동기들 사이에서 방황하도록 만들 수밖에 없다.' 반면 '순수한 의무의 표상 … 그리고 더욱 일반적으로 도덕법칙의 표상은 오직 이성을 통해서만 인간의 심정에 영향을 미치는데, 사람들이 경험적인 영역에서 얻을 수 있는 다른 모든 동기보다 훨씬 더 강력한 영향을 미친다. 이를 통해 이성은 자신의 존엄성을 의식하고 경험적 동기들을 경멸하면서 이들을 지배할 수 있게 된다' (4:410-11). (앞서 존경의 감정에 관해 논의하면서도 인용했던) 이 대목에 대한 자연스러운 해석은 도덕원리가 인간의 심정에 강력한 영향을 미칠 수 있기에 앞서 순수한 도덕원리의 존재를 우선 증명할 필요가 있다는 것일 듯하다. 하지만 어쩌면 칸트는 이를 통해 경험에서 드러나는 확실한 도덕적 행위의 예를 전혀 들지 않더라도 우리가 내면적 심정에 작용하는 도덕법칙의 강력한 영향을 분명히 느끼며, 따라서 이런 사실은 어떤 구체적인 도덕적 행위의 결정적인 예보다도 앞서 우리가 도덕법칙을 인식한다는 점을 증명할 수 있는 또 다른 증거라고 주장하려는지도 모르겠다.

　　이런 해석이 설득력을 지니든 그렇지 않든 간에 여기서 칸트가 도덕 원리는 아프리오리해야 한다는 자신의 주장으로 나아가는 길을 마련하기 위해 도덕철학을 경험에 근거해 확립하려는 모든 시도를 비판한다는 점은 명백하다. 또한 칸트는 도덕법칙은 '단지 인간뿐만이 아니라 모든 이성적 존재 일반에게도, 단지 예외를 허용하는 우연적인 조건 아래서가 아니라 절대적이고 필연적으로 타당해야 한다'고(4:408) 말함으로써 이런 요구를 표현한다. 이런 요구를 만족시키려면 도덕법칙과 그것의 다양한 정식들은 인간 본성에 대한 그 어떤 경험적 지식이 아니라 이성적 존재 일반의 개념으로부터 도출되어야 할 것이다. 그렇다고 해서 칸트의 주장이 인간이 아닌 다른 이성적 존재들이 존재한다는 점을 전제한다는 말은 결코 아니다. 도덕원리가 모든 이성적 존재에게 타당해야 하며, 이성적 존재 일반의 개념에서 도출되어야 한다는 그의 요구는 도덕원리가 아프리오리해야 하며, 따라서 만일 다른 이성적 존재가 있다면 그도 공유할 수 있는 우리 안의 순수한 무언가, 곧 우리의 경향성이 아니라 이성으로부터 도출되어야 한다는 점을 표현하는 또 다른 방식이다. 동시에 우리 자신이 순전히 이성적인 존재가 아니며 따라서 이성이 아니라 감각으로부터 생겨난 경향성을 지닌다는 사실은 왜 도덕원리가 정언적인 명령의 형태로 우리에게 주어지는지에 대한 칸트의 설명에서 결정적인 역할을 한다. 사실 칸트는 우리가 도덕법칙에 저항하는 근원이 되며, 따라서 도덕법칙이 우리에게 명령의 형태를 띠게 만드는 감각적 경향성을 지닌다고 주장하는 수준에 머물지 않는다. 우리가 특수한 행위의 목표를 설정하기 위해 실제로 감각적 경향성을 필요로 하며, 따라서 우리는 이성적일 수 있는 한에서 이성적 존재뿐만이 이성적 행위자가 되어야 한다는 점은 최소한 그의 이론이 암묵적으로 전제하는 바이기도 하다.

ii. 이성적 행위자와 보편법칙

그렇다면『정초』2절에서 정언명령을 철학적으로 도출하는 과정은 '도덕법칙은 모든 이성적 존재 일반에게 타당해야 하므로 이성적 존재라는 보편적 개념으로부터 도출되어야 한다'는 전제에서 출발할 수밖에 없다. 칸트는 이를 출발점으로 삼아 '우리는 실천적인 이성 능력을, 이를 보편적으로 규정하는 규칙으로부터 의무 개념이 생겨나는 지점에 이르기까지 추적해 명료하게 드러내야 한다'고 말한다(4:412). 하지만 이 말이 칸트가 도덕의 일반 원리로부터 우리의 특수한 의무들을 이끌어내는 작업을『정초』에서 시도함을 의미하지는 않는다. 이런 임무는『도덕』을 위해 남겨둔다. 하지만『정초』에서도 특수한 의무를 보여주는 몇몇 핵심적인 예들이 등장하는데 이는『도덕』에서 시도될 분석이 올바르다는 점을 확증하기 위한 것이다. 의무 개념에 이르려 한다는 이 인용문을 통해 칸트는 오히려 이성적 존재 일반이라는 보편적인 개념으로부터 도출되는 도덕성의 근본 원리가 어떻게 우리 같은 인간이라는 이성적 존재에게, 곧 도덕의 요구와 상충할 수 있는 경향성도 지니는 이성적 존재에게 적용될 경우 명령으로 드러나게 되는지를 보이려 한다.

칸트의 논증은 '자연의 모든 것은 법칙들에 따라 작용하는데 오직 이성적 존재만이 법칙의 **표상에 따라**, 곧 원리에 따라 행위할 능력 또는 **의지**를 지닌다'는 관찰과 더불어 시작된다. 비록 이런 언급이 어떤 행위자를 이성적이라고 여기기 위한 모든 필요조건을 완벽하게 규정하지는 않는다 할지라도 이는 최소한 이성적임에 대한 필요조건, 곧 행위자가 자신이 따르는 법칙을 인식하며 그런 법칙을 자신의 행위 근거 또는 원리로 받아들이기 때문에 그렇게 행위한다는 조건을 명시한다. 이와는 대조적으로 낙하하는 물체는 중력의 법칙에 따라 낙하하지만 이

물체가 불행하게도 실험 중 높은 곳에서 떨어지게 된 물리학자가 아닌
이상 중력의 법칙을 결코 인식하지 못할 것이다. 설령 물리학자가 떨어
지는 경우라 할지라도 중력의 법칙이 그에게 어떤 근거나 원리로 작용
하지는 않을 것이다. 위의 인용문에 이어서 등장하는 칸트의 언급은 전
후 맥락을 무시하고 받아들일 경우 모든 종류의 문제를 일으키는 원인
으로 작용할 만한 것이다. 그는 '법칙들로부터 행위를 이끌어내는 데
는 이성이 필요하므로 의지란 실천이성 이외의 다른 어떤 것도 아니라
고' 말한다(4:412). 이 자체만 놓고 보면 이는 한마디로 불합리한 추론
이다. 칸트의 이전 언급에 비추어보더라도 그는 의식적으로 어떤 원리
에 따라 행위할 수 있음이 이성적 의지 작용을 할 수 있는 이성적 행위
자가 되기 위한 필요조건이라고 말했을 뿐, 현재의 언급이 함축하듯이
충분조건이라고는 말하지 않았다. 하지만 위의 언급에 이어진 내용들
을 검토해보면 칸트가 인간의 경우 의지가 실천이성과 동일하다고 생
각하지 않는다는 점이 드러난다. 뒤이은 언급은 다음과 같다. '이성이
의지를 완벽하게 규정하는' 이성적 존재의 경우 의지는 '경향성과 전
혀 무관하게 이성이 실천적으로 필연적인 것으로, 곧 선으로 인식하는
것만을 선택하는 능력'일 것이다. 그리고 이런 존재에게는 의지가 실천
이성과 동일할 것이다. 하지만 인간은 그런 종류의 이성적 존재가 결코
아니다. 인간의 경우 이성이 자동적으로, 저절로 의지를 규정하지 않는
다. 왜냐하면 인간은 '항상 객관적인 조건들, 곧 이성의 요구들과 일치
하지는 않는 주관적인 조건들(여러 동기들)에도 종속되므로' 인간의
'의지는 **그 자체로는** 이성과 완벽하게 조화를 이룰 수 없다.' 오히려
인간의 경우에는 '객관적으로는 필연적인 것으로 인식되는 행위도 주
관적으로는 우연적일 뿐이므로 이런 의지를 객관적인 법칙에 따라 규
정하는 것은 일종의 **강제**이다.' 따라서 인간의 의지가 따라야 하는 실

천이성의 원리들은 인간의 경향성 및 욕구가 요구하는 바와 필연적으로 일치하지는 않으므로 자신을 명령의 형태로 드러낼 수밖에 없다. '객관적 원리의 표상은, 그것이 의지를 강제하는 한에서 (이성의) **명령**으로 불리며, 이런 명령의 정식을 **명법**이라 할 수 있다' (4:412-13). 이성의 객관적 원리들이 우리 인간에게 명령으로 드러난다는 사실은 우리가 불완전하게 이성적이라는 표시이며, 달리 표현하면 인간에게는 의지와 실천이성이 동일하지 않음을 의미한다.

누군가는 이런 분석을 단지 순수한 실천이성의 도덕적 요구에만 적용되는 것으로, 곧 칸트는 불완전한 인간인 우리가 때로 도덕성의 요구를 우리의 경향성에 대한 강제로 받아들이지만 실천적 합리성의 또 다른 요구는 강제로 느끼지 못한다고 말한다는 듯이 생각할지도 모르겠다. 하지만 이제 칸트가 설명하려고 하는 명령들의 분류를 살펴보면 우리 인간이 매우 불완전하게 이성적이므로 우리는 실천이성의 그 어떤 원리라도, 심지어 도덕과 직접 관련되지 않는 경우에도 일종의 강제로, 따라서 명령으로 받아들인다는 점이 드러난다. 실천이성의 원리들은 크게 두 유형으로 나뉘는데, 첫 번째 유형을 다시 두 종류로 나눌 수 있으므로 모두 세 유형으로 볼 수도 있다. 그런데 이들 모두가 우리에게는 경향성을 제한하는 일종의 강제로 드러난다. 칸트는 명령을 크게 두 유형으로 나누어 각각 가언명령과 정언명령이라고 부른다. 가언명령은 '가능한 행위의 실천적 필연성을 사람들이 원하는 (또는 원하는 것이 가능한) 다른 어떤 것에 도달하기 위한 수단으로 표상한다.' 이런 명령이 '가언적'(hypothetical)이라고 불리는 까닭은 오직 이런 명령에 따라 행위하는 것이 수단이 되는 어떤 목적을 원하거나 원할 수 있다는 가정(hypothesis) 아래 놓인 특수한 행위자들에게만 적용되기 때문이다. 달리 표현하면 이 명령은 조건적으로만, 곧 우리가 어떤 목적을 지

니거나 지닐 수 있다는 조건 아래에서만 적용된다. 이와는 대조적으로
'정언명령은 어떤 행위를 다른 어떤 목적과도 무관하게 그 자체로 필
연적으로 객관적인 것으로서 표상하는 명령이다.' 이와 유사하게 칸트
는 만일 어떤 행위가 '단지 **다른 무언가를 위해**, 곧 수단으로서 선하다
면 그 명령은 **가언적**이지만, 만일 그 행위가 그 자체로 선한 것으로 표
상되고 따라서 그 자체로 이성과 조화를 이루는 의지의 원리로서 필연
적인 것으로 표상된다면 그 명령은 **정언적**'이라고 말한다(4:414). 두
명령이 지닌 이런 특징에 비추어 자주 가언명령은 어떤 특수한 목적을
위한 수단으로서 필요한 특수한 행위를 나타내는 반면 정언명령은 그
어떤 목적에 대한 수단으로서의 행위도 명령하지 않으며 오직 그 자체
로 선한 행위만을 나타내는 것으로 여겨져 왔으며 사실 칸트 자신도 이
렇게 여긴다. 하지만 단지 가언적인 명령과 진정으로 정언적인 명령을
대비하려는 칸트의 시도가 전제하는 조건적 타당성과 절대적 타당성
사이의 대비, 주관적 타당성과 객관적 타당성 사이의 대비 또는 단지
몇몇 행위자들에게 적용되는 타당성과 가능한 모든 행위자들에게 적용
되는 타당성 사이의 대비는 사실상 이런 결론을 요구하지도 않으며 함
축하지도 않는다. 필요한 것은 오직 우연적 목적과 필연적 목적 사이의
구별뿐이다. 만일 어떤 원리가 우연적 목적을 실현할 수 있는 방법을
알려준다면 그 원리는 우연히 그런 목적을 지니게 된 사람에게만 적용
되며 또 구속력을 지닐 것이다. 반면 어떤 원리가 필연적 목적, 곧 우리
가 반드시 지녀야만 하는 목적을 실현할 수 있는 방법을 알려준다면 그
원리는 우리가 우연히 지니게 될지 모를 어떤 특수한 목적과도 무관하
게 우리 모두에게, 곧 정언적으로 적용될 것이다. 칸트 또한 이후의 논
증을 통해 정언명령의 가능성이 필연적 목적, 이른바 목적 자체로서의
이성적 존재 또는 인간성의 발견에 의존한다고 주장한다. 만일 정언명

령이 어떤 종류의 목적과도 전혀 아무런 관계가 없다면 칸트가 『정초』 2절에서 제시하는 논증의 전체 구조가 무너지고 말 것이다. 그러므로 여기서 칸트는 모든 행위자에게 적용되는 정언명령의 타당성이 단지 경향성에 의해 정해지는 어떤 우연적 목적에도 의존하지 않는다는 점만을 주장할 수 있다.

칸트는 다음 단계에서 가언명령을 다시 두 유형으로 나누어 결국 세 종류의 명령을 제시하게 되는데 이런 시도는 오히려 그의 논점을 흐리는 듯이 보이기도 한다. 어쨌든 가언명령 중 하나는 '숙련의 명령'(4:415)인데 이는 또한 '기술적 명령'(4:416)으로 불리기도 한다. 이것은 우리가 우연히 지니거나 지니지 않을 수도 있는 (이런 이유로 칸트는 4:415에서 이를 '미정적'(未定的, problematic) 명령이라고 부르기도 한다) 특수한 목적들에 이르기 위한 규칙들을 규정한다. 다른 하나의 가언명령은 모든 사람들이 실제로 지닌다고 가정되는 하나의 목적에 이르기 위한 규칙을 규정한다—이 때문에 이런 종류의 가언명령은 어떤 분명한 사실을 언급하는 '확정적'(assertoric) 명령으로 불린다(4:415). 여기서 모든 사람이 지니는 것으로 생각되는 하나의 목적은 다름 아닌 행복이다. 이 때문에 이런 종류의 가언명령은 '영리함'의 명령(4:416) 또는 '복지'를 위한 '실용적' 명령(4:417)으로도 불린다. 이런 구별이 앞 문단에서 제시한 논점을 흐리게 만드는 까닭은 바로 칸트가 행복을 모든 사람들이 지니는 목적으로 여김으로써 행복을 마치 필연적 목적인 듯이 보이게 만들기 때문이다. 사실 모든 사람들이 자연법칙에 따라 행복이라는 목적을 지닌다고 가정한다면 행복은 심지어 자연적으로 필연적인 목적으로 보일 수도 있다. 하지만 여기서 칸트의 논점은 단지 자연적인 인간이 아니라 모든 이성적 존재라는 관점에서 볼 때 행복 또한 우연적 목적에 지나지 않는다는 것이다. 더욱 분명히 말한다면 칸트가 계속 주장하려는 바는 어쩌면 모든 인간이 행복이라는 하나의 목적을 추구한다는 생각은 일종의 환상이라는 점인 듯도 하다. 왜냐하면 서로 다른 사람들이 (심지어 동일한 한 사람도 서로 다른 시기에는) 서로 다른 대상과 서로 다른 목표를 행복으로 설정하기 때문이다(4:416). 어떤 사람은 커다란 부와 대중들 사이에서 명성을 얻는 것이 행복이라고 또는 그렇게 되면 행복하리라고 생각하는 반면 다른 사람은 검소한 삶을 살면서 오직 소수만이 인정하는 지적인 성취에 이르는 것이 행복이라고 생각한다. '행복'이란 단지 욕구의 만족에 붙인 이름에 지나지 않는데 이 욕구란 개인에 따라 크게 다르며 최소한의 공통점도 찾기 어렵다. 이상의 내용에 비추어보면 숙련의 명령은 매우 명확하다. 설령 이 명령이 규정하는 행위를 반드시 필요한 수단으로 삼는 목적이 우연적이라 할지라도 명령 자체는 명확하다. 환자의 건강을 회복시키기 위해 필요한 의사의 처방과 누군가를 확실히 죽이기 위해 필요한 독살자의 처방은 물론 이런 목적을 모든 사람들이 공유하지는 않지만 둘 다 똑같이 명확하다. 반면 모든 사람들이 자신의 행복을 동일한 방식으로 정의하지 않으므로, 더 나아가 장기적으로 볼 때 무엇이 자신을 진정으로 행복하게 만드는지에 대해 제대로 확실히 아는 사람이 거의 없으므로 행복에 이르는 방법에 대한 명확한 명령은 성립할 수 없다. 행복과 관련해서는 '예를 들면 식습관, 절약, 예의, 자제 등에 관한 경험적인 충고'나 조언 등을 듣는 정도에 그치는데, 이들이 거의 대부분 많은 사람들의 행복 추구에 도움이 될지는 몰라도 모든 사람들이 항상 행복에 이를 수 있는 수단을 보장해주지는 못한다. '영리함의 명령은 진정한 명령, 곧 행위들을 객관적으로 실천적-**필연적인** 것으로 명시하는 명령일 수 없다. 그러므로 … 이성의 명령(praecepta)이라기보다는 조언(consilia)으로 여겨져야 한다'(4:417). 따라서 숙련의 명령과 영리함의 명령 사이에는 특히 행복과 관련해 중요한 차이가 있는 듯이 보일지 몰라도 사실상 이 둘은 모두 단지 우연적이고 변화하는 목적에 필요한 수단을 규정하는 명령에 지나지 않는다. 반면 정언명령은 어떤 목적과도 전혀 무관하게 행위를 규정할 필요까지는 없지만 진정으로 필연적인 목적에 대한 유일한 수단을 규정하는 것으로 밝혀지는 한 모든 행위자에게 무조건적으로 적용될 수 있어야 한다.

이제 칸트가 정언명령을 궁극적으로 어떻게 제시하는가를 살펴볼 차례인데 이에 앞서 그는 몇 단계에 걸쳐 예비적인 논증을 전개한다. 이를 본격적으로 살펴보기에 앞서 잠시 전에 언급된 논점, 곧 우리에게 정언명령으로 모습을 드러내는 보편적으로 타당한 원리뿐만 아니라 이성의 그 어떤 원리라도 우리에게 일종의 강제로 드러날 수 있다는 점에로 눈을 돌려 보자. 왜 그런가? 단지 임의적인 어떤 목적의 성취를 위해 어떤 단계들이 필요한지를 말해주는 원리가 어떻게 일종의 강제일 수 있는가? 또한 그 목적을 떼어놓고 보았을 때 숙련의 명령에 속하는 경우든 아니면 우리의 전반적인 행복의 일부로서 영리함의 충고에 속하는 경우든 간에 이런 목적과 관련되는 원리가 강제로 여겨질 수 있는가? 만일 이 원리를 수단으로 삼아 추구하는 목적이 우연적이고 따라서 우리가 포기할 수도 있는 것이라면 어떻게 그런 원리가 강제일 수 있는가? 이런 질문에 대한 칸트의 대답은 우연적이고 임의적인 목적과 관련하는 경우조차도 우리 인간은 완벽하게 이성적 존재가 아니라는 것이다. 예를 들면 우리는 진심으로 날씬해지기를 또는 부자가 되기를 원하고, 날씬해지는 유일한 방법이 식이요법과 운동을 하는 것이며 또 부자가 되는 유일한 방법이 열심히 일하고 적절한 투자를 하는 것임을 완벽하게 잘 알면서도 여전히 배부르게 먹고 게으르게 뒹굴고 싶어 하며 제멋대로 돈을 낭비하고 싶어 한다. 따라서 설령 숙련과 영리함의 명령이 순수한 실천이성의 원리가 아니라 단지 일상적인 실천이성의 원리를 드러낸다 할지라도 이런 명령 또한 여전히 우리에게 일종의 강제로 작용할 수 있다.

　이제 우리는 다음 단계의 논증, 곧 칸트가 『정초』 2절에서 정언명령의 첫 번째 정식에 이르는 과정을 검토하려 하는데 여기서 위의 논점을 반드시 기억할 필요가 있다. 가언명령에 속하는 두 유형, 곧 기술적 명령과 실용적 명령 그리고 유일한 정언명령인 도덕적 명령을 서로 구별하고 난 후(4:416-17) 칸트는 '어떻게 이런 모든 명령들이 가능한가?'라고 묻는다. 그리고 이를 통해 자신이 의미하려는 바는 '어떻게 이런 명령들이 지시하는 행위를 실행하는 것이 가능한가?'가 아니라 '오직 명령이 표현하는 임무가 어떻게 의지를 강제하는 것으로 생각될 수 있는가'라고 말한다(4:417). 바꾸어 말하면 그의 질문은 과연 무엇이 어떤 명령을 우리에게 구속력을 지닌 것으로 또는 의무인 것으로 만드는가를 묻는다. 그는 왜 가언명령이 구속력을 지니는가라는 질문과 관련해서는 사실 어떤 문제도 일어나지 않는다고 말한다. 왜냐하면 '어떤 목적을 원하는 사람은 누구든지 (이성이 그의 행위들에 결정적인 영향을 미치는 한) 수단 또한 원할 것'이라는 원리는 분석적이기 때문이다. 곧 어떤 목적을 원한다는 것은 그런 목적을 성취하기에 충분한 단계들을 차례대로 원할 준비가 되어 있음을 의미하는 반면 그런 단계들을 원하지 않는다는 것은 우리가 그 목적을 사실상 전혀 원하지 않음을 의미한다. 만일 우리가 완벽히 이성적이라면 이 말은 참일 것이다. 하지만 방금 지적했듯이 심지어 이런 가언명령의 원리도 우리에게는 일종의 명령으로 주어지는데 그 까닭은 우리가 항상 완벽하게 이성적이지는 않기 때문이다―칸트는 '목적을 원하는 사람은 누구든지 수단 또한 원한다'는 원리가 사실상 이성이 우리에게 '결정적인 영향'을 미치는 한에서만 분석적이라고 말하면서도 이 점을 드러낸다. 칸트는 이 원리가 숙련의 명령의 가능성을 자명하게 설명한다고 주장한다. 곧 이런 경우 이성적인 한에서 우리는 만일 수단을 좋아하지 않는다면 목적을 포기해야 할 것이고, 목적을 포기할 준비가 되어 있지 않다면 수단을 조정해야 하리라는 점이 매우 명확하게 드러나기 때문이다. 반면 행복의 경우에는 가언명령의 원리가 함축하는 내용이 다소 덜 명확한 듯하다. 여기서는 예를 들면 건강을 유지하기 위한 여러 단계를 밟는 것이 진정 행복으로 이어지는지가 그리 분명하지 않다. 누군가가 '장수를 원한다 해도 그것이 그에게 비참함만을 연장하는 것이 아니라고 누구 장담하겠으며', 노년에 대비해 착실히 돈을 모았는데 너무 이르게 세상을 떠나 모은 돈을 잘 알지도 못하는 사람에게 상속하는 일이 일어나지 않으리라고 누가 보증하겠는가?(4:418) 하지만 여기서 제기되는 진정한 문제는 바로 우리가 생각하는 행복의 개념과 그것에 이르기 위한 수단이 모두 '확정되어 있지 않으며, 경험적'이라는 점이다. 곧 우리 모두가 일반적인 의미에서 행복을 원한다 할지라도 우리는 구체적으로 어떤 것이 우리를 행복하게 만들지를 정확히 알지 못하며, 어떤 경우든 그런 것을 얻는 방법을 알려준다는 일반적인 충고들은 항상 공허하고 불완전하다. 하지만 만일 우리가 무엇이 우리를 행복하게 만드는지를 정확히 알고, 행복의 구성요소가 무엇이든 여기에 이르는 수단 또한 정확히 안다고 완벽하게 가정한다면 '목적을 원하는 사람은 누구든지 수단 또한 원한다'는 원리가 행복에도 적용될 것이다. 칸트의 표현대로 '만일 행복의 구성요소와 행복에 이르는 수단이 모두 정확하게 제시된다고 가정한다면 영리함의 명령은 분석적-실천적 명제가 될 것이다'(4:419).

따라서 가언명령의 가능성은 이 명령이 오직 우리가 채택한 특수한 목적들을 성취하기 위해 필요한 수단을 표현한다는 사실에 의해서 설명된다. 설령 우리가 불완전하게 이성적이어서 이런 사실을 통해 가언명령이 항상 우리의 행위에 '결정적인 영향'을 미친다는 점을 충분히 보장하지는 못한다 할지라도 이런 사실 자체는 변함이 없다. 뒤이어 칸트는 다음과 같이 말한다.

> 이에 반해 **도덕성**의 명령이 어떻게 가능한가라는 것은 의심의 여지없이 우리가 해결해야 할 유일한 질문이다. 이 명령은 전혀 가언적이 아니며 따라서 가언명령의 경우와는 달리 어떤 전제에 근거해 객관적으로-표상된 필연성을 주장할 수 없기 때문이다. (4:419)

이를 통해 칸트는 도덕성을 드러내는 정언명령의 가능성을 '목적을 원하는 사람은 누구든지 수단 또한 원한다'는 원리를 통해서는 설명할 수 없음을 주장하려는 듯이 보인다. 왜냐하면 정언명령의 타당성은 그 어떤 목적이라는 전제에도 전혀 의존하지 않기 때문이다. 하지만 칸트는 이후에 자신이 무척 선호하는 아프리오리한 종합명제라는 용어를 사용해 정언명령의 가능성을 설명하면서 정언명령의 가능성을 통찰하기란 무척 어려운데 그 까닭은 그것이 '아프리오리한 종합적-실천 명제'이기 때문이라고 말한다. 그리고 자신이 시도하려는 작업을 결국 다음과 같이 설명한다.

> [정언명령을 통해] 나는 행위를 의지와, 곧 어떤 경향성으로부터도 전제된 조건이 없는 아프리오리한 의지와 연결하려 한다(이런 일은 비록 객관적으로, 곧 모든 주관적인 동기들에 대한 완전한 지배력을 지니는 이성이라는 이념 아래에서만 가능하지만). 따라서 정언명령은 일종의 실천 명제로

서, 우리가 어떤 행위를 원한다는 점을 이미 전제된 다른 어떤 행위를 원
함으로부터 분석적으로 이끌어내는 것이 아니라 (왜냐하면 우리는 그런
완전한 의지를 지니지 않으므로) 오히려 행위를 이성적 존재가 지닌 의지
의 개념과 직접, 그 안에 포함되지 않은 무언가와 연결하려 한다. (4:420
각주)

여기서 칸트는 우리에게 적용되는 정언명령의 구속력이 우리가 어떤
우연적인 목적을 채택한다는 사실에 의해서도 설명될 수 없다는 점을
암시한다. 정언명령은 경향성이 규정한 목적에 대한 수단으로서의 행
위를 명령하지 않으므로 그것의 가능성은 우리가 그런 경향성이나 목
적을 지닌다는 사실이나 경향성과 관련된, '목적을 원하는 사람은 누
구든지 수단 또한 원한다'는 분석적 원리를 통해서는 설명될 수 없다.
이것이 바로 칸트가 여기서 정언명령은 종합적임에 틀림없다고 말하는
이유이다. 또한 그는 『정초』의 첫머리에서부터 도덕성의 근본 원리는
아프리오리해야 한다고 주장해왔으므로 이제 만일 그것이 종합적이라
면 아프리오리한 종합명제가 되어야 하며, 따라서 그것의 가능성을 설
명하는 문제는 이론 철학에서 아프리오리한 종합명제의 가능성을 설명하
는 문제, 곧 『순수이성비판』의 핵심 과제였던 문제만큼이나 어려운
문제라고 고백한다. 하지만 동시에 칸트는 정언명령이 아프리오리한
종합명제이며 따라서 어떤 의미에서 자신이 규정하는 행위를 의지와
아프리오리하게 연결한다고 할지라도 이것이 곧 우리 인간이 자동적으
로 정언명령이 규정하는 바를 행한다는 사실을 의미하지는 않는다는
점을 경고하려 한다. 정언명령은 행위를 종합적으로, 하지만 직접 순수
한 이성적 의지의 개념과 연결한다. 하지만 칸트는 우리가 그런 완전한
의지를 지니지 않는다는 점을 다시 한번 지적한다.

이제 칸트는 정언명령이 도덕적으로 요구되는 행위를 이성적 의지의 관념과 연결한다고 말함으로써—비록 그것이 그런 행위를 실제로 우리가 지니는 의지와 자동적으로 연결하지는 않지만—그런 행위를 경향성의 목적에 대한 수단으로 특징짓지 않으면서도 정언명령의 가능성을 설명하려는 문제에 도전한다. 동시에 칸트는 우리의 목표가 경향성에서 생겨난 단지 임의적인 것이라면 그저 '이 목표를 포기함으로써' 가언명령이 부과하는 강제에서 항상 벗어날 수 있는 반면 '이와는 대조적으로 정언명령의 무조건적인 명령은 의지가 그런 명령과 반대되는 것을 선택할 수 있는 여지를 남기지 않는다' (4:420). 왜냐하면 정언명령의 타당성은 어떤 목적에 대한 수단을 규정하는 데 전혀 의존하지 않기 때문이다. 여기서 다시 한번 칸트의 논증에 포함된 일종의 빈틈, 곧 그의 이론 전반의 체계와 상충할 수도 있는 결함이 발견되는데 이는 앞서 『정초』 1절에 등장한 정언명령의 도출 과정을 논의하면서 지적했던 것이기도 하다. 설령 정언명령이 아프리오리하기 위해서는 도덕적으로 필연적인 행위를 경향성에 기초한 단지 우연적인 목적에 대한 수단으로 규정할 수 없다 할지라도 이것이 곧 정언명령이 그 어떤 목적에 대한 수단도 전혀 규정할 수 없음을 함축하지는 않는다. 정언명령이 필연적 목적에 대한 필연적 수단으로서의 행위를 규정할 수 있는 가능성은 계속 열려 있다. 사실상 필연적 목적을 도입하고 정언명령의 준수가 어떻게 이런 목적에 대한 필연적인 수단이 되는지를 보이는 일은 이후 칸트가 어떻게 정언명령이 가능한가라는 질문에 답하는 과정에서 핵심적인 단계로 작용한다. 정언명령이 필연적 목적에 대한 필연적 수단을 규정한다는 바로 이 사실 때문에 그것을 준수하는 것은 우리의 의무가 된다.

칸트는 이 점을 지금 단계에서 직접 명확히 제시하지는 않는다. 왜냐하면 그는 바로 다음 단계에서 '오직 정언명령의 개념 자체가 유일하게 정언명령일 수 있는 명제를 포함하는 정식들도 제공하지 않는지'를 살펴보려 하며, '그런 절대적 명령이 어떻게 가능한가'라는 더 이상의 질문은 『정초』 3절에 가서 다루겠다고 말하기 때문이다(4:420). 하지만 이런 언급은 오해를 불러일으킨다. 왜냐하면 3절의 주제는 정언명령이 인간의 의지에 대해서, 특히 정언명령에 의해 의무를 부과받는 동시에 그것을 만족시킬 수 있는 능력도 지니는 인간의 의지에 대해서 성립 가능하다는 점을 보이는 것이기 때문이다. 반면 2절의 뒤이은 부분에서 칸트는 순전히 이성적인 의지의 관념과 직접 연결되며 또한 정언명령의 준수를 가능한 유일한 수단으로 삼는 필연적 목적을 도입함으로써 정언명령이 순전히 이성적인 의지에 대해 어떻게 성립 가능한지를 보이려고 시도한다. 이는 또한 우리가 정언명령이 아프리오리한 종합적 실천 명제라는 칸트의 주장을 주의 깊게 해석해야 함을 의미한다. 정언명령의 가능성을 설명하는 이런 더 이상의 단계가 종합적인 까닭은 이 단계가 이성적 의지에 대한 현재의 개념, 곧 단지 자신이 지닌 법칙의 표상에 따라 행위하는 의지라는 개념을 넘어서서 이성적 의지에 대한 더욱 완전한 개념, 곧 필연적 목적을 위해 행위하는 의지의 개념으로 나아갈 것을 요구하기 때문이다. 하지만 이성적 의지에 대한 이런 더욱 완전한 개념도 분명히 이성적 의지의 개념 중 일부를 차지하며, 이런 관점에서 『정초』 2절에서 전개되는 칸트의 이후 논증은 비록 종합적 결론을 이끌어내기는 하지만 분석을 통해 진행된다고 할 수 있다. 그리고 이런 결론을 우리에게 적용한, 한걸음 더 나아간 종합명제에 대한 증명은 『정초』 3절에서 시도된다.

이런 점에 주의해야 함을 기억하고 이제 우리의 출발점으로 되돌아가 칸트 논증의 진행과정을 추적해보자. 칸트는 앞에서 자신이 정언명령의 정식을 순전히 그런 명령의 개념으로부터 도출하려 한다고 말했다. 이제 그는 정언명령의 개념은 그 어떤 조건과도 무관하게 타당한 명령이라는 것이므로 '오직 행위의 준칙이 법칙 일반의 보편성에 따라야 한다는 점만이 남게 되는데, 정언명령은 바로 이 점만을 진정으로 필연적인 것으로 표상한다' (4:421). 바꾸어 말하면 정언명령은 정의상 우연적 목적에 대한 수단으로서의 어떤 행위, 더욱 정확하게 표현하면 행위의 준칙을 규정할 수 없는데, 칸트는 정언명령이 필연적인 목적에 대한 필연적 수단으로서의 준칙을 규정한다는 생각을 아직 도입하지 않았으므로 현 단계에서 정언명령이 할 수 있는 바는 오직 준칙 자체가 정언적이어야 한다고, 곧 보편법칙으로 가능해야 한다고 규정하는 것뿐이다. 이를 통해 칸트는 『정초』 2절에서 정언명령의 첫 번째 정식을 이끌어내는데, 이 정식은 『정초』 1절에서 의무의 일반적인 개념으로부터 도출되었던 정식과 본질상 동일하다. **'어떤 준칙이 보편법칙이 될 것을 네가 그 준칙을 통해 동시에 원할 수 있는 오직 그런 준칙에 따라서만 행위하라.'** 이제 이를 보편법칙의 정식으로 부르기로 하자(이하 보편정식으로 약칭).[1]

　뒤이어 칸트는 의무가 혹시 '공허한 개념'이 아닌가, 곧 자신이 방금 제시한 원리가 우리를 강제할 수 있고 실제로 강제하는가라는 (이것이

1　[옮긴이 주] 최근 영어권의 칸트 학자들 사이에서는 정언명령의 정식들을 생략형으로 표시하는 방법이 폭넓게 사용된다. 예를 들면 보편법칙의 정식(the Formula of Universal Law)은 FUL로, 자연법칙의 정식(the Formula of Law of Nature)은 FLN으로 표시하는데, 이 책의 저자 가이어도 이런 방법에 따른다. 이렇게 영어 자모를 사용한 생략형이 가장 간단하기는 하지만 복잡한 칸트의 논의를 따라가다 보면 자주 혼동이 일어나므로 옮긴이는 보편정식, 자연정식, 목적정식, 자율정식, 나라정식 등의 우리말 생략형을 사용했으며, 이런 생략형이 각각 어떤 정식을 지시하는지는 본문 중에 밝혔다. 또한 보편정식과 자연정식을 함께 지칭할 경우에는 보편/자연정식으로 표현했다.

바로 '의무'가 의미하는 바이므로) 질문에 대한 대답은 뒤로 미루고 이 하나의 일반적인 명령으로부터 모든 특수한 의무의 명령들이 도출될 수 있음을 증명하겠다고 말한다. 그는 일반적으로 인정되는 의무의 분류에 따라 각각의 의무에 속하는 대표적인 의무들이 이 일반 원리로부터 어떻게 도출되는지를 보임으로써 이런 증명을 시도한다. 하지만 이런 작업을 시작하기에 앞서 그는 다음과 같이 말하면서 이 원리를 다른 형태로 정식화한다. '가장 일반적인 의미에서 자연은 (곧 형식의 면에서)' 오직 보편법칙에 따라 규정되는 대상들의 영역이라는 관념에 지나지 않으므로 행위자들이 스스로 행하려 하는 행위의 준칙을 보편적으로 받아들이고 이에 따르는 영역의 관념은 곧 준칙이 자연법칙이 되는 영역의 관념과 동일하다. 따라서 정언명령은 또한 다음과 같은 명령으로 정식화될 수 있다. **'너의 행위의 준칙이 너의 의지를 통해 마치 보편적 자연법칙이 되어야 하는 듯이 행위하라'** (4:421). 이런 형태의 원리는 자연법칙의 정식으로(이하 자연정식으로 약칭) 불린다. 뒤이어 칸트는 정언명령을 적용해 특수한 의무들을 이끌어내는 여러 가지 예를 드는데, 이 중 첫 번째의 예에서 자기애라는 동기에 따라 더 이상의 고통을 피하기 위해 자살을 시도하는 것이 자연법칙의 관념에 위배된다고 주장한다. 그의 주장에 따르면 자연법칙은 하나의 원인이 항상 하나의 결과를 낳는다는 원리를 사용하므로 자기애는 생명의 연장이라는 결과를 낳아야 한다(4:422). 이런 주장에 고무된 몇몇 학자들은 자연정식이 목적론적 자연의 개념을 도입함으로써 보편정식에 중요한 요소를 더했다고 해석하기도 했다. 곧 칸트가 『정초』 1절에서 이성의 진정한 역할에 관해 논의하면서(4:395-6) 의지했던 것과 유사한 자연의 개념을 다시 도입했다는 것이다. 이런 자연의 개념에 따르면 각각의 자연적 기관 또는 능력은 자신이 가장 잘 할 수 있는 오직 하나의 역할만을 지니는 것으로 여겨진다.[2] 칸트가 이런 예를 통해 무엇을 말하려 했든 간에 자연정식에 대한 칸트 자신의 설명을 보면 이런 식의 해석이 허용되지 않는다는 점이 명백히 드러난다. 보편정식은 오직 보편법칙이 될 수 있는 준칙에 따라서만 행위하라고 말한다. 그리고 '자연'에 대한 정의는 만일 우리가 보편법칙을 획득한다면 자연의 일부가 된다고 말한다. 따라서 자연정식은 보편정식과 정확하게 동일한 것, 곧 도덕은 우리가 사실상 보편법칙이 될 수 있는 준칙에 따라서만 행위할 것을 요구한다는 점을 말한다. 그렇다면 우리는 보편정식과 자연정식을 우리의 준칙들에 대해 동일한 것을 요구하기 위해 제시된 명령으로 해석해야 한다. 설령 칸트 자신이 이 둘을 항상 이런 방식으로 사용하지 않는다 할지라도 이들은 하나의 동일한 요구를 부과하므로 보편/자연정식으로 표현할 수 있다.

　설령 칸트 자신이 이 원리를 구체적으로 적용한 예로 든 내용을 충분히 검토하는 작업은 『정초』 2절의 주장에 대한 설명을 완전히 마친 후로 미룬다 할지라도 이 지점에서 보편/자연정식을 우리가 선택한 준칙에 적용한다는 것이 과연 무엇을 의미하는지를 물어볼 필요는 있다. 그렇다면 우선 칸트가 사용한 준칙이라는 용어의 의미부터 살펴보아야 한다. 지금까지 우리는 이 개념을 일반적인 방식으로, 곧 우리가 어떤 특수한 행위를 행하거나 행하기로 선택할 때 근거로 삼는 원리를 의미하는 정도로 사용해 왔다. 칸트 자신도 보편정식을 도출하는 과정에서 각주를 달아 준칙을 이런 일반적인 방식으로 정의하는 데 그친다.

준칙은 행위의 주관적 원리로서, **객관적 원리** 곧 실천 법칙과는 구별되어

2　이런 해석을 제시하는 대표적인 경우로는 H. J. Paton, *The Categorical Imperative: A Study in Kant's Moral Philosophy* (London: Hutchinson, 1947), 146–64면 참조.

야 한다. 전자는 이성이 주관의 조건에 따라 (흔히 주관은 무지나 경향성에 따르기도 하는데) 규정하는 실천적 규칙을 포함하므로 이것은 주관이 그것에 따라 **행위하는** 원리이다. 반면 후자는 객관적 원리로서 모든 이성적 존재에게 타당하며, 이성적 존재가 그것에 따라 **행위해야만 하는** 원리 곧 명령이다. (4:420–각주)

여기서 칸트는 준칙이 우리가 실제로 그것에 따라 행위하거나 행위를 선택하는 원리이며, 특수한 주관 또는 행위자의 원리라는 의미에서 '주관적'이라고 말한다. 그렇다면 준칙은 보편법칙 또는 객관적 원리와 일치하거나 동일할 수도 있고 그렇지 않을 수도 있다. 하지만 칸트는 준칙이 오직 특수한 주관에게만 타당하다는 의미에서 필연적으로 주관적이라고 주장할 수는 없다. 만일 이렇게 주장한다면 정언명령은 모순에 빠지기 때문이다. 정언명령은 우리 자신의 행위 원리가 동시에 보편법칙이 되거나 객관적으로 타당할 것을 요구한다. 따라서 모든 준칙이 객관적이지는 않지만 도덕 자체가 성립 가능하려면 몇몇 준칙은 반드시 객관적일 수 있어야 한다.

준칙이 단지 주관적으로 타당하든 아니면 도덕의 요구대로 동시에 객관적으로 타당하든 간에 이런 정도의 언급으로는 준칙이 무엇인지에 대해 충분히 해명했다고 보기 어렵다. 준칙에 관해 더욱 상세히 살펴보려면 칸트가 여러 예를 제시하면서 덧붙인 예비적 논의를 검토해 보아야 한다. 이를 통해 칸트는 준칙이 어떤 종류의 목적을 이루기 위해 어떤 종류의 상황에서 어떤 종류의 행위를 수행해야 하는지를 규정한다는 점을 암시한다.[3] 이제 실제로 허용 불가능한 준칙이 어떤 것인지를

3 이미 많은 학자들이 준칙에 대한 이런 방식의 분석을 제시했는데, 그 출발점으로는 Onora Nell (O'Neill), *Acting on Principle: An Essay on Kantian Ethics* (New

보이기 위해 제시한 처음의 두 예에서 칸트는 더 이상의 고통에서 벗어나기 위해 자살을 시도하려는 준칙과 절박한 경제적 어려움에서 벗어나기 위해 지킬 마음이 없는 거짓 약속을 하려는 준칙을 검토한다. 이들은 '만일 앞으로 내가 예상할 수 있는 더 이상의 어떤 쾌락보다도 피할 수 없는 고통이 더 큰 상황에 놓인다면 나는 자기애를 만족시키기 위해 자살을 할 것이다'와 '내가 급하게 돈이 필요한데 사실 전혀 갚을 마음은 없지만 돈을 갚겠다는 거짓 약속을 하고 빌리는 것 외에는 돈을 구할 다른 방법이 없다면 나는 경제적 어려움에서 벗어나기 위해 그런 약속을 할 것이다'라는 규칙을 채택하는 것으로 볼 수 있다. 이제 이를 통해 칸트가 주장하려는 바는 설령 다른 모든 사람들이 기꺼이 이런 규칙에 따라 행위하더라도 우리가 이런 규칙에 따라 행위할 수 없다면 이런 규칙에 따라 행위하는 것은 허용될 수 없으며, 이와 정반대되는 적절한 규칙에 따라 행위하는 것이 의무로 부과된다는 점이다. 그리고 비록 칸트가 명시하지는 않았지만 이로부터 곧바로 도출되는 바는 이런 방식으로 이해된 어떤 준칙의 허용 불가능성 또는 필연성은 가능한 모든 상황에서 그리고 가능한 모든 이유에서 어떤 일반적 행위 유형을 금지하거나 지시하지는 않는다는 점이다. 바꾸어 말하면 고통을 피하기 위해 따라서 자신의 자기애를 만족시키기 위해 시도하는 자살의 허용 불가능성이 다른 가능한 상황에서 다른 가능한 이유로 행하는 자살, 예를 들면 자신의 명예나 자신이 속한 나라 전체의 자유를 지키기 위해 행하는 자살까지도 기계적으로 금지하지는 않는다는 것이다. 이와 마찬가지로 경제적 어려움에서 벗어나기 위해 거짓 약속을 하는 것의 허용 불가능성 또한 예를 들면 살인 미수범으로부터 죄 없는 사람의 생명을 구

York: Columbia University Press, 1975), 34-42 참조.

하기 위해 거짓 약속을 하는 것이 허용 가능하다는 점을 기계적으로 배제하지 않는다.[4] 몇몇 학자들은 칸트의 정언명령이 어떤 유형에 속하는 모든 행위를 구체적인 상황과 무관하게 기계적으로 배제하지 못한다는 점을 지적하면서 이를 정언명령을 비판하는 근거로 삼기도 하지만 사실상 이는 그의 이론이 지닌 단점이 아니라 오히려 장점이라고 할 수 있다.

앞으로 칸트의 예들을 더욱 상세히 검토하면서 드러나겠지만 설령 칸트의 준칙 개념을 이렇게 구체화하더라도 여전히 한 가지 문제가 남는데, 그것은 행위자가 실제로 행위를 선택하면서 의존하고 또 거기에 정언명령을 적용해야 하는 특수한 준칙을 어떻게 확인할 수 있는가라는 문제이다. 왜냐하면 완전히 동일한 하나의 행위도 그것의 준칙을 어떤 방식으로 서술하면 허용 가능한 반면 다른 방식으로 서술하면 허용 불가능해지는 듯이 보이기 때문이다. 하지만 현 단계에서는 칸트가 보편/자연정식을 적용하면서 선택하는 일반적인 방법 정도를 살펴보기로 하자. 정언명령에 속하는 이들 두 정식을 언급하고 난 후 칸트는 의무를 일반적으로 분류할 경우 제시되는 네 종류의 의무에 대응하는 네 가지 예를 검토하는데 이들은 이른바 의무를 상식 차원에서 빠짐없이 예시한 것으로 볼 수 있다. 이런 분류의 세부 사항에 대해서는 잠시 뒤로 미루어두려 한다. 또한 칸트의 첫 번째 예, 곧 자살의 예는 다소 문제가 있다는 점을 앞에서 이미 지적했으므로 여기서는 건너뛰고 곧바

---

4 이것은 칸트가 1797년에 쓴 악명 높은 논문 '이른바 인간애에서 거짓말할 권리에 관하여' (On a supposed right to lie from philanthropy, Gregor의 번역으로 *Practical Philosophy*, 605-15면에 수록)에서 고려한 예이기도 하다. 여기서 칸트는 심지어 죄 없는 사람의 생명을 구하기 위한 거짓말도 허용되지 않는다고 주장한다. 그의 주장은 거의 설득력이 없을지도 모르지만, 어떤 상황에서 거짓말이 금지되기 때문에 모든 상황에서 거짓말이 금지된다고 추론하는 단순한 오류에 의존하지는 않는다.

로 두 번째 예를 검토해보자. 이 예는 경제적 어려움에서 벗어나기 위해 전혀 돈을 갚을 마음이 없으면서도 돈을 갚겠다는 거짓 약속을 하고 돈을 빌리는 사람에 관한 것이다. 그가 선택한 행위 준칙은 '만일 내가 경제적 어려움에 빠졌다고 생각된다면 나는 [이런 어려움에서 벗어나기 위해] 내가 돈을 갚는 일이 결코 일어나지 않으리라는 사실을 잘 알면서도 돈을 갚겠다는 거짓 약속을 하고 돈을 빌릴 것이다'로 표현된다. 그 다음 그는 '만일 나의 준칙이 보편법칙이 된다면 어떤 일이 일어날 것인가'라고 물음으로써 이 준칙이 보편/자연정식과 일치할 수 있는지를, 바꾸어 말하면 과연 자신이 다른 모든 사람들이 이 준칙에 따라 행위하기를 원하면서 이에 따라 행위할 수 있는지를 검토한다. 그러면 그는 곧바로 '자신의 준칙이 결코 보편적 자연법칙으로 타당할 수 없고, 그 자체와 합치할 수 없으며 오히려 필연적으로 자기모순에 빠지게 된다는 점을' 깨닫는다.

> 왜냐하면 자신이 어려움에 빠졌다고 생각하는 모든 사람은 약속을 지킬 마음이 없이도 자신에게 떠오르는 바를 제멋대로 약속할 수 있다는 법칙이 보편화된다면 이는 약속 자체와 사람들이 약속을 통해 추구하는 목적을 불가능하게 만들 것이기 때문이다. 이렇게 되면 어느 누구도 자신이 약속받은 바를 믿지 않을 것이고, 모두가 약속에 관한 언급을 허황된 거짓말이라고 비웃을 것이다. (4:422)

달리 말하면 누구나 거짓 약속을 하는 세계에서는 어느 누구도 약속을 진지하게 받아들이지 않을 것이며 따라서 거짓 약속을 함으로써 경제적 어려움에서 벗어나려는 사람들의 계획은 성공할 수 없을 것이다—앞 장에서도 살펴보았듯이 여기서 칸트가 어떤 한 사람이나 심지어 수

많은 사람들이 거짓 약속을 하더라도 실제로 이런 세계에 이르게 된다고 주장하지는 않는다는 점을 기억할 필요가 있다. 그는 오히려 만일 이런 세계가 존재한다면 과연 어떤 일이 일어날 것인가를 고려하는 일종의 사고실험을 시도해볼 것을 제안한다. 그러면서 모든 약속이 거짓인 세계는 사실상 논리적으로 성립 불가능하므로 거짓 약속을 하겠다는 우리 자신의 준칙과 이런 준칙의 보편화 사이에는 실천적 모순이 발생한다고 주장한다. 곧 우리는 거짓 약속의 준칙이 보편화되기를 원하는 것이 불가능한 상황에서 여전히 그런 준칙에 따라 성공적으로 행위할 수는 없다.[5] 따라서 거짓 약속의 준칙은 보편/자연정식을 위반한 것이며, 허용 불가능하다. 반면 이 준칙의 역, 예를 들면 '위와 유사한 상황에서 오직 네가 성실하게 준수할 마음이 있는 약속만을 하라' 와 같은 준칙은 도덕적 의무가 될 것이다. (다시 한번 지적하지만 경제적 어려움에서 벗어나기 위한 거짓 약속이 허용 불가능하다는 점이 모든 상황에서 거짓 약속이 허용 불가능하다는 점을 함축하지는 않는다.)

이제 칸트가 제시한 네 번째 예를 검토해보자. 이 예는 모든 일이 잘 풀려 부유하게 사는 사람에 관한 것이다. 그는 자신만큼 일이 잘 풀리지 않는 다른 사람들을 기꺼이 도울 수도 있지만 다음과 같은 준칙을 선택함으로써 돕기를 거부한다. '각자는 하늘이 원하는 만큼 또는 자기 자신이 할 수 있는 만큼 행복하면 그만이다. 나는 사람들에게서 아무것도 빼앗지 않을 것이며, 그들을 전혀 부러워하지도 않을 것이다. 단지 나는 다른 사람들의 안녕이나 그들이 어려움에서 벗어나도록 돕는 일에 전혀 관심이 없을 뿐이다' (4:423). 말하자면 그의 준칙은 '다

---

5   '실천적 모순' 의 개념에 관해서는 Christine M. Korsgaard, 'Kant' s Formula of Universal Law' , 그녀의 저서 *Creating the Kingdom of Ends* (Cambridge, MA: Harvard University Press, 1996), 77–105면 참조.

른 사람들이 나의 도움을 필요로 하는 현실에서 나는 내 자신의 행운을 계속 즐기기 위해 다른 사람들을 돕지 않을 것이다'로 표현된다. 여기서 칸트는 이런 세계를 상상하더라도 아무런 논리적 모순은 발생하지 않지만—곧 부유한 사람 주변의 다른 사람들이 완전히 망하더라도 그는 여전히 자신의 행운을 계속 누릴 수 있겠지만—부유한 사람의 준칙과 이 준칙의 보편화 사이에는 실천적 모순이 발생한다고 주장한다. 왜냐하면 부유한 사람도 자신의 행운이 영원히 계속되지는 않을 것이며 언젠가는 자신이 다른 사람의 도움을 필요로 하는 상황에 놓일 수 있다는 점 그리고 자신의 준칙, 곧 행운을 누리는 사람 중 어느 누구도 행운을 누리지 못하는 사람을 도와서는 안 된다는 준칙이 보편화되기를 원함으로써 자신이 도움을 필요로 할 때 다른 사람에게서 도움을 받아 새로운 행운을 얻을 기회를 스스로 빼앗아 버린다는 점을 깨달아야 하기 때문이다. 칸트의 용어로 표현하면 다른 사람들의 어려움에 대해 관심을 갖지 말라는 준칙의 보편화를 '결심하는 의지는 자기 자신과 모순을 일으킬 것이다. 왜냐하면 이런 의지를 지닌 사람도 다른 사람의 사랑이나 동정을 필요로 하는 경우가 많이 있을 텐데 그는 자신의 의지로부터 생겨난 그런 자연법칙 때문에 자신이 바라는 도움에 대한 모든 기대를 스스로 빼앗아 버릴 것이기 때문이다.' 바꾸어 말하면 이성적 의지의 소유자는 지금 당장 접한 상황뿐만 아니라 미래에 접할지도 모를 상황까지도 고려해야 하므로 자신의 의지를, 예를 들면 어떤 가능한 상황에서라도 안녕과 행운을 누릴 수 있게 해주는 의지를 위태롭게 하는 준칙의 보편화를 선택하지 않는다. 따라서 다른 사람들의 어려움에 대해 무관심하라는 준칙은 허용될 수 없으며, 우리는 이 준칙과 반대되는 것, 곧 우리는 최소한 어려운 상황에 빠진 다른 사람들을 도와야 한다는 원리를 채택해야 한다.

하지만 이와 관련해서도 다시 한번 다양한 문제가 제기될 수 있으므로 칸트가 든 다른 예들과 마찬가지로 이 또한 더욱 상세히 검토할 필요가 있다. 하지만 이런 논의는 잠시 미루어두고 일단 칸트가 오직 보편화 가능한 준칙들에 따라 행위하는 것의 개념을 확립함으로써 특수한 의무들을 명확한 방식으로 규정했다고 가정해보자. 이는 칸트가 이성적 의지 개념의 분석을 통해 제시하려 했던 첫 번째 단계를 완수한 것으로, 곧 오직 동시에 보편법칙으로 표상될 수 있는 준칙들에 따른 행위가 실제로 어떤 의무로 주어진다는 점을 인정한 것으로 여겨진다. 하지만 이제 과연 이것이 이성적 의지 작용의 충분조건인가라는 질문이 제기된다. 왜 이성적 존재는 보편법칙에 관한 칸트의 설명이 자주 암시하듯이 그런 법칙을 통해 성취할 수 있는 아무런 목적도 없음에도 오직 보편법칙에 따라 행위해야 하는가? 더욱이 이성적인 행위자는 오직 어떤 목표를 성취하기 위해 어떤 원리에 따라 행위한다는 것이 우리가 지닌 이성적이라는 개념의 일부처럼 보이기도 한다. 물론 칸트는 경향성이 규정한 단지 우연적이고 임의적인 목표를 위해 행위하는 것은 보편적이고 필연적인 도덕의 요구와 일치하지 않는다는 점을 이미 주장했다. 이런 목표를 위한 행위는 결코 정언명령이 부과하는 강제의 수용을 이성적으로 만드는 근거로 작용할 수 없다. 그렇다면 이런 근거로 작용하는 것은 과연 무엇인가? 이전에 칸트는 도덕법칙이 그 어떤 목적과도 전혀 관련되지 않는다고 말하기도 했지만 바로 여기서 그는 정언명령을 이성적으로 만드는 근거로서 주관적이고 우연적이 아닌, 객관적이고 필연적인 목적의 개념을 도입한다.

iii. 이성적 의지와 무조건적인 목적
『정초』2절의 다음 부분은(4:425-31) 매우 중요한데 그 까닭은 여기서 칸트가 지금까지 정식화한 정언명령을 (곧 보편/자연정식을) 어떤 행위자라도 충실히 준수해야 하는 근거가 무엇인지를 명확히 밝히는 동시에 이런 준수의 근거가 어떤 목적에 대한, 하지만 주관적이고 우연적인 목적이 아니라 객관적이고 필연적인 목적, 곧 이성적 존재 일반 또는 우리의 경우에는 인간이라는 목적에 대한 필연적 수단이 된다고 주장하기 때문이다. 하지만 이 부분은 몹시 혼란스럽기도 하다. 칸트는 이 객관적이고 필연적인 목적을 분명히 정의하지 않을 뿐만 아니라 그것의 지위에 대한 명확한 논증을 제시하지도 않기 때문이다. 따라서 우리의 임무는 이런 주제들을 더욱 확실히 해명할 수 있는 길을 찾는 것이다.

　칸트는 이 대목을 시작하면서 보편정식과 자연정식에 관한 설명을 통해 자신이 '모든 의무의 원리를 (만일 이런 것이 일반적으로 존재한다면) 포함해야 하는 정언명령의 내용을 명확하게 드러내고 그것이 사용되는 모든 방식을 규정했다'고 주장한다. 하지만 '그런 명령이 실제로 존재한다는 점을 아프리오리하게 증명하는 데는 아직 이르지 못했다'고 고백한다. 뒤이어 그는 정언명령의 타당성에 대한 증명은 어떤 경험적인 것에도 또는 **'인간 본성의 어떤 특수한 속성에도'** 의존할 수 없다는 점을 거듭 강조한다. 또한 이 증명은 '우리가 타고난 그 어떤 감각이나 우리를 수호하는 자연이 속삭이는 바를 안다고 자처하는 사람들에게' 의존할 수도 없다고 말함으로써 칸트는 도덕감 이론(moral sense theory)과 신명론(神命論, divine command theory)을 동시에 비판한다. 도덕적 행위의 원리는 '오직 경험이 제공할 수 있는 모든 우연적 근거의 영향으로부터 벗어나야만 한다'(4:426). 그러면서 그는 이 원리가 실제로 '모든 이성적 존재가 자기 자신이 보편법칙으로 사용할 것을 원할 수 있는 준칙들에 따라 항상 자신의 행위를 판단하는 필연적

법칙인가'를 결정하기 위해서는, 곧 지금까지 우리가 보편정식과 자연
정식의 형태로 정식화한 원리가 이성적 존재에게 진정으로 구속력을
지니는지를 발견하기 위해서는 도덕형이상학을 향한 '더 이상의 발걸
음을' 내디뎌야 한다고 주장한다. 그가 이런 언급을 통해 의미하려는
바는 이성적 행위자의 개념에 대한 더욱 상세한 분석이 필요하다는 점
이다. 지금까지 우리는 이성적 행위자의 개념을 마치 낙하하는 돌처럼
자신도 알지 못하는 어떤 법칙에 따라 운동하는 존재는 아니지만 그저
자신이 지닌, 의식적인 법칙의 표상에 따라 행위하는 존재의 개념 정도
로 여기면서 분석해왔다. 이제 칸트는 이성적 행위자의 의지는 '**어떤
법칙의 표상에 일치하게** 행위하도록 자기 자신을 규정하는' 능력일 뿐
만 아니라 어떤 목적, 곧 어떤 법칙에 일치하게 행위하는 것을 수단으
로 삼는 어떤 목적을 근거로 형성된 법칙에 일치하게 행위하도록 자기
자신을 규정하는 이성적 의지라고 선언한다. '이제 의지가 자기 자신을
규정하는 데 객관적인 근거로 사용되는 것이 바로 **목적**이다'(4:427).
여기서 칸트는 매우 자연스러운 가정 하나를 도입하는데 그것은 법칙
을 준수함으로써 성취할 수 있는 어떤 목표도 없는데 그렇게 하기로 선
택하는 것은 이성적임의 전형이 아니라 오히려 정반대로 매우 비이성
적이라는 가정이다. 따라서 만일 이성적 존재가 이성적으로 도덕의 근
본 원리에 일치하게 행위한다면 그가 그렇게 함으로써 추구할 수 있는
목표가 반드시 존재해야만 한다. 하지만 우리는 이 목표가 단순한 경향
성의 만족과 같은 주관적이고 우연적인 것일 수는 없음을 이미 알고 있
다. 오히려 만일 이 목적이 '순전히 이성에 의해 주어진다면 그것은 모
든 이성적 존재에게 똑같이 타당해야만 한다.' 모든 이성적 존재에게
적용되는 도덕법칙의 타당성은 단지 '욕구의 주관적 근거'나 '**동기**'
(Triebfeder) 또는 이들이 내세우는 '주관적 목적'에 의존할 수 없으며,

'모든 이성적 존재에게 타당한 의욕의 객관적 근거 또는 동인(Bewe-gungsgrund)에' 의존해야만 한다. 또한 여기서 칸트는 중요한 설명을 덧붙여 도덕의 근본 원리가 '형식적'이라는 자신의 언급이 이 원리가 그 어떤 목적과도 전혀 무관해야 함을 의미하는 것은 아니라고 주장한다. 이 언급이 의미하는 바는 오직 '모든 주관적인 목적들과 분리되어야 한다는' 점이다. 주관적인 목적들은 근본 원리를 **'질료적'**이고 '상대적'으로 만들고 모든 명령들을 단지 가언적으로, 곧 '특수한 방식으로 구성된 주관의 욕구 능력에' 대해서만 타당한 것으로 만들어버릴 것이기 때문이다(4:428). 이런 주장을 통해 이제 칸트는 타당한 정언명령이 성립하려면 **'그것의 존재 자체가 절대적인 가치를 지니는** 무언가가 반드시 존재해야 하는데, 이것이 **목적 자체**로서 법칙을 규정하는 근거가 되며' 오직 이러한 목적만이 '가능한 정언명령, 곧 실천법칙의 근거가 되리라고' 말할 수 있게 된다. 바꾸어 말하면 칸트가 생각한 이성적 행위의 개념은 일상적 수준에서 이성적이라는 개념의 특징으로 여겨지는 수단-목적의 구조, 곧 어떤 규칙이 우리가 추구하는 목적에 대한 수단이 될 경우에만 그런 규칙을 채택하는 것이 의미를 지닌다는 구조를 그대로 유지한다. 그가 이런 일상적 분석에 더한 바는 만일 그런 규칙이 보편적이고 필연적이 되려면 이는 필연적 목적, 곧 필연적으로 목적인 무언가에 대한 필연적 수단이어야 한다는 점이다. 왜냐하면 필연적 목적은 임의의 가치를 지닌 더 이상의 어떤 목적에 대한 수단이어서는 안 되며 그 자체로 본질적이고 절대적인 가치를 지닌 것이어야 하기 때문이다.

그렇다면 다음 질문은 당연히 무엇이 그런 목적일 수 있는가라는 것인데 여기서 칸트는 지금까지 독자들의 인내심을 요구했던 분석에서 벗어나 갑자기 대담한 주장을 전개한다. 그는 당당하게 다음과 같이 선언한다. '나는 이제 말한다. 인간은, 그리고 이성적 존재 일반은 목적 자체로 **존재하며** 단지 이런 저런 의지가 제멋대로 사용하는 수단으로서 존재하는 것이 아니라 자신의 모든 행위에서, 자기 자신을 행한 행위든 아니면 다른 존재를 향한 행위든 간에, **항상 동시에 목적으로** 여겨져야 한다'(4:428). 칸트는 이런 주장을 해명하기 위해 다음과 같이 덧붙인다. '경향성의 대상들은 단지 조건적인 가치만을 지닌다. 경향성 자체 또한 욕구의 원천으로서 어떤 절대적 가치도 지니지 못한다. 따라서 경향성으로부터 완전히 벗어난 것이 오히려 모든 이성적 존재가 보편적으로 바라는 바가 되어야 한다.' 하지만 이는 명백히 과장된 표현이다. 만일 어떤 이성적 존재도 어떤 욕구라도 낳는 어떤 경향성도 지니지 않는다면 이성적 존재가 자기 자신을 위해서든 아니면 다른 이성적 존재를 위해서든 간에 행해야 할 바가 전혀 존재하지 않을 것이며, 따라서 이성적 존재는 이성적 행위자가 될 수 없을 것이기 때문이다. 칸트의 다른 저술들, 특히 『정초』의 다른 부분에 등장하는 그의 언급에 비추어 볼 때 이 대목에서 칸트가 언급한 바를 다음과 같이 적절히 해석할 수 있을 듯하다. 경향성이 제시하는 목적들은 단지 조건적 가치만을 지니는데 이런 목적들을 무조건적이고 절대적인 가치를 지닌 목적에 근거한 원리 아래 놓음으로써 규제하는 것이 모든 이성적 존재가 보편적으로 바라는 바이다. 따라서 칸트가 몇 페이지 아래서 더욱 정확히 언급하듯이 '인간성과 모든 이성적 존재 일반을 **목적 자체로** 여기는 원리'는 단지 조건적인 가치만을 지니는 특수한 목적들을 추구하는 '모든 인간 행위의 자유를 제한하는 최상의 조건이다'(4:430-1). 앞의 설명에 이어서 칸트는 '이성이 없는 존재들은 단지 수단으로서의 상대적인 가치만을 지니므로 **물건**이라고 불리는데' 물건의 특성은 우리의 행위에 어떤 제한도 가하지 않으므로 우리는 필요에 따라 물건을 얼마든지 자유롭게 사용할 수 있다.'이와는 대조적으로 이성적 존재는 **인격**으로 불린다. 이성적 존재의 본성은 이미 목적 자체로서, 곧 단지 수단으로 사용되어서는 안 되는 무언가로서 구별되어 우리의 모든 선택을 제한하기 (또한 존경의 대상이기) 때문이다' (4:428). 이런 여러 고찰을 통해 칸트는 정언명령의 두 번째 (또는 보편정식과 자연정식을 구별해 둘로 여긴다면 세 번째) 정식에 이르게 된다. '**너 자신의 인격에서나 다른 모든 사람의 인격에서 인간성을 항상 동시에 목적으로 대하고 결코 단지 수단으로 대하지 않도록 행위하라**' (4:429). 이 정식은 목적 자체의 정식으로 불린다(이하 목적정식으로 약칭).

목적정식에 이르는 과정을 보면 칸트는 무엇이 어떤 존재를 목적 자체로 대우하지 않는 것인가에 대해서는 꽤 많이 언급하지만 과연 무엇이 누군가를 목적 자체로 대우하는 것인가에 대한 적극적인 언급은 거의 하지 않는다. 또한 앞서 인용한 대목, 곧 칸트가 '나는 이제 말한다'고 하면서 밝힌 대담한 주장 아래 놓인 논거에 관해서도 거의 설명이 없다. 하지만 칸트가 굵은 글자체로 강조해서 표현한 목적정식이 등장하는 바로 앞 문단에서 최소한 목적정식을 지지하는 두 번째 논거를 발견할 수 있는 듯하다. 여기서 칸트는 우선 자신의 분석 전체가 기초로 삼는 수단-목적 추론에 다시 한번 호소한다.

이제 최상의 실천 원리가, 특히 인간의 의지와 관련해 정언명령이 존재해야 한다면 그것은 모든 사람에 대해 필연적으로 목적인 것의 표상으로부터 등장해야 한다. 왜냐하면 그것은 의지의 **객관적 원리**를 구성하는 **목적 자체**로서, 보편적 실천 법칙으로 사용될 수 있어야 하기 때문이다.

뒤이어 칸트는 목적정식을 지지하는 근거로 보이는 바를 언급한다.

이 원리의 근거는 **이성적 본성이 목적 자체로 존재한다**는 점이다. 인간은 필연적으로 자기 자신의 존재를 이렇게 표상한다. 이렇게 하는 한 이 원리는 인간 행위의 **주관적** 원리이다. 하지만 다른 모든 이성적 존재들 또한 나에게도 타당한 바로 그 동일한 이성적 근거에 따라 자기 자신의 존재를 표상한다. 따라서 이 원리는 동시에 최상의 실천 원리로서 이로부터 의지의 모든 법칙들이 도출될 수 있어야 하는 **객관적** 원리이기도 하다. (4:428-9)

그리고 곧바로 칸트는 '따라서 이 실천적 명령은' 곧 목적정식이라고 말한다.

하지만 이는 제대로 된 논증일 수 없다. 우리들 각각이 자기 자신의 존재를 '주관적으로' 또는 자신의 자아라는 차원에서 목적 자체로 표상한다고 해도 이로부터 우리들 각각의 존재가 우리 모두에 대해 목적 자체임을 이끌어낼 수는 없기 때문이다. 이와 같은 객관적인 결론은 단순히 주관적인 전제로부터 도출될 수 없다. 이는 마치 우리들 각각이 자신의 배우자를 사랑하기 때문에 우리들 모두는 다른 모든 사람의 배우자를 사랑해야 한다는 추론과 유사한 듯하다. 차라리 칸트는 실제로 우리들 각각이 주관적으로 자기 자신의 존재를 목적 자체로 여기는데, 그 까닭은 우리 모두가 이미 모든 이성적 존재가 목적 자체라는 객관적 원리를 받아들였으며 이를 우리 자신의 경우에 대해 적용했기 때문이라고 말했어야 했다. 설령 여기서 칸트의 논증이 타당한 논리적 구조를 갖추었더라도 이 논증은 그가 처음에 제시한 대담한 주장, 곧 모든 인간 그리고 이성적 존재 일반은 목적 자체로 존재한다는 주장을 설명하거나 정당화하지 못하며 단지 이를 전제할 뿐이다. 칸트는 이성적 존재와 행위자의 개념을 분석하는 현 단계에서 여전히 인간으로서의 우리에게 의존해 자신의 주장을 지지하는 논증을 전개하는 듯이 보인다. 그런데 이 주장은 단지 정언명령을 상식적 수준에서 도출하는 절차가 아니라 그의 철학 전체에서 핵심적 요소의 위치를 차지한다.

하지만 칸트는 이성적 존재와 그것의 대표적 예인 인간이 목적 자체라는 주장을 지지하는 것으로 보이는 다른 어떤 논증도 곧바로 제시하지 않으므로 이 문제는 잠시 뒤로 미루어두려 한다. 그렇지만 칸트의 언급에서 지금까지 제대로 대답되지 않은 또 다른 문제가 바로 제기되는데 그것은 우리 자신이든 다른 사람이든 간에 인간을 단지 수단으로서가 아니라 목적으로 대우하는 것이 정확히 무엇을 의미하는가라는 문제이다. 앞서 지적했듯이 칸트는 여기서 인간 또는 이성적 존재에 대해 우리에게 도움이 될 만한 정의를 제시하지 않는다. 우리가 선택할 수 있는 진행 방향은 두 가지인데 그 중 하나는 칸트가 다른 곳에서 유용한 정의를 제시하는지를 살펴보는 것이며, 다른 하나는 이성적 존재를 목적으로 대우하는 데 성공하거나 실패하는 경우를 보이기 위해 그가 든 예들에서 어떤 내용을 이끌어낼 수 있는지를 살펴보는 것이다.

칸트는 다른 곳에서 자신이 생각하는 '인간성'이 구체적으로 무엇을 의미하는지에 대한 몇몇 정의를 제시한다. 『도덕』 중 '덕이론' 서문에서―여기서 칸트는 도덕의 일반 원리로부터 구체적인 인간의 의무들을 이끌어내는 작업을 하므로 이성적 존재 일반의 대표적인 예로서 인간이 지닌 '인간성'에 관해 언급할 뿐 이성적 존재 자체에 관해서는 언급할 필요를 느끼지 않는다는 점을 기억해야 한다―그는 '동물성'의 '조야함'과 대비되는 인간 본성의 관점에서 인간성은 '오직 그것을 통해' 인간이 '스스로 목적을 형성할 수 있는 능력'이라고 말한다(『도덕』, '덕이론', 서문, V.A., 6:387). 몇 페이지 뒤에서 칸트는 이와 유사하게 동물성과 대비되는 인간성의 특징은 '어떤 목적이든 간에 목적 일반을 스스로 형성하는 능력'이라고 말한다(VIII.1, 6:392). 또한 『정초』에서도 더욱 일반적인 용어를 사용해 '이성적 존재는 스스로 목적을 형성한다는 점에서 나머지 다른 것들과 구별된다. 이 목적이 모든 선의지의 질료가 될 것이다'라고 말한다(4:437). 바꾸어 말하면 이성적 존재는 그런 존재 일반이든 아니면 인간으로 구체화되어 드러나든 간에 스스로 자신의 목적을 형성할 수 있는 능력을 지니며, 자기 자신의 선택 이외의 다른 어떤 것에 의해서도, 그것이 자신의 단순한 충동이든 아니면 다른 누군가의 임의적 선택이든 간에, 규정되지 않는 목적을 지닌다고 할 수 있다. 따라서 우리 자신에서든 아니면 다른 어떤 사람에서든 인간성을 또는 이성적 존재를 의지의 대상으로, 아니면 칸트의 표현대로 의지의 질료로 만든다는 말은 (여기서 다시 한번 그의 '형식적' 도덕원리가 목적과 전혀 아무런 관계도 지니지 않는 것이 아니라 오직 임의적이고 주관적인 목적들에 의존하지 않는 것이라는 점이 확인된다) 이성적 존재로서의 모든 인간과 더욱 일반적으로 모든 이성적 존재가 지닌 (인간이 아닌 이성적 존재들이 있으며, 우리가 어떤 방식으로든 그들과 상호작용을 할 수 있다고 가정하는 한에서) 스스로 자신의 목적을 선택할 수 있는 능력을 무조건적인 가치를 지닌 유일한 것으로 인정함을 의미한다. 그리고 이런 능력은 단지 조건적인 가치만을 지니는 어떤 특수한 목적에 의해서도 제한되거나 압도되는 것이 아니라 오히려 그 자신이 모든 특수한 목적들을 제한하는 것으로 여겨져야 한다. 그런데 이는 곧 각각의 인간 또는 이성적 존재가 지닌, 자신의 목적을 스스로 선택할 자유가 무조건적인 가치를 지니며 바로 이 자유가 정언명령의 기초라는 것과 같은 말이다. 따라서 비록 서로 다른 표현을 사용하기는 하지만 여기서 칸트는 자신이 『정초』 이전의 도덕이론을 통해 주장했던 것과 같은 결론에 도달하는데 이는 곧 자유가, 최소한 목적을 선택할 자유가 필연적 목적이며, 이성의 보편적 법칙들은 이 목적을 성취하기 위한 수단이 되어야 한다는 것이다.

칸트가 인간성이 무조건적인 가치를 지닌다는 주장을 통해 의미하는 바는 각자가 자신의 목적을 선택할 자유는 결코 침해당할 수 없다는 점인데 이는 또한 목적정식을 적용한 예를 통해서도 드러난다. 칸트는 자신이 제시한 목적정식이 올바르다는 점을 입증하면서 앞서 보편/자연 정식을 입증하기 위해 사용했던 것과 같은 예들을 사용하는데 앞의 경우와 마찬가지로 이들에 대한 상세한 논의는 이 장의 끝부분으로 미루려 한다. 하지만 앞서 간단히 논의했던 예들, 이른바 다른 사람에게 거짓 약속을 해서는 안 되는 의무와 자선의 의무에 관해 잠시 살펴보기로 하자. 앞에서 칸트는 거짓 약속이 그르다는 점을 설명하면서 그런 약속을 하려는 우리의 의도가 보편화된다면 우리 자신의 목적을 위해 거짓 약속을 악용하려는 능력 자체가 의미를 잃을 것이라고 주장했다. 거짓 약속은 약속이라는 제도 전체를 위태롭게 할 것이기 때문이다. 이제 목적정식과 관련해 칸트는 다른 사람에게 거짓 약속을 하는 것은 그를 단지 우리 자신의 목적을 위한 수단으로 사용할 뿐, '동시에 그가 자신 안에 목적을 포함하고 있음을' 무시하는 일이라고 말한다. 더욱 자세히 말하면 거짓 약속을 함으로써 다른 사람의 권리를 침해하려는 사람은 '상대방도 이성적 존재로서 항상 동시에 목적으로, 다시 말해 바로 그 동일한 행위를 통해 자신 안에 목적을 포함할 수 있는 존재로 존중 받아야 한다는 사실을 무시하고 다른 사람의 인격을 단지 수단으로 사용하려는 마음을 품고 있음이 분명하다'(4:429-30). 바꾸어 말하면 거짓 약속을 하는 것은 약속의 상대방에게서 그가 우리의 목적을 받아들여 그것을 자신의 목적으로 만들기로 자유롭게 선택할 능력을 빼앗는 일이다. 왜냐하면 거짓 약속은 우리의 의도에 관한 거짓 정보를 받아들일 것을 상대방에게 강요하고 더 나아가 협박하는 일이기 때문이다. 이와 반대로 상대방을 목적 자체로 대우하는 것은 그가 우리의 행위에 스스로 동의하고 이를 자신의 목적으로 여길 수 있도록 보장하는 것인데, 이런 일은 오직 상대방이 우리의 의도에 대한 모든 정보를 제대로 공유하고 우리가 우리 자신의 목적을 자유롭게 설정하듯이 상대방 또한 그렇게 할 수 있는 상황에서만 가능하다. 따라서 상대방을 목적 자체로 대우하는 것은 우리의 행위에 직면해 그가 자신의 인간성이 지닌 본질적 요소를, 이른바 자신의 목적을 자유롭게 설정하거나 다른 사람들의 목적에 자유롭게 동의해 그것을 자신의 목적으로 여길 권리를 유지하도록 하는 것이다.

또한 위의 예는 목적정식과 관련한 중요한 논점 하나를 드러내는데 그것은 곧 이 정식이 금지하는 바는 다른 사람들을 목적과 동시에 수단으로 대우하는 것이 아니라 단지 수단으로써만 대우하는 것이라는 점이다. 우리는 다른 어떤 사람과 거짓 없이 진실한 약속을 하면서도 그 사람을 우리의 목적을 위한 수단으로 대우한다. 예를 들면 우리는 그 약속을 통해 상대방에게서 돈을 빌리려 함으로써 그를 수단으로 대우한다. 하지만 상대방에게 우리의 제안을 받아들이거나 받아들이지 않을 자유를 허용하고 어떤 거짓 정보도 제공하지 않고 어떤 형태의 협박도 가하지 않음으로써 우리는 상대방이 오직 우리의 제안을 받아들이는 것이 자신에게 이익이 된다고 생각할 경우에만, 곧 자신이 자유롭게 선택한 목적과 일치한다고 여길 경우에만 약속을 하도록 허용한다. 따라서 거짓 약속이 아니라 진실한 약속을 할 경우 우리는 상대방을 단지 수단으로써만 대우하는 것이 아니라 상대방을 우리 자신의 목적을 위한 수단으로 사용하면서도 상대방이 지닌 선택의 자유를, 따라서 상대방의 인간성을 존중하게 된다.

칸트가 자선의 의무를 통해 목적정식을 예시한 내용을 보면 그가 생각한 인간성 개념의 또 다른 중요한 요소가 드러난다. 여기서 그는 비록 '어느 누구도 다른 사람의 행복에 전혀 기여하지 않는다 할지라도 인간성은 성립할 수 있으리라고' 말한다.

> 하지만 각자가 최선을 다해 다른 사람들의 목적을 증진하기 위해 노력하지 않는다면 이는 **목적 자체인 인간성**과 단지 소극적으로만 일치할 뿐 적극적으로 일치하는 것은 아니다. 왜냐하면 목적 자체인 주관의 목적들은 만일 이런 목적의 표상이 우리에게 **충분히** 영향을 미친다면 가능한 한 **나의** 목적이기도 해야 하기 때문이다. (4:430)

이런 언급은 다른 사람들을 목적 자체로 대우하는 것이 단지 자신의 목적을 선택할 그들의 능력을 빼앗지 않는다든지 이런 능력을 자유롭게 발휘할 그들의 기회를 제한하지 않는 수준에 그치지 않는다는 점을 암시한다. 다른 사람들을 목적 자체로 대우하는 것은 우리가 할 수 있는 한 그들이 자신의 특수한 목적을 증진하거나 실현할 수 있도록 도와야 함을 의미한다. 하지만 이런 요구에는 제한조건이 부과된다는 점을 명시할 필요가 있다. 곧 이는 다른 사람들이 특수한 목적을 성취하도록 돕는 일이 우리의 다른 의무들과, 어쩌면 우리 자신의 정당한 목적 실현과 조화를 이룰 경우에만 그렇게 하는 것이 허용된다는 점을 분명히 의미한다. 하지만 현재 중요한 점은 적극적 의무에 대한 칸트의 이런 설명을 통해 인간성이 목적을 자유롭게 설정할 능력뿐만 아니라 목적을 가능한 한 자유롭고 효과적으로 실현할 능력까지를 포함한다는 점이 드러난다는 것이다. 인간성이 목적을 자유롭게 선택할 능력과 이를 효과적으로 추구할 능력을 모두 포함한다면 인간성을 목적으로 대우하고 결코 수단으로 대우하지 말라는 명령은 우리 자신과 다른 사람들이 선택의 자유를 유지해야 한다는 점뿐만 아니라 목적을 추구할 능력을 증진해야 한다는 점도 요구하게 된다.

칸트가 생각한 인간성에 대한 적극적 의무의 개념을 전제할 경우 목적 자체로서의 인간성이 지닌 무조건적 가치가 '모든 인간 행위의 자유를 제한하는 최상의 조건'이(4:431) 되어야 하며, 더 나아가 이 목적은 '실현되어야 할 목적으로 여겨져서는 안 되며 오히려 자립적 목적으로, 따라서 오직 소극적으로 여겨져야 한다'는(4:437) 칸트의 지적을 주의 깊게 해석할 필요가 있다. 이런 지적은 목적정식이 오직 소극적인 의무만을, 예를 들면 다른 사람의 자유를 침해하거나 제한하지 말라는 의무만을 낳을 수 있다는 점을 암시하는 듯이 보이기도 하지만 이는 결코 칸트가 의미한 바일 수 없다. 그가 의미한 바는 무엇보다도 우선 모든 인간이 지닌, 자신의 목적을 설정하고 효과적으로 추구할 수 있는 능력이 우리 자신의 더욱 특수한 목적들을 우리가 스스로 추구하는 데 대한 제한조건이 되어야 한다는 점이다. 곧 오직 후자의 목적이 전자의 목적과 조화를 이룰 경우에만 우리 자신의 특수한 목적들을 추구하는 일이 허용될 수 있다. 이성적 존재가 '실현되어야 할 목적'이 아니라는 칸트의 한걸음 더 나아간 주장은 다른 목적들과는 달리 이성적 존재는 산출되어야 하는 무언가가 아니라는─곧 우리 자신과 다른 모든 사람의 인격 안에 이미 존재하는 것이라는─점을 의미하는 듯하다. 따라서 우리는 이성적 존재를 생산해야 할 특별한 의무를 지니지 않는다(그리고 칸트는 어느 누구라도 생식의 의무를 지닌다고는 결코 주장하지 않는다). 하지만 이성적 존재가 그 자체로 '실현되어야 할' 목적이 아니라는 주장이 우리가 이성적 존재 또는 인간이 인간성을 발휘함으로써 자유롭게 선택한 특수한 목적들의 실현과 성취를 도와야 할 적극적인 의무를 지니지 않는다는 점을 의미할 수는 없다. 칸트는 우리가 이런 의무를 지닌다고 이미 명확히 언급했기 때문이다.

이성적 존재의 특수한 목적들을 실현하거나 성취하도록 도울 적극적 의무는 또한 칸트가 생각한 '목적의 나라'를 특징짓는 요소이기도 하다. 따라서 이제 정언명령에 관한 칸트의 설명 중 다음 단계, 곧 우리의 도덕적 목적이 지닌 이런 특징을 완성하는 단계를 검토해보자.

iv. 자율과 목적의 나라

칸트는 정언명령에 관한 지금까지의 설명을 요약하고 다음 단계를 소개하면서 다음과 같이 말한다.

> 모든 실천적 법칙 수립의 근거는 **객관적으로는 규칙에**, 곧 (첫 번째 원리에 따라) 이 규칙을 법칙으로 (아마도 자연법칙으로) 만들 수 있는 보편성의 형식에 놓여 있다. 하지만 **주관적으로는 목적에** 놓여 있으며, (두 번째 원리에 따라) 모든 목적의 주체는 곧 목적 자체인 각각의 이성적 존재이다. 이제 이로부터 의지의 원리를 보편적 실천이성과 조화를 이루도록 하는 최상의 조건으로서 의지의 세 번째 실천 원리, 곧 **보편적으로 법칙을 수립하는 의지로서 각각의 이성적 존재의 의지라는** 이념이 등장한다. (4:431)

이 인용문의 첫 문장에서 칸트는 정언명령이 우선 도덕적으로 수용 가능한 준칙이라면 어떤 것이든 간에 보편화 가능성을 지녀야 한다는 점을 요구한다고 다시 한번 강조한다. 더욱 정확히 표현하면 경향성에 의해 어떤 준칙을 선택하고 그것에 따라 행위하더라도 이런 행위가 도덕이 요구하는 그 준칙의 보편화 가능성과 조화를 이룰 수 있어야 한다고 주장한다. 두 번째 문장에서 칸트는 이성적 의지가 법칙을 받아들이기로 선택하는 것을 포함하여 항상 행위를 선택하는데 이 과정은 그런 행위를 수단으로 삼는 목적의 가치에 의해 규정된다고 주장한다. 도덕적 의지는 무조건적인 가치를 지니는 목적에 의해 규정되어야 하며―칸트는 '모든 목적의 주체'라는 문구를 사용함으로써 이 목적이 무조건적이어야 함을 암시하는데―이 무조건적인 목적은 오직 목적 자체로서 각각의 이성적 존재가 지니는 절대적 가치일 수밖에 없다. 하지만 '세 번째 실천 원리', 곧 '보편적으로 법칙을 수립하는 의지로서 각각의 이성적 존재의 의지라는 이념'이 앞선 두 원리에 더하는 바는 과연 무엇인가?

어떤 의미에서 세 번째 원리는 도덕적으로 어떤 새롭고 중요한 요구를 더하지는 않는데, 이는 처음의 두 원리 중 어떤 것도 상대방에게 어떤 새로운 요구를 더하지 않는다고 여겨지는 것과 같은 차원으로 볼 수 있다. 처음 두 실천 원리, 곧 보편/자연정식과 목적정식 사이의 관계에 대한 칸트의 견해는 다음과 같다. 곧 모든 사람들을 목적 자체로 대우하는 것(목적정식)은 오직 모두가 받아들일 수 있고 또 원한다면 그것에 따라 행위할 수 있는 준칙에 따라 행위하는 것(보편/자연정식)을 요구하며, 또한 역으로 오직 모두가 받아들일 수 있고 그것에 따라 행위할 수 있는 준칙에 따라 행위하는 것은 우리가 모든 사람들을 목적으로 대우한다는 점을 보장해준다는 것이다.[6] 칸트가 보편/자연정식에 더해 목적정식을 제시해야 했던 주된 이유는 우리의 의무를 더하려는 것이 아니라 보편/자연정식을 받아들여야 하는 근거를 설명하기 위함이었다. 이와 마찬가지로 칸트의 세 번째 실천 원리 또한 사실상 우리의 의

---

6 정언명령의 처음 두 정식 사이의 관계에 대한 해석은 특히 Onora O'Neill, 'Universal laws and ends-in themselves', *Monist* 72 (1989): 341-62, 그녀의 저서 *Constructions of Reason: Explorations of Kant's Practical Philosophy* (Cambridge: Cambridge University Press, 1989), 126-44면에 재수록된 논문을 참조.

무를 더하려는 것이 아니라 보편/자연정식에 따라 행위하는 것이 함축하는 바를 더욱 깊이 있게 설명하기 위한 것이다. 곧 밝혀지게 되듯이 칸트의 '세 번째 실천 원리'는 보편/자연정식을 받아들여야 하는 이유와 이것을 받아들인 결과 모두를 더욱 상세하고 충실히 설명한다.

여기서 칸트가 맨 먼저 형성하는 논점, 곧 '보편적으로 법칙을 수립하는 의지로서 각각의 이성적 존재의 의지라는 이념'을 통해 명시하려는 논점은 목적정식에서 명확히 드러나듯이 우리가 도덕적 대우의 범위를 다른 모든 사람들에게로 확장해야 하는 까닭은 그들이 이성적 존재라는 지위를 지니기 때문이므로 그들은 또한 스스로 목적을 형성하는 존재일 뿐만 아니라 이성적으로 행위할 능력을 지니는 존재로, 따라서 보편법칙에 따라 행위할 의무를 지닐 수 있으며 또한 실제로 그런 의무 아래 놓이는 존재로 여겨져야 한다는 점이다. 그렇다면 모든 사람들을 목적 자체로 대우하는 것은 그들을 단지 보편법칙의 **지배를 받는** 존재가 아니라 보편법칙을 부여할 능력을 지닌, 곧 보편법칙을 수립할 능력과 권리를 지니는 존재로 대우하는 것이다. 따라서 모든 사람을 목적 자체로 대우하는 것(목적정식)은 또한 그들을 그들 자신에게 적용되는 보편법칙(보편/자연정식)의 입법자로 대우하는 것이어야 한다. 칸트의 표현대로 '따라서 [각 개인의] 의지는 단지 법칙에 종속되는 것이 아니라 의지가 자신을 **스스로 법칙을 수립하는** 존재로 여길 수 있고, 바로 이 때문에 (자신을 법칙의 창조자로 간주할 수 있는) 법칙에 종속되는 존재로 여기게 되는 방식으로 법칙의 지배를 받게 된다'(4:431). 그리고 이는 우리가 다른 모든 사람을 목적정식에 따라 대우하고, 바로 이를 통해 우리 자신의 준칙이 보편/자연정식에 의한 검토 과정을 통과하도록 만듦으로써 단지 자신의 특수한 목적을 형성할 수 있는 모든 사람의 자유뿐만 아니라 자신에게 적용되는 법칙들을 스스로 수립하거나 최소한 그런 법칙들에 동의하는 모든 사람의 자유를 보호하려 한다는 점을 의미한다. 바로 여기서 칸트는 원래 정치적 용어로 사용되던 '자율'의 개념을 도입하면서 다음과 같이 말한다. 우리는 이 세 번째 원리를 '내가 **타율**의 원리로 여기는 다른 모든 것과 대비해 의지의 **자율**의 원리라고 부를 수 있다'(4:433). 이런 정치적 용어를 사용함으로써 칸트는 자신이 루소(Jean-Jacques Rousseau)가 『사회계약론』(*Social Contract*)에서 제시한 주장을 염두에 둔다는 점을 암시한다. 요약해서 말하면 루소는 『사회계약론』에서 사람들이 순전히 개인적인 선호에 따른, 법의 지배를 받지 않는 자유를 포기하고 자신이 자유롭게 동의한 법의 지배 아래서 살아가는 '시민적 자유'를 택해야 한다고 주장하면서 '사람들이 법의 지배를 받아들이려면 법의 입법자가 되어야 한다'고 말한다.[7]

　칸트 또한 우리가 이성적 존재로서 도덕법칙을 받아들이기 위해서는 어떤 특징적인 근거가 필요한데 그것은 바로 각 개인이 도덕법칙의 입법자가 되어야 한다는 점이라고 생각한다(여기서 그는 우리가 이성적 존재가 될 능력을 지닌다는 점을 가정하는데 이는 그가 한 번 지적했지만 아직 증명하지는 못한 점이다. 4:431의 끝부분 참조). 칸트는 단지 '이익' 때문에 도덕법칙에 따르려 하는 의지는 결코 진정한 보편법칙에 따를 수 없다고 주장한다. 이익 때문에 법칙에 따른다는 것은 결국 자기애 때문에 그렇게 하는 것인데 자기애는 행위자가 법칙에 따르는 것이 자기이익에 도움이 된다는 점을 깨달을 경우에만 행위자로 하여금 법칙에 따르도록 만든다—그리고 우리는 누군가가 자기이익 때문에 법칙을 무시하는 경우를 얼마든지 상상할 수 있다. 여기서 칸트가

7　Jean-Jacques Rousseau, *The Social Contract*, 2권, 6장. 이 문장은 Nicholas Dent, *Rousseau* (London and New York: Routledge, 2005), 134면에서 재인용.

의미하려는 바가 무엇인지 명확히 드러나지는 않지만 그는 '자극과 강
제로서의 이익' 이라는(4:433) 언급을 통해 이익과 자기애 때문에 법칙
을 준수하는 것은 단지 보상의 욕구와 처벌의 두려움 때문에 그렇게 하
는 것이라는 점을 의미하는 듯이 보인다. 보상과 처벌은 어느 누구에게
도 진정한 보편법칙에 따를 근거를 제공하지 못한다. 보상이나 처벌의
약속을 기대할 수 없는 듯이 보이는 상황이 얼마든지 있는데 이런 상황
에서 자기애나 자기이익은 법칙에 따르기보다는 법칙을 위반하는 근거
로 작용할 것이기 때문이다. 반면 우리가 자신을 법칙의 부여자 또는
입법자로 여긴다면 우리는 법칙에 따라야 할 전혀 다른 종류의 근거,
곧 이 법칙을 통해 '우리가 오직 자기 자신의 의지에 따라 행위하지 않
을 수 없으며, 이런 의지는 자신의 자연적 목적에 따라 보편적인 법칙
을 수립하는 의지' 라는(4:432) 생각에 이르게 된다. 칸트의 또 다른 은
유적 표현을 빌린다면 우리가 도덕법칙을 수용하고 준수해야 할 근거
는 보상의 기대와 처벌의 두려움이 아니라 법칙의 부여자로서 지니는
긍지라고 말할 수 있다. 칸트는 바로 이런 긍지가 도덕법칙을 진정으로
아무 거리낌 없이 받아들이도록 만드는 근거를 우리에게 제공하며 우
리가 법칙을 단지 조건적으로, 예를 들면 자기애 때문에 마지못해 받아
들이는 것이 결코 아니라고 생각한다.[8] 따라서 우리 자신과 다른 사람

---

8   도덕철학을 다룬 칸트의 다른 저술들을 읽을 때 발생할지 모를 혼동을 피하기 위
해 다음과 같은 점을 지적하려 한다. 칸트가 'interest' (독일어로는 Interesse, 이익 또
는 관심으로 번역됨—옮긴이)라는 용어를 우리가 방금 논의한 대목에서처럼 항상 경
멸적인 의미로 사용하는 것은 아니다. 『실천』에서 그는 도덕법칙에 대한 이성의 '관
심' (interest) 그리고 우리가 도덕법칙이 무조건적인 권위를 지닌다는 사실을 인정하
는 것을 위협할지도 모를 모순 또는 '이율배반' 을 해소하려는 '관심' 을 언급하면서
이 용어를 순전히 긍정적인 의미로 사용한다. 『실천』, 5:119-20 참조. 여기서 칸트는
이성을 포함한 '정신의 각 능력에 대해 각각 하나의 **관심**을, 곧 그 아래에서만 그 능력
의 발휘가 촉진되는 조건을 포함하는 원리를 부여할 수 있는데' , 이성은 '모든 정신적

들을 포함한 모든 개인을 목적 자체로 여기는 일이 보편/자연정식에 따라 우리 자신과 다른 사람들을 대우할 근거를 제공하는 것과 마찬가지로 우리 자신과 다른 사람들을 도덕법칙을 자유롭게 형성하는 존재로 여기는 일은 다른 사람들을 보편/자연정식을 통해 보호받을 자격을 지니는 존재로 생각해야 할 더 이상의 근거를 제공한다. 이는 또한 우리 자신을 보편/자연정식이 자기애나 자기이익과 상충하는 듯이 보일 경우에도 항상 이런 정식을 받아들일 근거를 지니는 존재로 생각하게 만든다.

모든 사람을 그들 자신에게 구속력을 지니는 도덕법칙의 입법자로 여겨야 한다는 점은 이성적 행위자의 개념으로부터 도출될 수 있는 것들 중 하나로 보인다. 칸트는 세 번째 실천 원리를 설명하면서 도덕의 주체로서 이성적 행위자의 개념으로부터 도출된다고 여길 수 있는 또 다른 요소를 암시한다. 왜냐하면 그는 단지 우리가 우리 자신의 준칙들 각각을 마치 우리 모두가 수립한 법칙인 듯이 여겨야 한다고 말하는 데 그치지 않고 세 번째 원리를 **'자신의 모든 준칙을 통해 보편적으로 법칙을 수립하는 의지로서** 각각의 인간 의지의 **원리'** 로(4:432) 표현하기 때문이다. 뒤이어 그는 '각각의 이성적 의지라는 개념은 ⋯ 자기 자신을 의지의 모든 준칙들을 통해 보편적으로 법칙을 수립하는 존재로 여겨야만 한다' 고 말한다(4:432). 여기서 칸트가 지적하는 바는 이성적 존재는 오직 자신이 지닌 법칙의 표상에 일치하게 행위할 뿐만 아니라 일관성 또는 체계성을 추구하며, 따라서 오직 일관적이고 체계적인 전체를 구성하는 법칙들 모두의 표상에 일치하게 행위한다는 점인 듯하다. 이는 또한 이성적 존재가 자신이 그것에 따라 행위하려 하는 특수한 준

능력들의 관심을 규정하지만 그 자신의 관심은 스스로 규정한다' 고 말한다(Gregor, 236면).

칙이 자기 자신과 다른 모든 이성적 존재를 목적 자체로 대우하는가를 (목적정식) 묻는 데 그치지 않고 그 준칙이 보편화될 수 있는지, 따라서 모든 사람이 그 준칙에 따라 행위하기를 원하는지도(보편/자연정식) 묻는다는 점을 의미한다. 더 나아가 이성적 존재는 자신이 그것에 따라 행위하려 하는 특수한 준칙이 자기 자신과 모든 이성적 존재가 그것에 따라 행위하는 준칙들의 일관된 체계의 일부일 수 있는지도 물으려 한다. 만일 몇몇 준칙들이 일종의 사고실험을 거쳐 보편화 가능성이라는 검토 과정을 통과할 뿐만 아니라 준칙들의 일관된 체계의 일부라는 점이 밝혀진다면 이런 사실은 도덕적으로 수용 가능한 준칙들에게 단지 보편/자연정식이 부과하는 것보다도 더욱 강력한 강제력을 부과할 것이다. 하지만 이성적임에 대한 완전한 개념을 이미 목적정식이 충분히 전제하므로 사실상 이런 요구가 최소한 정언명령의 처음 두 정식이 암시하는 도덕적 강제에 어떤 새로운 내용을 더하지는 않는다. 어쩌면 '세 번째 실천 원리'를 정식화하는 칸트의 첫 번째 방식에 관한 논의를 마무리 지으면서 자율의 구성요소로 체계성을 요구하는 것은 다소 이상하게 보인다고 말할 수 있을 듯하다. 왜냐하면 자율이라는 용어가 지닌 원래의 정치적 의미를 고려할 경우 자율적 도시 또는 국가는 입법부 전체를 자유롭게 결정할 수 있는 도시나 국가를 의미하며, 단지 특정 지역의 몇몇 지엽적 문제에 대해 자유 재량권을 부여받은 곳을 의미하지는 않기 때문이다. 그렇다면 완전한 통일성을 지닌 입법부를 발전시킬 자유와 책임을 모두 지니는 것이 자율의 의미 중 일부를 차지하는 듯하다.

나는 방금 '세 번째 실천 원리'에 대한 칸트의 첫 번째 정식이라는 표현을 사용했는데 그 까닭은 칸트가 실제로 세 번째 원리를 서로 다른 두 가지 방식으로 제시하기 때문이다. 앞에서 보았듯이 그는 우리들 각각은 우리가 그것에 따라 행위하려 하는 모든 준칙들의, 더 나아가 모

든 준칙들의 체계의 공동 입법자로 여겨져야만 한다는 원리를 '자율의
원리'(4:433)로 또는 자율의 정식(이하 자율정식으로 약칭)으로 부를
수 있다고 말한 뒤에 바로 이어서 다음과 같이 말한다.

> 자신의 의지의 모든 준칙들을 통해 보편적으로 법칙을 수립하는 존재로서
> 각각의 이성적 존재라는 개념은 바로 이런 관점에서 자기 자신과 자신의
> 행위를 평가하기 위해 이 개념과 밀접히 연결되는 매우 생산적인 개념, 곧
> **목적의 나라**라는 개념에 이르게 된다. (4:433)

그리고 잠시 뒤에 칸트는 자율정식이 아니라 '우리 자신이 법칙을 수
립함으로써 등장한 모든 준칙들은 자연의 나라로서 가능한 목적의 나
라와 조화를 이루어야 한다'는(이를 목적의 나라의 정식 또는 약칭해
서 나라정식이라고 부르려 한다) '정식'이 '도덕성의 원리를 나타내는
세 번째 방식'이라고 말한다(4:436). 따라서 우리는 칸트가 목적의 나
라라는 용어를 통해 과연 무엇을 의미하며, 그가 왜 나라정식이 자율정
식으로부터 직접 도출된다고 말하는지 또한 앞서 살펴본 바대로 왜 자
율정식이 보편/자연정식과 더불어 목적정식으로부터 도출된다고 말하
는지 물어보아야 한다.

　위의 인용문에 이어서 칸트는 곧바로 '목적의 나라'가 의미하는 바
를 밝힌다. 우선 그는 목적의 나라가 '서로 다른 이성적 존재들이 공통
의 법칙을 통해 체계적으로 결합한 것'이라고 말한다. 하지만 뒤이어
법칙들이 '보편적 타당성에 따라 목적을 규정하기 위해' 설령 '이성적
존재들의 개인적 차이와 그들의 사적인 목적들의 모든 내용까지 무시
하더라도' 목적의 나라는 '모든 목적들 전체가 (목적 자체인 이성적 존
재와 그들 각각이 스스로 내세울 수 있는 특수한 목적들 모두가) 체계

적으로 연결된 것으로 성립한다'고 덧붙인다(4:433). 여기서 칸트는
한편으로 도덕법칙의 입법자들이 모인 공동체에서 각각의 구성원은 법
칙들이 진정 보편적으로 타당하다는 점을 보증하기 위해 공동체의 보
편적으로 타당한 법칙을 수립하면서 자신의 개인적인 목적들을 무시해야
한다고 주장하는 동시에 다른 한편으로 그런 법칙들이 공동체의 구성
원 각각을 목적 자체로 대우할 것을 요구할 뿐만 아니라 각 구성원들이
자신의 사적인 목적을 추구하는 일이 공동체의 일반 법칙들에 어긋나
지 않는 한 그렇게 하는 것을 허용한다고 말한다. 또한 다른 사람들도
일반 법칙들에 어긋나지 않는 한 자신들의 목적을 얼마든지 추구할 수
있으며, 사실상 각각의 구성원이 자신의 능력이 닿는 한 그리고 일반
법칙들의 준수에 위배되지 않는 한 다른 사람들의 목적 추구를 도와야
한다고 주장한다. 왜 그런가? 각 개인을 목적 자체로 대우하는 것, 더
욱 정확하게 말해 각 개인의 인간성을 목적 자체로 대우하는 것은 자유
롭게 자신의 목적을 설정하고 목적을 효과적으로 추구하는 각 개인의
능력을 목적 자체로 대우하고 다른 모든 선택에 대한 제한 조건으로 여
기는 것이기 때문이다. 따라서 목적의 나라 개념 중 첫 번째 부분은—
곧 이성적 존재 전체가 목적 자체로 확립되어야 한다는 요구는—두 번
째 부분을—곧 각각의 이성적 존재가 스스로 내세울 수 있는 특수한
목적들 모두가 체계적이고 조화로운 전체를 형성할 수 있도록 증진해
야 한다는 요구를—함축한다. 목적의 나라에서 통용되는 법칙들을 결
정하기 위해서는 사적인 목적들에서 벗어날 필요가 있다. 하지만 목적
의 나라를 확립하기 위해서는 사적인 목적들의 전체 체계가 실현되도
록 증진하는 것이 필요하다. 이런 경로를 통해 나라정식이 자율정식뿐
만 아니라 목적정식으로부터도 도출된다고 말할 수 있게 되는데 여기
서 자율정식은 모든 사람이 자유롭게 형성하는, 체계적인 입법 조직의

일부가 될 수 있는 준칙에 따라서만 행위할 것을 요구하는 정식으로 이해되어야 한다. 하지만 자율정식 자체는 목적정식으로부터 도출되므로 여기서 또한 자율정식과 나라정식 모두가 목적정식이 암시하는 바를 충분히 드러낸다고도 말할 수 있다. 곧 자율정식은 목적정식으로부터 등장하는 법칙들의 특징을 강조하고, 나라정식은 목적정식으로부터 등장하는 법칙들뿐만 아니라 개별적인 행위들이 낳는 사태 전반을 더욱 상세히 기술하기 때문이다.

칸트 자신은 정언명령의 여러 정식들 사이의 관계를 다음과 같이 요약, 정리한다.

도덕성의 원리를 드러내는, 앞서 제시한 세 가지 방식은 근본적으로 어느 하나가 다른 둘을 저절로 자신 안에서 통합하는, 하나의 동일한 법칙을 다양한 정식들로 표현한 것일 뿐이다. 하지만 이들 사이에는 어떤 차이가 있는데 이는 객관적-실천적이라기보다는 오히려 주관적인 것이다. 곧 이성의 이념을 (일종의 유비를 통해) 직관에 근접시키고, 이렇게 함으로써 감정에 근접시키기 위한 것이다. 모든 준칙은 다음과 같은 요소를 지닌다.

1) 형식, 이는 곧 보편성을 나타낸다. 따라서 도덕적 명령의 정식은 '준칙들은 마치 보편적 자연법칙으로 타당한 듯이 선택되어야 한다'로 표현된다.

2) 질료, 이는 곧 목적을 의미한다. 따라서 정식은 '본성상 목적인, 곧 목적 자체인 이성적 존재는 모든 준칙에 대해 단지 상대적이고 임의적인 모든 목적들을 제한하는 조건으로 작용해야 한다'고 말한다.

3) 완벽한 규정, 곧 '우리 자신의 법칙 수립에서 등장한 모든 준칙은 자연의 나라로서 가능한 목적의 나라와 조화를 이루어야 한다'는 정식에 의한 모든 준칙의 완벽한 규정.

그는 이어서 다음과 같이 말한다.

> 여기서의 논의는 의지 형식의 **단일성**(의지의 보편성), 질료의 (대상들, 곧 목적들의) **다양성** 그리고 이들이 구성한 체계의 **전체성** 또는 총체성의 범주에로 나아가는 방식을 취한다. 하지만 사람들이 도덕 판단을 내리면서 항상 엄밀한 **방법**을 사용하고, '**동시에 그 자체로 보편법칙이 될 수 있는 준칙에 따라 행위하라**'는 정언명령의 보편 정식을 근거에 둔다면 더욱 바람직할 것이다. 반면 만일 사람들이 동시에 도덕법칙을 도입하려 한다면 하나의 동일한 행위를 위에서 언급한 세 개념을 통해 이끌어내고 이렇게 함으로써 가능한 한 직관에 가깝게 하는 방식 또한 매우 유용할 것이다. (4:436-7)

이 인용문을 통해 몇 가지는 분명해지는 동시에 몇 가지는 오히려 불분명해진다. 한편으로 칸트는 각각의 원리가 도덕법칙을 드러내는 방식이라고 말함으로써 각각의 원리가 실제로 적용될 경우 같은 결과를 낳으리라는 점을, 곧 동일한 일련의 특수한 의무들을 산출하리라는 점을 암시한다. 동시에 그는 하나의 원리가 다른 두 원리를 통합한다고 말하는데 이때 그 하나의 원리는 세 번째 원리, 곧 모든 준칙들의 '완벽한 규정'을 제공하는, 달리 말하면 나라정식을 지칭하는 듯이 보인다. 이는 또한 보편/자연정식과 목적정식이 함께 자율정식을 통해 나라정식을 산출한다는 점과 모든 원리들이 공존해야 하지만 사실상 나라정식이 도덕이 요구하는 모든 것을 가장 선명하게 드러낸다는 점을 암시한다. 이런 주장은 지금까지 이루어진 해석과 조화를 이루는 듯하다. 하지만 다른 한편으로 칸트는 실제로 도덕 판단을 내리면서 우리가 항상 보편/자연정식을 사용해야 하며 다른 정식들은 평범한 사람들이 도덕법칙을 형상화하는 데 도움이 되므로 단지 보조적으로 사용되어야 한다고 주장하는데 이런 주장은 나라정식이 도덕의 모든 목적을 가장 분명하게 언급하므로 실제의 도덕 판단에서 사용되어야 한다는 생각과 대립하는 듯이 보인다. 그리고 칸트는 특히 보편/자연정식이 도덕적 결정의 '근거'로 여겨져야 한다고 말하는데 이는 지금까지 계속 주장된 바, 곧 목적정식이 정언명령이 성립할 수 있는 '가능성의 근거'를 표현하고 따라서 보편/자연정식이 부과하는 강제를 받아들일 근거를 제공하며, 자율정식과 나라정식 모두의 근거를 제공한다는 주장을 착각하도록 만드는 듯하다.

위에서 인용한 대목은 내용이 무척 복잡하기 때문에 많은 주목을 받아왔다.[9] 하지만 나는 칸트가 여기서 말한 바를 다음과 같은 방식으로 지금까지의 해석과 조화시킬 수 있다고 생각한다. 인간과 모든 이성적 존재 일반이 항상 목적으로 대우되어야 하며 결코 단지 수단으로 여겨져서는 안 된다는 생각, 달리 말하면 이성적 존재가 도덕적 행위의 궁극적 '대상' 또는 '질료'라는 생각은 도덕의 기초에 놓인 절대적 가치를 표현한다. 그리고 이런 의미에서 이성적 존재는 정언명령의 다른 모든 정식들의―곧 다른 정식들에 따라 행위하는 것을 이성적으로 만드는 가치 언명의 근거가 되어야 한다. 모든 개인의 인간성 또는 이성적 존재를 제대로 충분히 존중하기 위해서는 무엇이 요구되는지를 생각해 보면 자율과 목적의 나라의 개념, 곧 모든 개인이 모두에게 구속력을 미치는 법칙의 전체 체계의 공동 입법자로 여겨져야 하지만 그 체계 안에서 각 개인은 자신의 목적을 추구하는 것이 허용되어야 하며, 가능한

9　Allen W. Wood, 'The Supreme Principle of Morality', Paul Guyer (ed.), *The Cambridge Companion to Kant and Modern Philosophy* (Cambridge: Cambridge University Press, 2006), 342-80면, 특히 358-60면 참조.

한 그렇게 할 수 있도록 서로 도와야 한다는 생각에 이르게 된다. 따라서 자율정식과 나라정식은 목적정식을 제대로 받아들인 결과가―칸트의 표현을 빌리면 의심의 여지없이 '오직 하나의 이상'으로서만 (4:433) 기대되는 결과가―무엇이어야 하는지를 여실히 보여준다. 이런 결과를 산출하려고 애쓰는 우리 인간이 불완전하기는 해도 우리의 모든 행위는 이를 목표로 삼아야 한다. 하지만 사실상 우리는 많은 행위자들이 속한 공동체에 적용되는 모든 법칙과 이들의 모든 개인적인 목적을 동시에 전부 고려할 수는 없으므로 도덕적 결정을 내려야 하는 어떤 특수한 상황에서도 우리가 그것에 따라 행위하려 하는 특수한 준칙이 보편/자연정식에 의한 검증 과정을 통과하는지를 검토하기 위해 최선을 다할 뿐이다. 물론 이런 모든 과정은 보편/자연정식이 실제로 우리가 목적정식 또는 그것으로부터 파생되는 자율정식이나 나라정식으로부터 이끌어낼 수 있는 것과 정확히 동일한 일련의 구체적 의무들을 생성할 경우에만 제대로 작동한다.

3. 칸트가 제시한 논증의 기초

칸트가 제시한 의무의 구체적인 예들을 더욱 상세히 검토하기에 앞서 우리는 방금까지 시도한 정언명령에 대한 분석으로부터 거슬러 올라가 과연 칸트가 정언명령 자체를 지지하기 위한 어떤 논증이라도 제시했는지 아니면 모든 것이 '인간은, 그리고 일반적으로 모든 이성적 존재는 목적 자체로 **존재한다**'는(4:428) 대담한 주장에 달려 있는지를 살펴보아야 한다.

　앞서 2장에서 우리는 칸트가 『정초』 이전에 쓴 다른 저술들에서 자유

가 목적이며, 보편법칙의 준수가 이 목적에 대한 유일하게 가능한 수단
이라고 선언했음을 확인했다. 현재의 질문을 다르게 표현하면 과연 칸
트가『정초』안에서 정언명령을 지지하기 위한 논증을 암묵적으로라도
채용했는가라고 물을 수 있다. 하지만 일관성을 유지하면서 이 질문을
탐구하려면 칸트가 스스로에게 부과한 방법론적 제약, 이른바 완벽하
게 순수하며 아프리오리한 도덕의 원리를 확립해야 한다는 제약을 항
상 기억해야 한다.

i. 인간성과 자유

앞 절에서 목적 자체로서의 인간성 정식에 관해 논의하면서 우리는 이
미 칸트의 인간성 개념이 그의 자유 개념과 매우 밀접하게 관련된다는
점을 살펴보았다. 앞에서 지적했듯이『도덕』중 '덕이론' 서문에서 칸
트는 인간성을 스스로 자신의 목적을 형성할 수 있는 능력으로 정의했
는데, 이런 능력은 자유에 대한 어떤 정의에서도 핵심적인 구성요소임
이 분명하다. 또한 앞서 여러 의무의 예들에 대한 예비적인 논의에서도
드러났듯이『정초』에서 인간성을 결코 단지 수단으로 대우하지 말고
항상 목적으로 대우하라는 명령으로부터 등장하는 의무들에 대해 설명
하면서 칸트는 이런 명령의 요구를 만족시키려면 다른 행위자와 어떤
종류의 상호관련을 맺으면서도 거짓 정보나 강압에 얽매이지 않고 자
유롭게 행위의 목적을 선택할 수 있는 상대방 행위자의 권리를 보장해
야 한다고 주장한다. 그리고 바로 이런 의미에서 모든 사람이 자신의
행위 또는 행위의 준칙을 통해 자기 자신의 목적을 스스로 형성하는
일, 달리 말해 모든 사람이 지닌 선택의 자유를 보장하는 일이 가능해
진다. 더욱이 앞서 칸트가 자선의 의무에 대해 논의하는 과정에서 드러
났듯이 인간성의 원리는 또한 우리가 행위자들의 목적 선택이 더욱 효

과적인 결과로 이어지도록, 곧 그들이 자신의 목적을 잘 실현할 수 있도록 돕기 위해 가능한 한 노력해야 한다고 주장한다. 우리는 모든 행위자들이 지닌 목적 선택의 자유를 그저 허용하는 선에 그쳐서는 안 되며 그들이 그런 자유를 더욱 효과적으로 실현하도록 도와야 한다. 다음 절에서 칸트가 인간성의 원리를 적용한 예들에 대해 더욱 상세히 살펴보겠지만 이런 예들에 대한 논의를 보면 우리 자신의 인격 안의 인간성을 항상 목적으로 대우하고 결코 단지 수단으로 대우하지 말라는 원리는 특히 자기 자신에 대한 의무와 관련해 우리 자신이 지닌 선택의 자유를 유지할 것과 더불어 우리 자신의 목적 선택을 더욱 효과적으로 만들 것을 명령한다는 점이 분명히 드러난다. 앞으로 보게 되듯이 자살 금지의 의무는 곧 자신의 목적을 스스로 형성할 능력을 지닌 자유로운 존재를 파괴해서는 안 된다는 의무이며, 또한 자신의 재능을 계발할 의무는 (이 의무에 대해서는 아직 살펴보지 않았지만) 곧 우리가 자유롭게 선택한 목적이 무엇이든지 간에 결국 이런 목적을 효과적으로 실현하라는 의무이다. 따라서 인간성을 목적으로 대우하고 결코 단지 수단으로 대우하지 말라는 의무 전반은 우리 자신에서든 다른 사람에서든 간에 선택의 자유를 유지하고, 더 나아가 우리가 사람들이 자유롭게 선택한 특수한 목적의 실현을 도울 수 있을 경우에는 기꺼이 도우라는 것과 동일한 의무로 보인다.

그렇다면 목적 자체로서의 인간성의 개념과 선택과 행위의 자유라는 개념 사이에는 밀접한 관련이 있다는 사실이 명백해진다. 하지만 칸트가 든 몇 가지 예들뿐만 아니라 그가 도덕적 행위의 궁극 목적을 '자율'이라는 정치적 용어를 사용해 설명한다는 사실에 비추어보면 그가 『정초』 2절에서 정언명령의 정식들을 제시하면서 생각한 자유는 주로 다른 개인의 선택에 의해 자신의 선택을 방해받지 않을 개인의 자유인 듯이 보이는데 이런 자유의 개념은 그가 『정초』 이전에 썼던 다른 저술들에서 사용했던 일반적인 자유의 개념과는 상당한 차이를 드러낸다. 따라서 『정초』 2절에 등장하는 칸트의 논증은 그가 다른 저술들에서 제시한 논증, 곧 보편법칙이 우리 자신을 단순한 충동이나 경향성에 의해 규정되는 것으로부터 벗어나게 만드는 유일한 수단으로써 필요하다는 주장과는 다른 듯이 보일지도 모른다.

하지만 이런 결론을 거부하도록 만드는 이유를 들 수 있다. 첫째, 자살에 의해 (곧 자기애라는 동기에 의해) 또는 자신의 재능을 제대로 계발하지 않음에 의해 위협받는 자유는 다른 개인의 선택에 의해 우리의 선택이 방해받는 형태의 자유가 아니라 우리 자신의 현재의 선택에 의해 미래의 선택이 방해받는 형태의 자유인데, 이 경우 현재의 선택은 오직 단순한 경향성에 굴복하는 것으로 설명될 수 있다. 달리 말하면 오직 고통에서 벗어나기 위해 자살을 선택하는 경우는 미래에 누릴 수 있는 모든 선택의 자유의 가능성을 완전히 포기하는 것을 대가로 치르고서라도 고통을 회피하려는 현재의 경향성에 굴복한 선택의 결과로 볼 수 있다. 그리고 우리에게 주어진 재능을 계발하는 데 노력하지 않고 게으른 삶을 살기로 선택한 경우 또한 미래에 자신의 목적을 선택하는 일을 (또는 다른 사람들이 그들의 목적을 추구하도록 돕는 일을) 효과적으로 만들기 위해 우리에게 필요할지도 모를 재능과 기술을 상실하는 것을 대가로 치르고서라도 나태함이라는 현재의 경향성에 굴복한 선택의 결과로 볼 수 있다. 그렇다면 이런 경우들에서 자신의 인간성을 목적으로 대우할 의무는 자신의 목적이 단순한 충동에 의해 규정되도록 내버려두는 것이 아니라 스스로 자신의 목적을 규정하고 이를 효과적으로 추구할 수 있는 수단을 갖출 의무와 동일한 것이 된다. 자살을 하려는 선택이나 자신의 재능을 썩히려는 선택 등은 그 자체만 놓고 보면 다른 어떤 선택과도 마찬가지로 자유로운 선택임이 분명하지만 이들은 경향성에 굴복한 자유로운 선택이다. 이런 경우들에서 드러나는 도덕적 문제는 우리가 자유로운 선택 자체를 전혀 하지 않는다는 것이 아니라 한 순간의 경향성에 굴복한 자유로운 선택을 한다는 점이다. 그런데 이런 선택은 미래의 수많은 순간들에서 우리 자신의 현존 자체와 우리가 효과적으로 자유로운 선택을 할 능력을 아예 불가능하게 만들어 버린다. 달리 말하면 앞서 그의 『도덕철학 강의』에서 등장했던, 자유의 사용이 자기일관성을 지녀야 한다는 생각과 마찬가지로 현재 칸트의 인간성 정식이 요구하는 바는 자유의 유지와 증진이 다른 사람들을 위해서뿐만 아니라 우리 자신의 삶 전반에서도 보장되어야 한다는 점이다. 또한 이 정식은 우리가 자신의 경향성을 통제할 수 있어야 한다는 점을 (칸트가 『정초』, 4:428에서 다소 지나치게 주장하는, 모든 경향성의 완전한 제거에는 이를 수 없다 할지라도) 분명히 요구한다.

　여기서 지적할 수 있는 두 번째 논점은 비록 칸트가 명확히 제시하지 않은 것이기는 하지만 상당한 중요성을 지닌다. 우리가 다른 사람의 의지에 의해 규정되는 것을 허용함으로써 우리 자신의 자율을 훼손하는 것은 곧 우리가 단지 경향성에 따라 규정되는 것을 허용하는 결정인데, 사실상 이중으로 자신을 경향성에 의해 규정되도록 허용하는 결정이라 할 수 있다. 첫 번째로 다른 사람의 의지가 도덕적으로 금지되는 방식으로 우리 자신을 규정하는 것을 허용하는 우리 자신의 결정은 오직 경향성에 굴복한 결정으로서만―곧 다른 사람으로부터 보상을 받으려는 결정, 아니 이보다 더 가능성이 크게는 일종의 처벌을 피하려는 결정으로서만―설명될 수 있는데 이는 우리 자신의 자유를 유지하고 증진하는 것과는 거리가 멀다. 두 번째로 우리 자신의 자유를 억누름으로써 우리를 지배하려는 다른 사람의 결정도 오직 경향성에―곧 지배 또는

자기 강화의 경향성에—굴복한 결정으로서만 설명될 수 있으며 이 또
한 자기 자신뿐만 아니라 다른 모든 사람의 인격 안의 인간성을 존중
하는 것과는 거리가 멀다. 따라서 양측 모두에서 경향성의 지배는 자율
의 훼손을 낳으며, 역으로 양측 모두에서 자율의 유지는 경향성의 통제
를 필요로 한다. 따라서 어떤 공동체 전반이 자율에 도달하려는 목표,
또는 칸트의 표현을 빌리면 목적의 나라를 실현하려는 목표는 사실상
충동과 경향성의 지배로부터 벗어나 자유에 도달하려는 목표에 의존
한다.

　　마지막으로 『정초』 2절에서 칸트 자신이 자주 자율을 자연적 기계론
의 지배, 따라서 경향성의 지배로부터 벗어난 자유와 동일시한다는 점
을 지적할 필요가 있다. 물론 이 점도 앞선 주장과 마찬가지로 칸트 자
신이 명확하게 전개하지는 않는다. 하지만 그는 만일 우리의 행위가 자
극이나 강제와 같은 관심에 의해 결정된다면 우리의 의지는 '**우리 자신
의** 의지로부터 생겨난 법칙에 의해 결정된 것이 아니라 **다른 어떤 것**으
로부터 등장한 법칙과 일치하는 어떤 방식으로 행위하도록 강요된 것'
이라고 말한다(4:433)—여기서 그는 다른 누군가가 아니라 다른 어떤
것으로부터, 곧 우리 자신의 이성이 아닌 어떤 것으로부터라고 말하는
데 이것이 오직 경향성일 수밖에 없음은 명확하다. 또한 그는 이와 유
사하게 '도덕적으로 선한 심정의 그토록 높은 요구를' 정당화해주는
것은 우리 자신을 목적 자체로 대우하면서 우리가 '목적의 나라에서
법칙을 수립하는 존재가 되며, 모든 자연법칙에서 벗어나 오직 우리 자
신이 부여한 법칙들만을 따르며, 이런 법칙들에 따름으로써 우리의 준
칙이 보편적인 법칙 수립에 (우리 자신도 동시에 스스로 이런 법칙에
따르는데) 속할 수 있다는' 사실이라고 말한다(4:435). 하지만 우리
자신이 부여한 법칙이 아니라 자연법칙에 의해 결정된다는 말을 통해

─최소한 우리가 인간을 오직 물리적 대상으로만, 말하자면 돌이나 발 사체 같은 물체처럼 오직 만유인력의 법칙의 지배를 받는 대상으로만 생각하지 않는다면 ─칸트가 의미하는 바는 충동에 의해 결정된다는 점인 듯이 보인다.

이런 논거들에 비추어볼 때 『정초』에서 칸트가 다른 저술들에서 사 용한 것과 같은, 충동에서 벗어난 자유 등의 표현을 명확히 언급하기보 다는 인간성과 자율 등의 표현을 사용한다 할지라도 그의 견해가 바뀌 었다고 주장하기는 어려운 듯하다. 한 사람의 평생 동안이든 아니면 모 든 사람의 평생 동안이든 우리에게 최고의 가치를 지니는 것은 선택의 자유이며, 정언명령 전반이든 아니면 이로부터 도출된 특수한 의무이 든 도덕법칙의 역할은 이런 무조건적인 목적을 실현하는 데 반드시 필 요한 수단을 제공하는 것이라는 그의 핵심 주장은 변함없이 그대로 유 지된다.

ii. 인간성이 유일한 목적 자체임에 대한 증명

이제 우리는 정언명령에 대한 칸트의 설명 전체가 과연 '인간은 그리 고 이성적 존재 일반은 목적 자체로 **존재한다**'는(4:428) 대담한 주장 에 의존하는가, 그리고 그가 이 주장을 어떻게든 증명하는가라는 질문 에 직면하지 않을 수 없다. 그런데 칸트는 우리가 이 원리의 적용을 받 는 이성적 존재라는 점에 대한 증명은 『정초』 3절에 가서야 시도할 것 이라고 거듭해서 강조하므로 현 단계에서 논의할 질문은 칸트가 그 어 떤 이성적 존재도 이 원리를 받아들여야 함을, 그의 표현을 빌리면 이 원리가 이성적 존재라는 개념 자체의 일부임을 증명했는가가 아니라 그가 '일반적으로 받아들여지는 도덕성의 개념을 더욱 발전시켜 의지 의 자율이 도덕성의 개념과 피할 수 없이 결합되어 있으며, 오히려 그 근거에 놓여 있다는 점을'(4:445) 보였는가이다. 이제 이에 관한 논의를 세 가지 논점으로 나누어 검토하는 편이 좋을 듯하다.

a. 자연주의적 정당화? 앞서 살펴보았듯이 『정초』 이전에 쓴 다른 저술들에서 칸트는 자주 사람들이 자유를 사랑한다거나 방해받지 않는 자유로운 행위의 범위가 최대한 넓어질수록 삶에 대한 가장 강력하고 만족스러운 느낌을 갖게 된다는 심리학적 또는 '인간학적' 사실을 기초로 삼아 자신의 도덕법칙을 이끌어낸다. 하지만 그가 『정초』에서 전개한 주장, 곧 도덕법칙은 순수하고 아프리오리해야 하므로 인간 고유의 어떤 경험적 특성에도 기초할 수 없다는 주장에 비추어볼 때 그는 더 이상 이전의 전제들을 옳다고 믿고 이에 호소해 도덕법칙을 분석할 수 없음이 분명히 드러난다. 그렇지만 『정초』 2절의 논증 중 핵심에 해당하는 몇몇 대목에서 칸트는 인간성이 목적 자체여야만 한다는 사실을 결정하는 것은 바로 인간의 본성이라고 분명히 말한다. 목적정식의 언급으로 이어지는 대목에서 칸트는 '이성적 존재들은 **인격**으로 불리는데 그 까닭은 그들의 본성(nature)이[10] 이미 그들을 목적 자체로 구별해주기 때문'이라고(4:428) 말한다. 또한 목적정식에서 자율정식으로 넘어가는 대목에서 그는 도덕이론에서 이전의 모든 시도들이 실패한(『정초』 1절의 논의에 비추어보면 이전의 모든 도덕적 의사결정이 실패했다는 말은 아니지만) 까닭은 인간이 '**오직 자기 자신의**, 그러면서도 **보편적인 법칙 수립에** 따른다는 점과 또한 인간이 오직 자기 자신의, 하지만 자연의 목적과 일치하게 보편적으로 법칙을 수립하는 의지에 따라 행위하지 않을 수 없다는 점을' 깨닫지 못했기 때문이라고(4:432) 말한다. 그리고 정언명령의 세 가지 주요 정식들 사이의 관계

10 [옮긴이 주] 이 문단과 다음 문단의 핵심 용어는 'nature'인데 문맥에 따라 '본성' 또는 '자연'으로 번역했다.

를 설명하는 대목에서는 두 번째 정식에 대해 다음과 같이 언급한다. '이성적 존재는 그 본성상 목적으로서, 따라서 목적 자체로서 모든 준칙에 대해 단지 상대적이고 자의적인 모든 목적을 제한하는 조건으로 사용되어야 한다'(4:436, 위의 인용문들에서 강조표시는 저자의 첨가). '본성 또는 자연'(nature)이라는 용어는 모든 철학 용어들을 통틀어 가장 다루기 어려운 것 중 하나로 악명 높다.[11] 그러므로 여기서 칸트가 사용한 본성 또는 자연이라는 용어가 무엇을 암시하는지는 전혀 명확하지 않다. 어쩌면 칸트는 이성적임이 무조건적인 가치를 지닌다는 점이 비록 우리가 경험적으로는 아니지만 아프리오리하게 인식한다고 주장할 수 있는 (이런 언급이 그 자체로 자기모순을 범하지는 않는다. 『순수이성비판』 전체는 결국 우리가 아프리오리하게 인식할 수 있는 자연법칙이 존재한다는 점을 보이기 위한 시도이기 때문이다) 일종의 사실 또는 자연법칙이라고 말할 수 있을지도 모른다. 그리고 『정초』보다 일 년 전에 쓴 논문 '세계시민의 관점에서 본 보편사의 이념'에서 칸트는 '자연은 인간이 동물적 존재로서 지니는 기계론적 배열을 뛰어넘는 모든 것을 순전히 자기 자신으로부터 만들어내고, 스스로 본능에서 벗어나 오직 자신의 이성을 통해 마련한 바에서 자신의 또 다른 행복과 완전성을 찾아내기를 원했다'고(8:19) 말한다. 이 인용문에서 칸트는 우리가 자유로워야만 하며 본능이나 충동에서 벗어나 오직 우리의 이성을 사용함으로써, 달리 말하면 오직 우리 자신의 도덕을 통해 스스로 자유를 만들어내는 한에서만 행복을 누릴 자격을 지니도록 자

---

11   Arthur O. Lovejoy는 미학의 영역으로 한정하더라도 'nature'라는 용어가 무려 열여덟 가지의 서로 다른 의미를 지닌다는 점을 지적하면서 이런 다양한 의미들을 소개했다. 그의 논문 '"Nature" as Aesthetic Norm' 참조. 이 논문은 원래 *Modern Language Notes* (1927), 444-50면에 실렸지만 후에 그의 저서 *Essays in the History of Ideas* (New York: Capricorn Books, 1960), 69-77면에 다시 수록되었다.

연이 그렇게 규정했다고 말하는 듯이 보인다. 앞서 『정초』 1절에 관한 논의에서 드러났듯이 거기서도 칸트는 자연이 우리에게 어떤 목적을 위해 이성 능력을 부여했다는 생각에 의지한다. 이런 대목들을 보면 칸트는 우리가 도덕법칙에 충실히 따름으로써 우리의 자유를 유지, 증진해야 한다는 점을 일종의 자연적 사실로 여겼음이 분명한 듯하다.

　하지만 '존재'로부터 '당위'가 결코 도출될 수 없으며, 이런 원칙이 칸트 자신에게서 유래했다고 생각하는 현대 철학자에게는 위와 같은 논증이 별 설득력을 지닐 수 없을 것이다. 그러나 존재로부터 당위의 도출을 금지하는 원칙이 단지 철학적 믿음의 문제를 넘어서서 실제로 어떻게 증명될 수 있는가는 살펴보기란 매우 어렵다. 그리고 자연이 모든 이성적 존재는 고사하고 모든 인간에게라도 도덕성이나 궁극 목적과 같은 것을 부여했는지를 증명하는 것 또한 마찬가지로 어렵다. 물론 우리는 경험을 통해 인간 이외의 다른 어떤 이성적 존재도 알 수 없으므로 자연이 인간이라는 특수한 종을 넘어서서 이성적 존재 일반에게 무언가라도 부여할 수 있었는지를 상상하는 것은 의미가 없다. 하지만 우리와 같은 인간으로 한정하더라도 도덕성을 자신의 궁극 목적으로 여기지 않는 듯이 보이는 사람들을 너무나 많이 발견할 수 있으므로 도덕성이 모든 인간에게 적용되는 궁극 목적이라는 점을 과연 어떤 의미에서 자연에 호소해 증명할 수 있는지를 파악하기란 몹시 어렵다. 이제 자연에 호소해 도덕성을 확보하려는 위와 같은 시도를 최소한 잠시 제쳐두고 칸트가 자유 또는 인간성이 모든 인간에게, 심지어 모든 이성적 존재에게 절대적이고 무조건적인 가치를 지닌다는 점을 증명하기 위한 다른 어떤 방법이라도 제시했는지를 살펴보기로 하자.

　b. 형이상학적 정당화? 몇몇 학자들은 인간성이 목적 자체라는 칸트의 주장이 그의 형이상학에서 핵심적인 위치를 차지하는 조건적인 것

과 무조건적인 것 사이의 관계, 현재의 경우에는 조건적인 가치와 무조건적인 가치 사이의 관계에 함축되어 있다고 주장해왔다. 하지만 나는 이런 식의 주장이 성립할 수 없다고 생각한다. 왜냐하면 이 관계는 칸트가 형이상학을 비판하는 과정에서 등장하는 핵심 주제이기 때문이다. 이런 식의 주장이 자연스럽게 보일지는 몰라도 사실상 어떤 것이든 조건적인 무언가가 존재한다는 사실로부터 무조건적인 무언가 또한 존재한다는 사실을 이끌어내는 추론은 결코 허용될 수 없다.

　이런 식의 주장을 가장 강력하게 내세운 학자는 코스가드(Christine Korsgaard)이다. 그녀는 칸트의 주장을 다음과 같이 해석한다. 만일 조건적인 가치를 지닌 것들만이 존재한다면 (이들의 가치는 이들이 만족시키는 경향성에 의해 이들에게 부여되는데), 이런 것들은 다른 것에 대한 수단으로서만 가치를 지니므로 무한 소급이 일어날 것이다. 곧 모든 것들의 가치는 그들이 목적으로 추구하는 다른 것들에 의존하는데 이들 또한 그 자체로 조건적이므로 무한 소급이 발생한다. 하지만 이런 사태는 수단과 목적 사이의 연쇄가 짧든 길든 간에 단지 조건적인 가치만을 지니는 것 중 하나를 부정한다면 그런 가치의 근거까지 부정하게 만듦으로써 결국 가치에 대한 모든 주장을 부정하는 결과를 낳는다. 따라서 이런 소급을 중단할, 무조건적인 가치를 지닌 무언가가 반드시 존재해야만 한다. 하지만 단지 경향성의 대상에 불과한 특수한 선택 대상을 가지고는 이런 소급을 중단할 수 없으며, 이를 중단할 수 있는 유일한 것은 오직 이성적 선택 능력 자체뿐이다. '우리의 이성적 선택 대상을 선하게 만드는 것은 오직 그것이 이성적 선택 대상이라는 사실뿐이다. 곧 우리는 실제로 선택을 하고, 조건적인 것들을 (경험적으로) 소급해 올라감으로써 선택한 대상의 선함에서 무조건적인 선을 발견하지 못하면서도 여전히 우리가 선택한 바가 선하다는 태도를 보인다. 그렇

다면 우리는 이성적 선택 자체가 선택 대상을 선하게 만든다고 전제함
에 틀림없다.' 따라서 이성적 선택 능력은 그 자체로 무조건적으로 선
함에 틀림없으며, 바로 이 능력이 특수한 선택 대상들에게 조건적인 가
치를 부여한다. 더 나아가 코스가드는 다음과 같이 주장한다. '만일 우
리가 이성적 선택 능력 때문에 우리 자신을 가치를 부여하는 지위를 지
닌 존재로 여긴다면 우리는 이성적 선택 능력을 지닌 사람이라면 그 누
구라도 바로 그런 능력 때문에 가치를 부여하는 지위를 지닌 존재로 여
겨야만 한다.' 따라서 우리는 우리 자신의 인격에서든 다른 누구의 인
격에서든 인간성을 무조건적인 가치를 지닌 것으로 여겨야만 한다.[12]

단지 경향성의 대상에 지나지 않고, 오직 그런 경향성을 만족시키려
는 사람에게만 의미를 지녔을 특수한 목적들이 이들을 자신의 목적으
로 선택하는 사람들이 지닌 무조건적인 가치 때문에 목적으로서의 의
미를 지닌다는 코스가드의 결론은 옳다. 코스가드가 칸트의 주장을 재
구성해 도달한, 목적 자체로서의 개인들과 그들이 스스로 선택한 특수
한 목적들이 함께 형성하는 체계적인 전체로서의 목적의 나라가 도덕
적으로 매우 중요하다는 점은 나 또한 이 장의 앞부분에서 수용했던 전
제이기도 하다. 하지만 이런 결론에 이르기 위해 칸트의 논증을 재구성
한 코스가드의 시도에서는 몇 가지 문제점도 발견된다. 첫째, 그녀의
주장은 순환논증에 빠질 위험성이 있다. 이성적 선택이 도덕적 가치를
지니는 이유가 곧 이성적임이 도덕적임을 의미하기 때문이라면 도덕적
가치의 개념은 사실상 이런 주장을 이미 전제한다. 반면 내가 이 책에

---

12 Korsgaard, 'Kant's Formula of Humanity', 그녀의 저서 *Creating the Kingdom of Ends*, 106-32면, 특히 122-3면. 이를 지지하는 유사한 주장으로는 Allen W. Wood, *Kant's Ethical Thought* (Cambridge: Cambridge University Press, 1999), 130-2면 참조.

서 제시한, 칸트가 자유의 가치에서 도덕법칙을 이끌어낸다는 방식의 해석은 오직 도덕적인 또는 이성적인 선택만이 가치를 지닌다는 점을 전제하지 않는다. 나의 해석은 자유로운 선택이 가치를 지닌다는 점을 전제하지만 오직 이런 선택이 도덕법칙에 의해 규제될 경우에만 한 행위자의 삶 전반에 걸쳐 그리고 모든 행위자의 삶에서 가치를 유지하고 극대화한다고 주장한다. 둘째, 코스가드의 해석은 칸트의 논증 구조를 잘못 이해했다. 칸트는 실제로 조건적인 가치들 사이에 무한 소급이 발생할 가능성을 심각하게 우려하며, 이 때문에 만일 가치가 항상 단지 자극이나 강제와 같은 요소로부터 생겨난 것이라면 '명령 또한 항상 조건적일 수밖에 없고, 따라서 도덕적 명령으로는 전혀 쓸모가 없을 것'이라고(4:433) 말한다. 이를 바탕으로 그는 오직 '모든 가치를 규정하는 법칙 수립 자체가' 존엄성을, 곧 무조건적이고 무엇과도 비교할 수 없는 가치를 지닐 경우에만 특수한 대상들이 모든 이성적 존재에게 진정한 의미의 가치를 지닐 수 있을 것이라고 주장한다. 왜냐하면 이성적 존재는 '법칙이 그에게 규정해주는 가치 이외에는 다른 어떤 가치도 지니지 않기' 때문이다(4:436). 하지만 칸트는 그저 만일 무조건적인 가치를 지닌 무언가가 존재하지 않는다면 무한 소급이 발생할지도 모르기 때문에 무조건적인 가치를 지닌 무언가가 반드시 존재해야만 한다는 식의 추론을 전개할 수 없다. 왜냐하면 그가 이런 식의 추론을 한다면 그는 '조건적인 것이 주어지면 서로 연결되는 조건의 전체 계열 또한 주어지며 따라서 무조건적인 것도 주어진다는 원칙'을(『순수』, A 307-8/B 364) 전제하는 셈이 되는데 그는 이를 형이상학의 근본적인 오류 또는 '선험적 환상'으로 여기기 때문이다. 오히려 칸트는 형이상학을 비판하면서 순수이성이 무조건적인 것들에 대한 (곧 무조건적인 주관으로서의 영혼, 무조건적인 계열로서의 세계 전체 그리고 모든 사건과 심지어 모든 가능성들의 무조건적인 근거로서의 신에 대한—『순수』, A 334/B 391) '선험적 이념'을 형성할 수도 있지만 이런 이념들이 우리의 현실적 경험에서 얼마나 예시될 수 있는지를 규정하는 일은 우리의 일상적인 인식 능력인 감성과 오성에 달려 있다고 주장한다. 이와 마찬가지로 도덕의 경우에서도 단지 조건적인 가치들 사이의 무한 소급을 중단하기 위해서 무조건적인 가치를 지닌 무언가가 필요할지 몰라도 이런 사실이 그 자체로 무조건적인 가치를 지닌 무언가가 실제로 존재한다는 점을 함축하지는 않는다. 따라서 만일 인간성이 무조건적인 가치를 지닌 목적 자체라면 이런 사실이 단지 조건적인 것들 사이의 무한 소급을 중단할 수는 있겠지만 이 사실 자체는 여전히 증명을 필요로 한다.

따라서 코스가드가 제시한 형이상학적 논증은 그 자체로 순환논증에 빠질 가능성이 있을 뿐만 아니라 칸트 자신이 시도한 형이상학 비판과도 조화를 이룰 수 없다. 하지만 칸트는 목적 자체로서의 인간성이 무조건적인 가치를 지닌다는 자신의 가정을 옹호하는 과정에서 형이상학적 논증으로 여겨질 만한 한 가지 논점을 제시한다. 모두 기억하듯이 『정초』1절 첫머리에서 칸트는 오직 선의지만이 무조건적인 가치를 지니는데 그 까닭은 선의지만이 주변 상황에 의존하지 않는 가치를 지니는 유일한 것이기 때문이라고 주장했다. 이제 『정초』2절에서 정언명령의 정식들에 대한 설명을 마친 후 그는 선의지의 개념으로 되돌아가 다음과 같이 말한다.

이제 우리는 최초의 출발점. 곧 무조건적으로 선한 의지의 개념에로 되돌아가 논의를 마칠 수 있게 되었다. 자신의 준칙이 보편법칙이 될 경우에도 자기 자신과 상충할 수 없기 때문에 결코 악할 수 없는 **의지는 절대적으로**

선하다. 따라서 이 원리, 곧 '준칙의 보편성을 법칙으로 네가 동시에 원할 수 있는 그런 준칙에 따라 항상 행위하라' 는 원리는 최상의 원칙이다. 또한 이것은 의지가 결코 자신과 상충할 수 없는 유일한 조건이기도 하다.

뒤이어 그는 다음과 같이 주장한다.

각각의 이성적 존재와의 (자기 자신이든 다른 사람이든) 관계에서 이성적 존재가 너의 준칙을 통해 동시에 목적 자체로 여겨지도록 행위하라는 원리는 동시에 각각의 이성적 존재에 대한 보편적 타당성을 포함하는 준칙에 따라 행위하라는 원리와 근본적으로 하나이다(4:437).

여기서 칸트는 목적 자체로서의 인간성의 정식에 따라 행위하는 것이 사실상 의지의 모순과 자기파괴를 피하는 유일한 방법이라는 (비록 이런 방법을 설명하는 유일한 방식은 아닐지 몰라도) 입장을 취한다. 곧 선의지가 일관성을 유지함으로써 계속 선할 수 있음을, 그리고 이런 의미에서 필연적으로 선함을 보장할 수 있는 유일한 방법은 목적정식에 따라 (그러므로 보편/자연정식과 자율정식 그리고 나라정식에 따라) 행위하는 것뿐이다.

이런 생각을 통해 칸트는 일상적이고 상식적인 선의 개념을 의지 또는 자유를 모순 없이 일관되게 사용하는 유일한 방법은 곧 도덕법칙을 준수하는 것이라는 자신의 독창적인 통찰과 연결한다. 물론 이에 대해 의지 또는 자유의 사용이 본질적 가치를 지닌다는 점을 미리 전제하지 않는다면 의지 또는 자유의 사용이 일관성을 유지함으로써 스스로를 증진한다고 할지라도 어떤 무조건적인 가치도 성립할 수 없다는 반박이 제기될 수 있다. 달리 말해 내가 제시한 견해를 통해 칸트의 형이상학 비판과 코스가드가 인간성의 무조건적인 가치를 지지하기 위해 재구성한 칸트의 논증 사이에서 발생하는 명백한 불일치를 해소할 수 있다 할지라도 나의 견해 또한 논점선취의 가능성이 있다는 것이다.

다음 장에서 『정초』 3절을 검토하면서 드러나겠지만 칸트는 정언명령이 우리 인간에게 적용된다는 점과 우리는 정언명령에 따라 행위할 능력을 지닌다는 점 모두를 증명하기 위해 명백히 형이상학적으로 보이는 논증을 도입한다. 그런데 이 논증은 코스가드가 『정초』 2절에서 칸트가 주장한 바로 여겼던 논증은 물론 칸트 자신이 2절의 결론 부분에서 암시하는 논증과도 전혀 다르다. 3절의 논증에서 칸트는 가치의 무한 소급이 무조건적인 가치에 의해 중단되어야 한다는 점을 전제하는 데 그치지 않고 우리의 진정한 자아가 정언명령과 일치하게 행위할 수 있다는 점을 증명하기 위해 우리의 정체성에 대한 형이상학적 설명까지 도입해 이에 호소한다. 물론 이런 논증 또한 그 자체로 여러 문제점을 지닌다.

c. 규범적 정당화? 그렇다면 현재 상황에서는 인간성이 무조건적인 가치를 지닌다는 칸트의 주장에 대한 형이상학적 정당화나 경험적 또는 자연주의적 정당화의 희망을 모두 포기해야 하는 듯이 보인다. 그렇다면 남은 가능성은 목적 자체로서의 인간성이 무조건적인 가치를 지닌다는 명제를 일종의 자명한 **규범적** 명제로 여기는 것, 곧 인간성의 가치가 명백히 자명하다고 여기는 것이다. 칸트는 인간성 이외의 다른 어떤 것도 진정한 '존엄성'과 '숭고함'을 지닐 수 없다고 거듭 강조함으로써 의지의 자기규제 능력으로서의 자유가 무조건적인 가치를 지닌다는 점이 자명하다는 주장에 의지하는 듯이 보인다. 칸트는 『정초』에서 존엄성 또는 숭고함이라는 용어를 무려 여섯 차례나 사용한다.

경험적인 모든 것은 도덕성의 원리에 첨가되는 것으로서는 전적으로 부적합할 뿐만 아니라 도덕의 순수성 자체에도 매우 불리하게 작용한다. 도덕의 영역에서 절대적으로 선한 의지의 고유한, 모든 가격을 뛰어넘는 진정한 가치는 단지 경험을 통해 주어질 수 있는 우연적인 근거들의 모든 영향으로부터 벗어난 행위 원리에 놓여 있다. (4:426)

이성은 의지의 각각의 준칙을 보편적으로 수립한 것으로서 다른 사람들의 의지와 관련지으며 또한 자신의 각각의 행위와도 그렇게 관련짓는다. … 이렇게 하는 까닭은 어떤 다른 실천적 동기나 미래의 이익 때문이 아니라 동시에 스스로 자신에게 부여하는 법칙 이외에는 다른 어떤 법칙도 따르지 않는 이성적 존재가 **존엄하다고** 생각하기 때문이다. (4:434)

도덕성은 그 아래에서만 이성적 존재가 목적 자체일 수 있는 조건이다. 왜냐하면 오직 그것을 통해서만 목적의 나라에서 법칙을 수립하는 구성원이 될 수 있기 때문이다. 따라서 도덕성과, 도덕적일 수 있는 한에서의 인간성만이 존엄성을 지닌다. (4:435)

이제 과연 무엇이 도덕적으로 선한 심정 또는 덕에게 이렇게 높은 수준의 요구를 할 권리를 부여하는가? 그것은 **보편적 법칙 수립**에서 이성적 존재가 담당하는 몫 이외의 다른 어떤 것도 아니다. … 이성적 존재는 자신의 본성상 이미 목적 자체로 규정되어 있어 … 모든 자연법칙에서 벗어나 오직 자신이 스스로 수립한 법칙에만 따른다. … 모든 가치를 규정하는 법칙 수립 자체는 바로 이 때문에 존엄성을, 곧 무조건적이고 비교될 수 없는 가치를 지녀야만 한다. … (4:435-6).

이성적 존재로서 인간의 존엄성은 그것을 통해 도달해야 할 다른 어떤 목적이나 이익이 없이도, 따라서 순전히 그런 관념에 대한 존경만으로도 의지가 소홀히 여길 수 없는 지침으로 사용되어야 한다. 그리고 … 정확히 바로 그런 모든 동기와 무관하다는 점에 준칙의 숭고함이 놓여 있으며 또한 목적의 나라에서 법칙을 수립하는 구성원으로서의 이성적 존재가 지닌 존엄성이 놓여 있다. … (4:439)

우리의 인격이 도덕법칙에 **복종하는** 정도로는 인격 안에 숭고함이 있다고 볼 수 없지만 우리가 동시에 법칙을 **수립하며** 오직 이 때문에 법칙에 복종하는 한에서는 분명히 숭고함이 성립한다. (4:440)

위의 모든 인용문에서 칸트의 표현이 우리에게 격려와 설득을 시도하는 듯이 보인다는 점은 부정할 수 없다. 우리는 자신이 자연법칙에 의해 지배되거나 단순한 경향성에 의해 휘둘리기보다는 자신의 도덕법칙을 스스로 자유롭게 규정하며 자신의 목적을 스스로 설정한다고 여길 때 더욱 크게 고무되며, 이보다 더 중요한 것은 없다고 생각한다. 비록 우리가 충동이나 경향성과 같은 자연적인 힘의 지배에서 벗어나기 위해서는 보편적이고 체계적인 준칙에 따라 우리의 행위를 통제해야 한다 할지라도 이런 생각에는 변함이 없다. 설령 이런 규범적인 주장이 우리의 모든 의무의 기초를 제공한다 할지라도 이에 대한 더 이상의 논증을 제시하기는 어렵다. 어쩌면 현재 수준에서 말할 수 있는 바는 많은 사람들이 칸트가 특징적으로 제시한 도덕적 이상을 보고 크게 고무되었으며, 사실상 근대에 등장한 다른 어떤 도덕원리에 의해서보다도 더 큰 감동을 받았다는 점인지도 모른다. 실제로 많은 사람들이 자유가 절대적 가치를 지닌다는 칸트의 생각에 크게 고무되어 자신들이 아니더라도 자신의 동포와 후손들은 이런 자유를 누릴 수 있게 만들기 위해 기꺼이 모든 것을 희생해왔다.

　다음 장에서 살펴보겠지만 칸트는 『정초』 3절에서 실제로 왜 우리가 인간성이 절대적 가치를 지닌다는 생각을 받아들여야 하는가라는 질문을 회피하려는 태도를 보이면서 우리는 사실상 이런 생각을 받아들이는 것 이외에는 다른 선택을 할 수 없는 이성적 존재라고 주장한다. 이는 일종의 형이상학적 논증이라고 할 수 있는데 코스가드가 칸트의 견해로 여긴 것과는 전혀 다른 형태의 논증이다. 만일 칸트의 논증이 실패한다면 우리에게 남는 선택지는 칸트가 『정초』에서 애써 피하려 했던, 도덕에 대한 원초적인 심리학적 기초를 받아들이거나 아니면 인간성의 가치가 곧바로 자명하다는 점을 받아들이는 것뿐이다. 따라서 이 문제에 대한 더 이상의 논의는 뒤로 미루고 이제 칸트가 정언명령을 적용한 실례로 제시한 내용과 이들에 대해 제기되어 온 반박들을 상세히 검토하려 한다.

4. 정언명령의 적용

i. 의무의 네 가지 예

칸트는 정언명령을 적용한 예를 네 가지 드는데 같은 예들을 두 차례에 걸쳐, 곧 한번은 보편/자연정식을 언급한 후에, 다른 한번은 목적정식을 언급한 후에 논의한다. 하지만 그는 자율정식과 나라정식을 언급한 후에 다시 이런 예들을 검토하지는 않는데, 그 까닭은 그가 일관되게 정언명령의 적용 방법을 가장 잘 보여주는 것은 보편/자연정식이라고 생각하기 때문이다. 그리고 지금까지 우리는 나라정식을 정언명령의 적용 방법보다는 정언명령에 뒤따른 결과를 설명하는 것으로 해석해왔다. 하지만 그가 목적정식을 언급한 후에 예들을 다시 논의한다는 사실이 정언명령의 적용에서 항상 선호되는 방법이 보편/자연정식이라는 주장과 상충할 수도 있으므로 칸트의 예들 중 일부가 보편/자연정식이나 목적정식뿐만 아니라 자율정식에도 암묵적으로 호소하는지를 함께 살펴볼 것이다. 여기서 우리는 칸트가 『정초』 머리말의 결론 부분에서 언급했던 바, 곧 이런 실례들에 대한 논의는 도덕성의 최고 원리를 확보하기 위한 논의에서 '종합적' 계기로 마련된 것으로서 '이런 원리에 대한 검토와 원리의 원천'에서 출발해 '이 원리가 사용되는 방식에 대한 상식적인 인식'에로 되돌아오는 것이라는 지적을 기억할 필요가 있다. 따라서 칸트가 논의하는 의무에 관한 예들은 어떤 도덕이론으로부터도 성공적으로 도출할 수 있는, 논쟁거리가 별로 없는 분명한 예들에 속한다. 그리고 그가 자신의 도덕원리에서 이런 의무들을 도출하는 데 성공한다는 사실은 최소한 그의 원리를 확증하는 과정의 일부이기도 하다. 또한 칸트의 예들은 다양한 의무를 보이기 위해 폭넓게 선택되었다. 보편/자연정식을 언급한 후 이런 예들을 소개하면서 칸트는 '이제 우리는 의무를 자기 자신에 대한 의무와 다른 사람에 대한 의무, 완전한 의무와 불완전한 의무로 나누는 통상적인 분류에 따라 여러 의무를 열거하려 한다'고(4:421) 말한다. 이런 두 종류의 구별을 조합하면 모두 네 유형의 의무가, 곧 자기 자신에 대한 완전한 의무, 다른 사람에 대한 완전한 의무, 자기 자신에 대한 불완전한 의무, 다른 사람에 대한 불완전한 의무가 등장한다. 자기 자신에 대한 의무와 다른 사람에 대한 의무 사이의 대비는 명확하다. 칸트는 완전한 의무와 불완전한 의무 사이의 차이를 '경향성을 위한 어떤 예외도 허용하지 않는가'(4:421 각주) 아니면 허용하는가 사이의 차이로 설명한다. 나는 이 장 5절에서 두 의무 사이의 차이에 대한 이런 설명이 오해의 소지가 있음을 밝힐 것이다. 하지만 지금은 이를 걱정할 필요가 없다. 현재의 논점은 칸트가 두 종류의 구별, 곧 자기 자신에 대한 의무와 다른 사람에 대한 의무 그리고 완전한 의무와 불완전한 의무 사이의 구별을 채택하고, 이 두 구별을 조합해 의무를 네 종류로 분류한다는 점이다. 물론 후자의 구별은 모든 사람들이 받아들일 수 있도록 더욱 정확히 설명될 필요가 있다. 어쨌든 만일 칸트가 자신의 도덕원리를 통해 네 종류의 의무 각각을 대표하는, 더 나아가 전형적인 예들이 산출될 수 있다는 점을 보인다면 그는 자신의 원리를 '종합적으로' 확증하는 데까지 이를 수 있을 것이다. 그는 의무에 대한 완벽한 분류는 '후에 등장할 『도덕형이상학』'에서 다루겠다고 말하는데 이 말은 의무의 분류 기준에 대한, 특히 완전한 의무와 불완전한 의무에 대한 더욱 완벽한 설명뿐만 아니라 도덕성의 일반 원리로부터 의무들을 더욱 완벽하게 도출하고 열거하는 작업은 후에 등장할 저술로 미루어두겠다는 의미로 보인다. 그러면서 그는 이런 주제를 후에 더욱 상세히 다룰 것이기 때문에 사람들이 '현재의 분류를 받아들이든 그렇지 않든 자신에게는 별 문제가 되지 않는다'고(4:421 각주) 덧붙인다. 하지만 칸트가 가장 중요하고 대표적인 의무들을 예시하기 위해 현재의 예들을 매우 주의 깊게 선택했으며, 이들을 자신의 정언명령으로부터 도출하는 데 성공한다면 이것이 정언명령을 지지하는 중요한 근거가 되리라고 생각했음은 명백하다.

a. 자살. 칸트가 든 첫 번째 예는 자기 자신에 대한 완전한 의무로서 자살을 해서는 안 된다는 것, 더욱 자세히 말하면 특히 계속되는 고통에서 벗어나기 위해 자기애의 원리 또는 동기에 따라 자살을 해서는 안 된다는 것이다. 여기서 칸트는 '불운이 잇따라' 절망에 이르고 삶에 염증을 느끼는 사람의 경우를 고려한다. 하지만 그는 자신이 자살하는 것

이 자기 자신에 대한 의무에 어긋나는 일이 아닌지를 자문할 정도의 '이성은 유지하고 있다.' 보편/자연정식을 언급하고 난 후 이 예에 대해 처음 논의하면서 칸트는 다음과 같이 말한다. 이 사람은 '자신의 준칙이 보편적 자연법칙이 될 수 있는지를 검토한다. 그런데 그의 준칙은, 삶이 지속되는 동안 내가 쾌적함을 얻기보다는 오히려 더 큰 재앙이 나를 위협한다면 나는 자기애에 따라 차라리 삶을 단축하는 것을 나의 원리로 삼겠다는 것이다.' 이제 칸트는 '이런 자기애의 원리가 보편적 자연법칙이 될 수 있는가'라고 묻는다. 그리고 결코 자연법칙이 될 수 없다고 답한다. 왜냐하면 '삶의 연장을 촉진하는 것을 사명으로 삼는 감정이 동시에 삶 자체를 파괴하도록 만드는 것이 자연법칙이라면 이런 자연은 자신과 모순을 일으킬 것이기 때문이다'(4:421-2). 여기서 칸트의 논증은 독특하지만 별로 설득력이 없는 듯이 보인다. 칸트는 우리가 그에게 기대하는 바를, 곧 한 개인이 이 준칙을 수용하는 것과 모든 사람이 이를 수용하는 것 사이에 어떤 모순이 발생하는지를 묻지 않는다. 달리 말하면 그는 이 준칙의 보편화가 어떤 결과를 낳는지를 묻지 않고 그 대신 모든 자연 현상은, 예를 들면 자기애와 같은 감정은 가능한 모든 상황에서 오직 한 가지의 기능만을 지녀야 한다는 상당히 의심스러운 목적론적 원리에 기초한 논증을 전개한다. 앞서 지적했듯이 칸트 자신도 이후에 쓴 저술 『판단력비판』에서 목적론을 나름대로 해석하면서 목적론적 원리는 자연과학적 탐구에서 기껏해야 규제적 원리로만 사용될 수 있다고 주장함으로써 도덕적 논증에서 이렇게 명백한 전제로 도입될 가능성은 전혀 고려하지 않는 듯이 보인다. 따라서 칸트가 보편/자연정식을 확증하기 위해 자살해서는 안 되는 의무를 도입한 것은 그리 성공적으로 보이지 않는다.

그렇다면 칸트가 목적정식을 예증하기 위해 자살 금지를 사용한 것은 더 큰 설득력을 지니는가? 이와 관련해 그는 다음과 같이 말한다. '힘겨운 상태에서 벗어나기 위해 자기 자신을 파괴하려는 사람은 자신의 인격을 삶이 끝날 때까지 단지 견딜 만한 상태를 유지하기 위한 **수단**으로 사용하는 것이다.' 하지만 '인간은 물건이 아니며 따라서 **단지** 수단으로 사용될 수 있는 무언가가 아니므로 그의 모든 행위에서 항상 목적 자체로 여겨져야 한다' (4:429). 이 논증의 문제점은 수단과 목적 사이의 구별을 적용하는 방식이 모호하고 의심스럽게 보인다는 점이다. 우리는 수단이라는 말이 의미하는 바를 분명히 안다. 예를 들면 머리카락을 길게 기른 후 잘라서 팔려는 사람은 머리카락을 자라게 하는 자신의 신체 능력을 다른 어떤 목적을 위한 수단으로 사용하려는 것이 분명하다. 하지만 감당하기 힘든 고통에서 벗어나기 위해 자신의 생명을 끊으려는 사람이 과연 자신의 존재를 단지 쾌락을 위한 수단으로 사용하는 것인지는 명확하지 않다. 오히려 그 사람은 즐겁거나 가치 있는 무언가를 행하는 것은 고사하고 고통 때문에 삶을 더 이상 견딜 수 없다고 생각하는지도 모른다. 역으로 그렇게 고통받는 개인이 아무리 고통이 크거나 유용하고 가치 있는 일을 아무것도 할 수 없다 할지라도 계속 생명을 유지해야 한다고 고집하는 사람은 어쩌면 이성적 존재임이 아무런 가치도 지니지 못하는 상황에서도 그 개인의 삶을 단지 이성적 존재임을 유지하기 위한 수단으로 사용하라고 강요하는 것인지도 모른다(이런 주장은 이성적 존재는 항상 가치를 지닌다는 칸트의 굳건한 믿음을 위협하는 듯도 하다). 어쨌든 최소한 여기서 이런 힘든 상황에서도 자살하는 것은 자기 자신을 단지 수단으로 사용하는 것이라는 칸트의 주장은 설득력을 지니기에는 크게 부족하다.

그렇다면 이는 칸트가 자신의 도덕원리로부터 자기애의 준칙에 근거해 자살해서는 안 된다는 주장을 제대로 이끌어내지 못함을 의미하는

가? 이 또한 지나치게 성급한 결론이다. 칸트는 다른 저술에서 지금까지 고려한 두 논증 중 어떤 것보다도 더욱 강력하게 자살에 반대하는 논증을 전개하기 때문이다. 콜린스(Collins)가 기록한 '도덕철학 강의'에서 칸트는 자살이 그른 까닭을 훨씬 더 분명하게 설명한다. 우선 그는 '만일 우리의 신체가 우연적인 방식으로만 생명과 관련된다면, 곧 신체가 생명의 필요조건이 아니라 단지 생명의 상태에 지나지 않아서 원할 경우 마음대로 신체에서 벗어날 수 있거나 어떤 신체에서 빠져나와 다른 신체에 들어갈 수 있다면' 자신의 신체를 파괴하는 일은 전혀 잘못이 아닐 것이라고 말한다. 이를 통해 그는 도덕성의 일반 원리로부터 어떤 특수한 의무라도 도출하는 일은, 설령 이 의무가 자살 금지와 같이 매우 근본적인 것이라 할지라도 인간이 처한 상황의 특수하고 경험적으로 알려진 특성에 의존해서 도출된다는 점을 상기시킨다. 뒤이어 그는 자살의 문제점을 설명한다. 인간 생명과 관련된 현실 상황에서 신체적 생명의 지속은 모든 인간의 존재를 지속시키기 위해 반드시 필요하다.

누군가가 자신의 신체를 파괴함으로써 자신의 생명을 제거하자마자 그는 자신의 자유로운 선택 능력 자체를 파괴하기 위해 자유로운 선택 능력을 사용한 셈이 된다. 이 경우 자유로운 선택 능력은 자기모순에 빠지게 된다. 만일 자유가 생명의 조건이라면 자유는 생명을 제거하는 데 사용되어서는 안 된다. 그렇게 사용하면 자유는 자기 자신을 파괴하고 제거하고 말 것이다. 따라서 인간은 생명을 제거하기 위해 생명을 사용해서는 안 된다.[13]

---

13 Kant, *Vorlesung zur Moralphilosophie*, 216면; Immanuel Kant, *Lectures on Ethics*, ed. Peter Heath and J. B. Schneewind, tr. Peter Heath (Cambridge: Cambridge University Press, 1997), 144면.

여기서 칸트는 자살이 자연법칙의 특성과 모순을 일으킨다고 말하지 않으며 또한 자살이 자기 자신을 목적이 아니라 수단으로 사용하는 경우라고 말하지도 않는다. 오직 자살이라는 목적을 위해 우리의 자유를 사용하는 것이 자유 자체와 모순을 일으킨다고 말한다. 여기서 칸트는 자살 행위가 그 자체만 놓고 보았을 때 내적인 모순을 일으킨다고 주장할 수는 없다. 우리가 자유롭든 그렇지 않든 간에 자살은 자기모순을 일으키지 않으며, 완벽하게 자유로운 선택으로 여겨질 수 있다. 칸트가 의미하는 바는 자살이라는 자유로운 행위가 누군가의 더 이상의 생명을 '파괴하고 제거하는데', 생명이 없이는 아무것도 할 수 없는 인간 존재의 상황에 비추어볼 때 자살은 더 이상의 자유도 파괴한다는 점이다. 자살을 하는 과정에서 어떤 논리적 모순도 일어나지 않는다는 점은 분명한 사실이다. 실제로 일어나는 일은 자유가 지속될 수 있는 가능성을 파괴하는 것이다. 그런데 만일 '인간성'이 앞서 주장했듯이 자신의 목적을 스스로 내세우는 자유로운 선택 능력과 동일한 것이라면 자살은 대체로 인간성을 파괴하며 따라서 인간성을 존중하지 못하게 만든다. 하지만 이렇게 해석하더라도 자살이 자기 자신을 단지 '수단'으로 대우하는 것이라는 생각이 충분한 의미를 지닌다고 여길 필요는 없는 듯하다.

위의 설명 중 '대체로'라는 말에 주목해야 하는데 그 까닭은 자살이 자유를 지키고 최소한 존중하는 최선의 또는 유일한 방법일 경우도 있기 때문이다. 칸트는 고대 로마의 장군이며 정치가였던 카토(Marcus Porcius Cato Uticensis, 기원전 95-46)를 예로 든다. 카토는 로마를 제국으로 만들려는 카이사르(Julius Caesar)의 야망에 자신이 휘둘리는 상태에서 벗어나기 위해 그리고 다른 로마인들에게 자유를 '수호하려는 힘을 마지막까지 제물로 바쳐야 한다고' 독려하기 위해 자살했다.[14] 이 예를 다음과 같이 해석할 수 있을 듯하다. 첫째, 카토는 이런 불행한 상황에서 자신의 능력 안에 남은 유일한 자유로운 선택은 오직 자유롭게 자살을 선택하는 것뿐이라고 생각했을 것이다. 자살하지 않는다면 그가 앞으로 할 모든 선택은 카이사르의 명령에 지나지 않을 것이다. 둘째, 카토가 자신의 미래의 자유를 포기하는 것이 다른 많은 로마인들이 실제로 장래의 자유를 존중하고 수호하도록 만드는 유일한 방법이었다. 달리 말하면 자살이 단지 자기애가 아니라 자유를 수호하기 위해 시도될 경우에는 의무와 일치할 수도, 심지어 의무 자체일 수도 있다는 것이다.

칸트는 카토의 결정을 지지한다는 결론을 내리지는 않지만 이런 경우 자살은 최소한 '수긍할 만한 면을' 지닌다고 말한다. 자살이 도덕과 일치한다는 생각을 최소한 수긍할 수 있게 하는 또 다른 경우로 근육감소증이나 '루게릭병' 때문에 전신마비에 직면한 사람의 예를 들 수 있을 듯하다. 그는 지금 마지막으로 자유로운 행위를 할 수 있는 상태, 곧 모든 행위 능력을 잃기 직전의 상태로서 심지어 자신이 자유롭게 자살하도록 내버려달라고 다른 사람에게 요청할 정도의 상황이다. 이런 경우 자유를 존중하는 유일한 방법은 이런 철저한 부자유의 상태로 살기를 거부하고 자살을 선택하는 것인지도 모른다. 왜냐하면 진정으로 가치를 지니고 모든 대가를 치르더라도 유지되어야 하는 것은 단지 생명 자체가 아니라 '우리가 살아 있는 한 인간답게 사는'[15] 능력, 곧 자유롭게 사는 능력이기 때문이다. 물론 절대적인 가치를 지니는 자유 또는 인간성을 엄밀하게 내적인 조건, 곧 선택의 자유로 여겨 이것의 가치는 자유의 외적인 표현, 곧 행위의 자유에 의존하지 않는다고 생각하

---

14   *Vorlesung zur Moralphilosophie*, 218면; *Lectures on Ethics*, 145면.
15   *Vorlesung zur Moralphilosophie*, 173면; *Lectures on Ethics*, 123면.

는 사람은 전신마비 환자의 경우에 대한 이런 해석이 그리 설득력을 지니지 못한다고 주장할 것이다. 하지만 행위의 자유가 선택의 자유와 밀접히 연결된다고 생각하는 사람에게는 설득력을 지닐 것이다.

이 문제에 대한 나의 생각은 다음과 같다. 자연법칙의 목적론적 특성이나 우리가 자신을 단지 수단으로 대우해서는 안 된다는 근거에 기초해 자살에 반대하는 칸트의 주장은 별로 설득력이 없는 듯이 보인다. 하지만 칸트는 그가 항상 전제하는 가정, 곧 자유 자체가 가치를 지닌다는 가정에 기초해 자살에 반대하는 훌륭한 논증을 제시할 수 있다. 하지만 자살 금지의 의무를 이런 방식으로 설명하더라도 자살이 도덕적으로 허용되거나 심지어 의무가 되는 경우도 있을 수 있다. 이런 경우에 대해 여기서 제시한 해석을 받아들이든 그렇지 않든 간에 이는 중요한 논점 한 가지를 드러내는데 그것은 바로 이른바 완전한 의무의 경우에도 이 의무가 어떤 유형의 행위를 가능한 모든 상황에서 금지하는 것이 아니라 어떤 유형의 근거에서 수행된 또는 어떤 준칙에 따라 수행된 어떤 유형의 행위만을 금지한다는 점이다. 곧 자기애나 단지 더 이상의 고통을 피하려는 욕구에서 행하는 자살은 금지될 수 있지만 자기 자신이나 다른 사람의 자유가 더 이상 파괴되는 것을 막기 위한 자살은 허용될 수 있고 심지어 의무가 되기도 한다. 완전한 의무의 경우에도 정언명령이 어떤 유형의 행위 전체를 완벽하게 금지하지는 못한다는 사실이 자주 칸트의 도덕이론에 대한 반박으로 제기되기도 하는데 그의 이론이 단지 행위들이 아니라 행위들의 근저에 놓인 준칙들에 초점을 맞춘다는 점을 고려할 때 이런 사실은 그의 이론이 지닌 약점이 아니라 오히려 강점인 듯이 보인다. 왜냐하면 우리의 상식과 관습법은 가장 엄격히 금지되는 행위의 경우에도 상황과 의도 등에 따라 분명히 예외를 인정하기 때문이다. 예를 들면 살인은 거의 항상 금지되지만 국가

나 개인이 자기방어를 위해 살인을 하는 경우는 허용된다(물론 이런 예외의 남용을 막기 위해 국가의 경우는 엄격한 교전 규칙에 의해 제한되며, 개인의 경우는 정당방위임을 증명해야 하는 무거운 부담을 지게 된다). 이와 마찬가지로 절도 행위도 거의 항상 금지되지만 매우 긴급한 상황에서 생명과 직결되는 약품을 구하기 위해 약국에 침입하는 것은 아마 허용될 듯하다. 또한 법률은 거의 항상 약속과 계약의 준수를 옹호하지만 강압에 의한 경우나 비도덕적 목적을 위한 경우는 결코 옹호하지 않는다. 우리가 인질 상태에서 벗어나기 위해 인질범에게 몸값을 지불하기로 약속한 경우 법률은 이런 약속의 준수를 명령하지 않으며, 우리 자신이나 다른 사람을 노예로 만드는 계약을 맺은 경우 법률은 이런 계약의 준수를 강요하지 않는다(사실 노예 계약이 폐지된 지는 그리 오래 지나지 않았지만). 따라서 상식적 도덕과 법률에 따르더라도 살인과 약속 위반은 실제로 모든 상황에서 금지되지는 않으며 오직 어떤 동기와 어떤 의도에서 수행되었을 경우에만 금지되며 다른 동기와 다른 의도에서 수행되었을 경우에는 허용되기도 한다. 칸트가 정언명령을 사용해 어떤 준칙에 따라 수행된 행위를 금지하고, 겉보기에는 이와 유사하지만 다른 어떤 준칙에 따라 수행된 행위는 허용하는 것은 바로 이런 상식을 철학적으로 표현한 것이다.

이제 거짓 약속에 대한 칸트의 예를 살펴보려 하는데 이와 관련해서도 이 점을 반드시 기억해야 한다.

b. 거짓 약속의 예. 앞에서도 이 예를 이미 다루었지만 다시 한번 논의할 필요가 있다. 자살의 경우와는 달리 거짓 약속을 해서는 안 되는 의무를 다루면서 칸트는 보편화 가능성과 인격을 단지 수단으로 대우해서는 안 된다는 요구를 통한 검토가 어떻게 작동하는지를 명확하게 예시한다.

보편/자연정식을 언급한 후 다른 사람에 대한 완전한 의무의 경우를 논의하면서 칸트는 사실상 빚을 갚을 마음이 없으면서도 꼭 갚겠다는 거짓 약속을 해서 돈을 빌리는 것 외에는 경제적 어려움에서 벗어날 길이 없는 사람을 예로 든다. 이때 그가 생각하는 행위 준칙은 '만일 내가 돈이 없는 어려움에 처한다면 나는 내가 돈을 갚는 일이 결코 일어나지 않을 것임을 알면서도 돈을 갚겠다는 약속을 하고 돈을 빌릴 것이다' 라는(4:422) 것이다. 칸트는 이를 '자기애' 또는 '자기 자신의 유익함'의 원리로 지칭하면서 이는 행위자의 가장 근본적인 동기를 표현하는 것이라고 말한다. 이제 이런 행위자의 준칙을 더욱 완전하게 언급하면 다음과 같이 될 것이다. '경제적으로 어려울 경우에는(상황), 나의 자기애를 만족시키기 위해 또는 그런 상황에서 벗어나기 위해(동기) 나는 돈을 갚을 마음이 없이도 돈을 빌릴 것이다(하려는 행위).' 이런 준칙에 따라 행위하는 것이 옳은가라는 질문에 답하려면 행위자는 '자기애를 보편법칙으로 변형해 보아야 한다.' 곧 모든 사람이 자신의 자기애로부터 등장한 준칙을 채택한다면 어떻게 될지를 상상한 후 '만일 나의 준칙이 보편법칙이 된다면 어떤 일이 일어나겠는가?' 를 물어보아야 한다. 칸트의 견해에 따르면 이런 행위자는 곧바로 자신의 준칙이 결코 보편적 자연법칙이 될 수 없으며, 일단 보편화되면 오히려 자기모순에 빠지게 된다는 점을 깨닫는다. 왜냐하면 만일 모든 사람이 (이런 상황에서) 거짓 약속을 한다면 이는 '약속 자체와 사람들이 이를 통해 이루려는 목적을 불가능하게 만들 것이기' 때문이다. 앞서 지적했듯이 여기서 한 사람이 어떤 준칙을 채택한다면 이것이 실제로 다른 사람들도 그 준칙을 채택하게 만든다는 가정은 성립하지 않는다. 여기서 통용되는 가정은 오히려 만일 한 사람이 어떤 준칙에 따라 행위하는 것이 허용될 수 있다면 다른 모든 사람들도 그 준칙에 따라 행위하는 것이 허용될 수 있어야 한다는 것이다. 따라서 여기서 제기되는 질문은 우리가 어떤 준칙에 따라 행위하면서 동시에 그것의 보편화를, 곧 다른 모든 사람도 그 준칙에 따라 행위하는 것을 모순 없이 원할 수 있는가라는 것이다. 이때 다른 사람들도 그렇게 행위하도록 만드는 실제 원인이 무엇인지는 문제가 되지 않는다. 어쨌든 이제 우리는 거짓 약속의 준칙에 따르면서 그것이 보편화되기를 바라는 것은 불가능하다는 점을 깨닫게 된다. 왜냐하면 이 준칙의 보편화는 우리가 그 준칙 자체에 따라 행위하는 것이 가능한 상황, 곧 약속이라는 관행이 성립할 수 있는 상황을 파괴할 것이기 때문이다. 사람들이 자주 수많은 거짓 약속을 하고도 교묘히 빠져 나가는 현실 세계에서 거짓 약속의 준칙에 행위한다고 해도 필연적으로 모순이 발생하지는 않을지도 모른다. 하지만 도덕이 요구되는 상상 가능한 세계, 곧 오직 보편화될 수 있는 준칙만이 허용되는 세계에서는 이런 준칙에 따라 행위하려 할 경우 모순이 발생할 것이다. 이 점을 달리 표현하면 우리가 스스로 채택한 준칙에 따라 행위하는 것이 가능한 상황을 유지하는 일은 곧 가언명령의 바탕에 놓여 있는 합리성이라는 일반 원리가 함축하는 바라는 점을 지적할 수 있다. 이 일반 원리는 이른바 어떤 목적을 추구하는 사람은 누구든지 그런 목적에 대한 수단 또한 반드시 추구한다는 것인데, 우리의 준칙이 보편화될 경우 어떤 수단을 계속 사용할 수 있는지 그렇지 않은지를 검토하는 것은 일종의 특별한 도덕적 요구이며, 실천이성 일반이라기보다는 순수한 실천이성이 요구하는 바라고 할 수 있다.

목적정식을 언급한 후 이 예에 대해 다시 논의하면서 칸트는 다른 사람에게 거짓 약속을 하려는 마음을 품은 사람은 자신의 행위를 통해 '상대방도 동시에 자신 안에 목적을 포함하고 있음을 무시하고 그를 단지 수단으로만 사용하려 한다는' 점을 바로 깨닫게 되리라고 말한다. '내가 거짓 약속을 통해 나의 의도대로 대하려 하는 상대방은 내가 그를 대우하는 방식에 동의할 수 없을 것이며 따라서 그 자신은 내 행위의 목적을 공유할 수 없을 것이다.' 더불어 칸트는 다음과 같이 말한다. '다른 사람에 대한 원리에서 일어나는 상충은 다른 사람의 자유나 재산 침해의 경우' 더욱 뚜렷하게 드러난다. 왜냐하면 다른 사람의 권리를 침해하려는 사람은 '다른 사람들도 이성적 존재로서 항상 동시에 목적으로 존중되어야 함을, 곧 권리의 침해자가 그들에게 행하려 하는 바로 그 동일한 행위의 목적을 그들도 자신 안에 함유할 수 있어야 한다는' 사실을 제대로 고려하지 못하기 때문이다(4:429-30). 이 대목은 인간성을 단지 수단으로만 대우하고 동시에 목적으로 대우하지 않는 것이 무엇인지를 분명히 설명해준다. 인간성은 자신의 목적을 자유롭게 설정하는 능력, 곧 다른 사람이 행하려는 행위의 목적에 동의하거나 그 목적을 우리 자신의 목적으로 만드는 능력이므로 다른 사람의 목적에는 도움이 되지만 우리 스스로 설정하거나 채택할 수 없는 목적을 지닌 행위를 행하거나 겪도록 강요받는다면 우리의 인간성, 곧 스스로 목적을 설정하는 능력은 목적 자체가 아니라 단지 수단으로만 대우받게 된다. 간단히 말해 우리의 인간성이 항상 목적으로 대우되어야 한다는 것은 어떤 방식으로든 우리 자신에게 영향을 미칠 수 있는 다른 누구의 행위나 목적에ㅡ그리고 그 아래 놓인 준칙에ㅡ대해서도 강제나 속임수가 없이 자유롭게 동의할 수 있어야 함을 의미한다.

이제 보편/자연정식과 목적정식이 거짓 약속의 경우에 대해 어떻게 적용될 수 있는지는 명백히 드러났지만 여기서 논의할 필요가 있는 몇 가지 문제가 남아 있다. 첫째, 칸트가 보편/자연정식을 거짓 약속과 같은 경우에 적용하는 것에 대해 제기될 수 있는 반박을 해소할 필요가 있다. 널리 알려진 대로 헤겔(Hegel)은 최소한 정언명령의 이 정식은

'공허한 형식 논리'에 지나지 않으며, 칸트의 예는 오직 약속과 같은 관행이 지닌 도덕적 필연성을 암묵적으로 전제하기 때문에 작동할 뿐이라고 주장했다. 곧 이런 필연성을 전제하지 않으면 약속이라는 관행을 무너뜨리는 준칙을 보편화하더라도 모순이 발생하지 않는다는 것이다.[16] 이와 유사한 반박, 곧 보편/자연정식에는 어떤 '빈틈'이 존재한다는 반박이 최근에도 제기되었다. 이에 따르면 어떤 준칙이 '순전히 법칙 자체로서의 법칙과 일치하는지 그렇지 않은지'를 따지는 검토는 제대로 작동할 수 없으며, 오직 준칙이 미리 전제된 구체적인 도덕법칙과 일관성을 지니는지 그렇지 않은지를 따지는 검토만이 현실적으로 유익하다—그런데 이런 경우 칸트의 논증 과정 전체가 증명해야 할 바를 전제하는 일종의 순환논증에 빠지게 된다는 것이다.[17] 하지만 이런 종류의 반박은 칸트가 우려하는 모순은 우리가 채택한 준칙과 그 준칙의 보편화 사이의 모순이며, 우리의 준칙을 보편화할 경우 파괴되는 관행이나 제도를 전제하는 것은 바로 우리가 채택한 준칙이라는 점을 제대로 인식하지 못한 결과로 등장한 것이다. 달리 말하면 칸트는 단순히 도덕적 세계가 약속의 관행이나 재산이라는 제도를 포함해야 한다는 점을 전제하지 않는다. 우리가 채택한 거짓 약속의 준칙이 보편화될 경

---

16 Georg Wilhelm Friedrich Hegel, *Natural Law: The Scientific Ways of Treating Natural Law, Its Place in Moral Philosophy, and Its Relation to the Positive Science of Law* (1802–3), tr. T. M. Knox (Philadelphia: University of Pennsylvania Press, 1975), 76–8면 참조. 헤겔은 칸트가 『실천이성비판』에서 든 예를 인용하는데 여기서는 빚을 갚을 약속이 논의 대상이 된다. 헤겔은 칸트의 예가 재산과 재산권이라는 제도를 '전제한다고' 비판한다. 또한 Hegel, *Elements of the Philosophy of Right* (1820), ed. Allen W. Wood, tr. H. B. Nisbet (Cambridge: Cambridge University Press, 1991), §135, 162–3면 참조.

17 Bruce Aune, *Kant's Theory of Morals* (Princeton: Princeton University Press, 1979), 1장, 28–34면, 3장, 86–90면 참조.

우 파괴되는 약속이라는 관행을 전제하는 것은 바로 거짓 약속을 통해 경제적 어려움에서 벗어나려는, 행위자가 선택한 준칙이다. 따라서 칸트는 도덕적 세계가 약속이라는 관행을 포함해야 한다는 순환논증을 결코 제시하지 않는다. 그가 보이려는 바는 도덕적 세계에서는 모든 준칙들이 보편화될 수 있어야 하므로 거짓 약속은 허용될 수 없다는 점이다. 그리고 자기애에서 거짓 약속을 하려는 준칙이 보편화될 수 없는 까닭은 이 준칙의 보편화가 어느 누구라도 그 준칙에 따라 행위하는 것을 불가능하게 만들기 때문이다.

이런 검토는 새로운 질문을 낳는데 그것은 자살에 대해 논의하면서 이미 다루었던 질문, 이른바 자기애가 아닌 다른 근거에서 거짓 약속을 하려는 준칙은 어떤 상황에서 도덕적으로 허용될 수 있는가, 심지어 도덕적인 의무가 될 수도 있는가라는 것이다. 예를 들어 자기애가 아니라 무고한 사람들의 생명의 가치를 존중해 오직 그들의 생명을 구하기 위해 거짓 약속을 하는 경우는 어떤가? 상식 차원에서 생각해보면 앞서 자살의 경우와 마찬가지의 접근 방식을 통해 이런 동기에서 행하는 거짓 약속은 옳고 정당하다고 판단할 수 있을 듯하다. 유괴당한 무고한 어린이를 구하기 위해 유괴범에게 몸값을 주겠다고 거짓 약속을 하는 경우가 이에 속할 것이다. 그렇다면 다시 이런 종류의 준칙이 약속이라는 관행에 따라 성공적으로 행위할 가능성을 파괴하지 않으면서도 보편화될 수 있는가라는 질문이 제기된다. 곧 무고한 생명을 구하기 위해서는 거짓 약속을 할 수도 있다는 준칙의 보편화는 약속이라는 제도를 파괴하지 않으며, 우리의 준칙이 추구하는 목적에 대한 수단을 파괴하지 않는가? 과연 약속이라는 제도는 이런 준칙에 따른 행위와 양립할 수 있는가? 이런 질문에 대해 명확히 대답하기란 쉽지 않은 듯하다. 어쩌면 오직 거짓 약속에 의해서만 무고한 생명을 구할 수 있는 경우가 무척 드물기 때문에 오직 그런 상황에서만 거짓 약속을 하겠다는 준칙을 보편화하더라도 이것이 약속이라는 관행을 파괴하고 이 준칙 자체를 모순에 빠지게 하는 데까지 이르지는 않는다고 주장할 수 있을지 모른다. 이런 준칙을 비도덕적인 것까지는 아니지만 제대로 작동할 수 없는 것으로 만들 가능성이 높은 것은 오히려 유괴 같은 범죄를 저지르는 범죄자이다. 거짓 약속을 받게 되는 범죄자는 거짓 약속이 허용되는 매우 드문 상황이 어떤 것인지를 완벽하게 알아채고 그런 상황에서 그저 약속을 믿고 받아들이는 정도에 그치지 않을 것이다―유괴범은 단지 몸값 지불 약속에 만족하지 않고 몸값을 실제로 어떤 안전한 장소에 떨어뜨리지 않는다면 유괴한 어린이를 풀어주지 않겠다고 협박할 것이다. 사정이 이렇다면 특수한 상황에서 거짓 약속을 하는 것이 허용될 수 있는가라는 질문에 대한 대답은 아프리오리하게가 아니라 경험적으로 이루어져야 하는 듯이 보인다. 이 문제에 대해서는 보편/자연정식보다는 목적정식에 기초해 접근하는 편이 더욱 용이하게 보이기도 한다. 그렇다면 이때 제기되는 질문은 모든 사람이 실제로 거짓 약속의 준칙에 따라 행위할 수 있는가가 아니라 거짓 약속을 하는 것이 무고한 생명을 구할 유일한 방법일 경우 모든 이성적인 개인이 그런 경우 거짓 약속을 하려는 준칙에 자유롭게 동의할 것인가가 될 것이다. 여기서 모든 이성적인 개인이 그런 준칙에 자유롭게 동의하리라고 예상되므로 이 준칙을 채택하는 것은 모든 이성적 존재를 목적 자체로 대우하고 결코 단지 수단으로만 대우하지 않는 것과 조화를 이룰 수 있다.

칸트가 든 두 번째 예에 대한 두 번째 질문으로 제기되는 것은 이른바 다른 사람들의 준칙에 자유롭게 동의해야 한다는 요구가 도덕적으로 허용될 수 있는 준칙은 보편화 가능해야 한다는 요구, 곧 논리적 일관성을 지닌 세계에서 모든 사람들이 실제로 그 준칙에 따라 행위하는 것이

가능해야 한다는 요구와 동일한가라는 질문이다. 몇몇 학자들은 준칙
이 보편화 가능해야 한다는 요구를 누구든 그 준칙을 보편적으로 수용할
수 있어야 한다는 요구로 해석해 보편화 가능성의 요구와 동의의 요구
를 동일한 것으로 여긴다.[18] 하지만 다른 사람들도 받아들일 수 있기 때
문에 도덕적으로 허용될 수 있지만 모든 사람들이 그것에 따라 행위하
지는 않는 준칙들을 얼마든지 쉽게 떠올릴 수 있는 듯하다. 예를 들면
나의 준칙이 오래된 장난감 기차를 계속 사서 모으고 절대 팔지 않는
것이라든지 테니스를 치는 다른 사람들이 예배를 보러 가거나 집에서
일요판 신문을 읽기 때문에 테니스 코트가 비는 일요일 오전 10시에 테
니스를 치는 것인 경우를 생각해보자.[19] 테니스 코트가 거의 비는 일요
일 오전에 항상 테니스를 치겠다거나 오래된 장난감 기차를 팔지는 않
고 계속 모으기만 하겠다는 나의 준칙은 도덕적으로 특별히 예외적인
것으로 보이지는 않는다. 곧 다른 모든 합리적인 사람들이 받아들일 수
있거나 어떤 합리적인 사람도 반대하지 않을 만한 준칙이다. 하지만 만
일 모든 사람들이 나의 준칙을 받아들여 일요일 오전에 테니스를 친다
면 코트가 거의 비어서 쉽게 빈 코트를 차지하려는 나의 목적은 실패하
고 말 것이다. 또한 만일 모든 사람들이 오래된 장난감 기차를 사기만
하고 팔려 하지 않는다면 기차를 사기만 하고 결코 팔지 않겠다는, 얼
마든지 허용될 수 있는 듯이 보이는 나의 계획은 실패하고 말 것이다.

　이런 준칙들이 도덕적으로 허용될 수 있지만 보편화될 수는 없는 듯

18　예를 들면 Nicholas Rescher, *Kant and the Reach of Reason: Studies in Kant's
Theory of Rational Systematization* (Cambridge: Cambridge University Press,
2000), 8장, 200–29면 참조.
19　이런 예들은 Barbara Herman, *The Practice of Moral Judgement*, 138–9면과
Onora Nell (O'Neill), *Acting on Principle: An Essay on Kantian Ethics*, 76면에서
빌려왔다.

이 보인다는 문제를 해결하는 한 가지 방법은 준칙들을 더욱 주의 깊고 정확하게 정식화할 필요가 있다고 주장하는 것이다. 이에 따르면 테니스의 경우와 관련해 나의 준칙은 정확히 다음과 같다. '테니스장에서 기다리는 시간을 최소화하고 테니스 치는 시간을 최대화하기 위해 나는 항상 테니스장에 다른 사람들이 가장 적을 때 가겠다.' 만일 다른 사람들이 계속해서 일요일 오전에 예배를 보러 가거나 일요판 신문을 읽어서 테니스 코트가 빈다면 나는 계속 그 시간에 테니스장에 가면 된다. 반면 일요일 오전에 예배에 가거나 신문을 읽는 사람들의 수가 줄어들어 일요일 오전에 테니스 코트가 붐비면 나는 예를 들어 사람들이 술집이나 음식점에 몰리는 특별 할인 시간대인 목요일 오후 5시 30분에 테니스장에 가면 된다. 더욱 일반화된 나의 준칙은 테니스장에 사람들이 별로 오지 않는 시간이 있기만 하면 보편적으로 수용될 수 있을 뿐만 아니라 보편화될 수도 있다. 이 문제를 해결하는 또 다른 방법은 어쩌면 이런 준칙들이 사실상 조건문이라고 말하는 것인지도 모른다(어쨌든 이들은 실제로 경향성의 만족을 추구하는 가언적인 준칙들이다). 곧 이들은 사실상 '만일 테니스 코트가 가장 덜 붐비는 시간이 있다면 나는 그 때 테니스를 칠 것이고, 만일 그런 시간이 없다면 나는 테니스를 치지 않겠다' 라거나 '만일 오래된 장난감 기차가 시장에 나오면 나는 그것을 살 것이고 결코 되팔지 않겠지만 만일 그런 것을 파는 사람이 없다면 나는 사지 않을 것이다' 라는 형식을 취한다. 그렇다면 나의 행위 방식을 보편화하는 것은 나는 사실상 내가 선호하는 방식으로 행위하지 못할 수도 있음을 의미하는데 이런 가능성은 이미 나의 준칙에서도 예견되므로 이런 가능성이 준칙과 모순을 일으키지는 않는다.

하지만 이런 전략이 준칙의 보편화 가능성과 보편적 수용 가능성이 동일하다는 점을 증명하는지는 그리 명확하지 않다. 과연 준칙들이 어

떻게 정식화될 수 있는가라는 문제에 대해서는 잠시 후 다시 다루려 하
는데 준칙의 보편화 가능성 문제 또한 여기서 상세히 논의하기보다는
잠시 뒤로 미루고 우선 칸트가 든 예들에 대한 검토를 완성하는 편이
좋을 듯하다. 어쨌든 현재 수준에서는 다음과 같이 말할 수 있다. 만일
목적정식을 보편/자연정식의 근거 또는 기초로 여긴다면 내가 택한 준
칙이 보편화될 수 있어야 한다는 요구는 나의 준칙에 대해 **보편적으로
자유롭게 동의할 수 있어야** 한다는 요구로부터 도출되어야 한다. 그리고
우리는 모든 이성적 존재는 고사하고 현재와 미래의 모든 인간이 실제
로 무엇에 동의할지 당연히 알 수 없으므로 보편적 동의의 가능성을 검
토하는 최선의 방법은 모든 사람이 나의 준칙에 따라 행위하는 것이 가
능한지 그렇지 않은지를, 곧 나의 준칙이 보편화될 수 있는지를 살펴보
는 것이다. 우리는 어떤 특수한 개인이 지니는 현실적인 선호나 목적에
관한 아무 정보가 없이도 오직 인간 또는 이성적 존재에 관한 일반적
사실들로부터—말하자면 일반적인 지능을 소유한 인간 또는 다른 이
성적 존재가 만일 거짓 약속이 마음대로 이루어진다면 앞으로 약속을
받아들이지 않을 것인가 등의 사실로부터—추론을 진행해 준칙의 보
편화 가능성을 결정할 수 있어야 한다. 준칙의 보편화 가능성이라는 검
토 기준을 통과한 준칙은 어떤 것이든 실제로 모든 사람들이 그것에 동
의할 수 있는 준칙일 것이다. 설령 다른 사람들이 그런 준칙을 채택하
는 데 동의한다는 점이 그들이 실제로 그런 준칙에 따라 행위한다는 점
을 함축하지 않는다 할지라도 이런 사실은 변하지 않는다. 그리고 어쩌
면 바로 이것이 칸트가 정언명령을 적용하면서 우리는 보편/자연정식
의 '엄격한 방법'에 따라 진행하도록 '최선을 다해야' 한다고 주장할
때 염두에 두었던 바인 듯하다. 목적정식과는 달리 보편/자연정식은
자율정식에 의해 보완되면서 우리가 자신의 개인적인 준칙의 보편화

가능성을 검토할 것뿐만 아니라 우리가 택한 일련의 준칙 전체가 조화를 이룰 것을 요구함으로써 다른 사람들이 실제로 무엇에 동의하는가에 관한 지나친 경험적 지식을 전제하지 않고도 정언명령을 적용할 수 있도록 해준다.

　c. 재능의 계발. 이제 칸트가 예로 든 세 번째 경우, 곧 우리 자신에 대한 불완전한 의무에 속하는 우리의 재능을 계발할 의무에로 눈을 돌려보자. 이 예를 처음 다루면서 칸트는 사람들이 '운 좋게 타고난 성향들을 확장하고 증진하는 데' 필요한 일들을 열심히 노력해서 하지 않고 별 노력이 필요 없는 경향성의 만족만을 추구하면서 게으르게 뒹굴기를 좋아하는 세계의 개념을 상상한다 해도 모순은 일어나지 않는다고 말한다. 하지만 이성적 존재로서 우리가 단지 경향성의 만족만을 선호하고 타고난 재능의 계발에는 소홀하겠다는 준칙이 '보편적 자연법칙이 되기를' 원할 수는 없다고 주장한다. '왜냐하면 이성적 존재로서 우리는 우리 안에 있는 모든 능력이 발전되기를 필연적으로 원해야 하기 때문이다. 이런 능력들은 모든 종류의 가능한 목적을 위해 사용되도록 우리에게 주어져 있기 때문이다'(4:423). 여기서 칸트는 이런 주장을 위해 필요한 논증을 명확히 제시하지는 않지만 이성적 존재, 곧 어떤 목적을 원한다면 누구든지 그것에 대한 적절한 수단도 원한다는 가장 일반적인 이성적 원리에 따라 행위하는 존재는 자신에게 주어진 재능을 계발하기를 원할 것이라는 생각을 하고 있음에 틀림없다. 만일 재능의 계발이 인간의 필요와 욕구를 충족할 수 있는, 사용 가능한 유일한 수단이라면 도덕은 이성적 존재가 자기 자신을 제외한 모든 사람이 아니라 자기 자신을 포함한 **모든 사람**이 재능의 계발을 위한 노력을 공유할 것을 요구한다. 그리고 이를 통해 적절한 인간의 기술이 인간의 필요를 충족하기 위해 발전되어 왔음을 확인해준다. 여기서 다시 한번

칸트의 논증은 가언명령의 근거에 놓여 있는 일반적인 이성적 원리와 순수한 실천이성의 구체적 도덕원리가 모두 적용될 경우에만 제대로 작동함을 드러낸다. 오직 전자의 원리만을 적용하는 사람은 자기 자신의 필요를 충족하기 위해 자신이 아닌 다른 사람들만이 노력하기를 원할지도 모른다(물론 다른 사람들도 항상 공짜로 얻어먹기만 하려는 사람을 좋아하지 않기 때문에 이런 상태를 오래 유지하려면 매우 영리해야 할 것이다). 하지만 보편법칙의 도덕적 가치를 인정하는 사람은 자기 자신을 포함한 모든 사람이 인간의 필요와 욕구를 충족하는 데 필요한 인간 재능의 계발에 기여해야 한다고 주장할 것이다.

  칸트가 생각한 이런 종류의 의무 개념에서 명백히 드러나는 유일한 결점은 모든 사람이 자신의 모든 타고난 재능 또는 성향을 기술로 발전시켜야 한다는 주장이다. 우리가 원하는 목적을 위한 적절한 수단 또한 원해야 한다는 일반적인 이성적 규준과 모든 사람이 이런 목적을 향해 동등하게 기여해야 한다는 도덕원리를 결합하더라도 모든 사람이 자신의 모든 재능을 계발해야 한다거나 모든 사람이 동일한 재능을 발전시켜야 한다는 점은 도출되지 않는다. 이런 결합이 요구하는 바는 오직 모든 사람이 인간의 목적을 전체적으로 충족하기에 충분한 인간 기술의 전체적인 발전을 함께 노력해야 한다는 점이다. 그런데 이런 일은 각 개인이 자신에게 가능한 기술들 중 일부만 발전시키거나 서로 다른 사람들이 서로 다른 기술을 발전시키더라도 얼마든지 잘 이루어질 수 있다. 사실 아담 스미스(Adam Smith)의 『국부론』(*Wealth of Nations*, 1776) 이전이라면 몰라도 그 이후에는 서로 다른 사람들이 서로 다른 기술을 발전시키고 각 개인이 자신의 잠재적 재능들 중 일부만을 계발할 경우에 인간 욕구의 전체적인 충족이라는 목적이 가장 잘 성취된다는 점을 모두가 인정하게 되었다. 더욱이 어느 누구라도 한 사람이 자신의 모든 잠재적인 재능을 계발하는 일은 논리적으로 불가능하지 않을지는 몰라도 최소한 경험적으로는 명백히 불가능하다. 인간에게 주어진 수많은 재능을 완벽하게 실현하기 위해서는 엄청난 연습이 필요하며 이는 또한 개인의 정신과 육체에 큰 부담으로 작용한다. 따라서 한 개인이 수많은 재능들을 동시에 함께 계발하는 것은 한마디로 불가능하다. 예를 들어 한 사람이 어릴 때 발레 무용수의 재능과 미식축구 수비수의 재능을 똑같이 지녔다고 하더라도 이후에 이 두 재능을 함께 계발하는 것은 신체적으로 불가능하다. 이들은 각각 인간의 신체를 서로 다른 방식으로 계발할 것을 요구하는데 이 두 방식은 명백히 서로 양립할 수 없다. 따라서 칸트는 각 개인이 인간의 목적을 충족하는 데 필요한 일부의 재능만을 발전시켜야 한다는, 그리 엄격하게 규정되지 않은 준칙을 내세우는 편이 더 나았다고 생각된다. 왜냐하면 신중한 도덕적 존재로서의 우리는 오직 그런 준칙만을 보편법칙으로 원할 수 있기 때문이다.

칸트는 목적정식을 언급한 후 우리의 재능을 계발할 의무에 대해 두 번째로 논의하면서는 그리 길게 말하지 않는다. 그는 우리의 행위가 우리 인격 안의 인간성과 '상충하지' 않는 것만으로는 충분하지 않고, 인간성과 '조화를 이루어야' 한다고 말한다. 뒤이어 그는 '인간성에는 더욱 큰 완전성을 향하려는 소질이 있고, 이는 우리 주관 안의 인간성과 관련해 자연의 목적에 속하는데 이런 소질의' 계발에 소홀한 것은 인간성(우리 인격 안의 인간성)의 '보존'과는 양립할 수 있겠지만 목적 자체로서의 인간성을 '증진' 또는 '촉진'하는 것과는 양립할 수 없을 것이라고 말한다. 이 대목은 칸트의 견해가 마치 자연주의적인 목적론적 완성주의(perfectionism)의 일종인 것처럼 보이게 만든다. 이런 종류의 완성주의는 자연이 우리에게 여러 소질을 부여했으며 어떻게든 이를 발전시킬 것을 요구하므로 이런 소질을 다양한 기술로 계발하는 것은 우리의 의무라고 주장한다. 앞서 지적했듯이 비록 칸트가 때로 다소 오해를 불러일으키는 이런 표현을 사용하는 것이 사실이라 할지라도 이런 해석은『판단력비판』에 등장하는 시도, 곧 목적론을 엄밀하게 규제적으로 재구성하여 자연과학은 물론 도덕의 근본 원리까지도 이에 기초해 설명하려는 시도와 모순을 일으키는 듯이 보인다. 지금 여기서 그가 말했어야 하는 바는 인간 또는 이성적 존재를 향한 우리의 의무가 우리 자신이든 다른 사람이든 간에 인간을 파괴하거나 해치거나 방해해서는 안 된다는 의무에 그치는 것이 아니라 우리 자신이나 다른 사람들이 인간성을 자유롭게 발휘해 스스로 설정할 수 있는 특수한 목적의 실현을 증진할 의무까지도 포함한다는 점이다. 그리고 이런 목적은 한편으로는 단지 경향성에서 등장한, 따라서 이를 자신의 목적으로 채택한 개인들에게만 매력적으로 보이는 목적일 수도 있지만 다른 한편으로는 개인들이 인간성을 발휘해 도덕법칙에 따라 자유롭게 선택한, 따라서 모두를 위한 목적이 될 수도 있다. 그렇다면 우리 자신의 재능을 계발하는 일은 이런 필연적 목적을 실현하기 위한 필연적 수단이기도 하다. 또한 칸트가 말하지 않았지만 반드시 말했어야 하는 바는 우리가 자신에서든 다른 사람에서든 인간성을 보존해야 하는 소극적 의무뿐만 아니라 자신에서든 다른 사람에서든 인간성을 발휘해 설정한 특수한 목적의 실현을 증진할 적극적인 의무도 지니기 때문에 우리는 단지 우리 자신의 재능을 발전시킬 의무뿐만 아니라 다른 사람들이 재능을 실현하도록 도울 의무도 지닌다는 점이다. 그리고 이는 자신의 자녀들뿐만 아니라 교육이 필요한 다른 사람의 자녀들이나 교육을 받기 위해 우리의 후원을 필요로 하는 사람들에게 교육의 기회를 제공하며 이에 기여해야 하는 의무의 기초가 될 것이다(칸트는『도덕』, '법이론', §29,

6:281에서 이런 의무를 실제로 인정한다). 물론 이를 위해 우리는 교사가 될 수도 있고, 공교육을 위한 세금을 납부하거나 사립학교나 대학에 기부할 수도 있으며 또 다른 적절한 수단을 택할 수도 있다.

　d. 자선의 의무. 칸트의 마지막 예는 다른 사람들에 대한 불완전한 의무의 경우로서, 흔히 자선이나 상호 원조의 의무로 불리기도 한다. 이 두 명칭은 모두 적절한 듯이 보인다. 칸트는 보편/자연정식을 언급한 후 이 의무에 대해 처음 논의하면서는 이를 '큰 곤경에 맞서 싸울 수밖에 없는' 다른 사람을 도울 의무로 다루므로(4:423) 이를 상호 원조 또는 부조의 의무로 볼 수 있다. 반면 목적정식을 언급한 후 이 예를 두 번째로 논의하면서는 이를 더욱 폭넓은 의무, 곧 다른 사람들이 그들 자신의 목적을 실현함으로써 그들 자신의 행복을 추구하는 것을 도울 의무로 다루므로(4:430) 이 경우에는 더욱 일반적인 자선의 의무로 볼 수 있다. '곤경'에 해당하는, 칸트가 사용한 독일어 단어는 Mühseligkeit이며, 행복에 해당하는 단어는 Glückseligkeit인데 직역하면 각각 '고생과 더불어 축복받은'과 '행운과 더불어 축복받은'을 의미한다. 칸트는 어쩌면 이들의 구조가 유사하다는 점에 착안해 이들을 반의어로 채택했는지도 모르며 따라서 그는 자신이 단지 동일한 의무를 소극적 관점과 적극적 관점에서 설명한다고 생각했을 수도 있다. 하지만 실제로 큰 곤경이나 위기 상황에 놓인 사람들을 도울 의무와 이미 상당히 좋은 상황에 있는 사람들이 그들 자신의 행복에 확실히 기여하는 특수한 목적을 실현하도록 도울 의무 사이에는 큰 차이가 있는 듯하다. 하지만 칸트의 논증은 대체로 일반적인 의무를 지지하므로 이 네 번째 의무를 더욱 넓은 범위를 포괄하는 자선의 의무라는 이름으로 부르는 편이 더 나을 듯하다. 그렇지만 이 의무는 이후 논의에서 드러나듯이 불완전한 의무이다. 곧 우리는 이를 수행하기 위해 어느 정도로 행위

해야 하는지 또한 다른 의무들을 수행하고 우리 자신의 정당한 목적을
추구하는 행위들과 어떻게 조화를 이루어야 하는지를 결정하기 위한
판단을 내려야 한다. 따라서 우리가 다른 사람들의 다양한 필요와 욕
구에 직면할 수 있다는 점을 보이기 위해 칸트가 위에서 이 의무를 서
로 다른 두 가지 방식으로, 곧 다른 사람들이 심각한 절망 상황에 빠져
그들을 돕는 것 외에는 별다른 선택이 없는 경우와 다른 사람들의 상
황이 훨씬 양호한 수준이라서 우리의 선택의 폭이 다소 넓은 경우로
구별해서 설명한 것은 (의도적인 것은 아니라 할지라도) 무척 유용한
듯하다.

　하지만 두 경우 모두에서 이 네 번째 의무에 관한 칸트의 설명은 무
척 간략하다. 이 의무의 예를 첫 번째로 논의하면서 칸트는 보편/자연
정식에서 등장한 폭넓은 자선의 의무라기보다는 폭이 좁은 상호 원조
의 의무를 이끌어내려고 시도하는데 여기서 그는 모든 일이 잘 이루어
지는 개인은 그가 다른 사람들을 돕지 않는 행위가 얼마든지 허용 가능
하다고 생각할지도 모른다고 말한다. 왜냐하면 사람들이 서로 돕지 않
는다고 하더라도 이 세계에 모순이 발생하지는 않기 때문이다. 하지만
그가 '이런 원리가 보편적으로 타당한 자연법칙이 되기를 **원하는 것
은**' 불가능하다. 뒤이어 칸트는 다음과 같이 말한다. '이런 것을 원하
는 의지는 자기 자신과 상충할 것이기 때문이다. 왜냐하면 그 또한 다
른 사람들의 사랑이나 동정을 필요로 할 경우가 자주 일어날 텐데 이런
경우 그 자신의 의지로부터 생겨난 그런 자연법칙 때문에 그 자신이 바
라는 도움에 대한 모든 희망을 스스로 제거해 버릴 것이기 때문이
다' (4:423). 여기서 칸트의 논증은 비록 다른 사람들을 돕지 않겠다는
준칙과 이런 준칙이 보편화된 결과로 등장하는 세계 사이에 어떤 상충
도 일어나지 않는다 할지라도 이런 준칙의 보편화는 이성적 의지작용

의 조건을 위반한다는 것인 듯하다. 이런 준칙이 보편화된다면 의지는 충분히 상상할 수 있는 상황, 곧 다른 사람의 도움이 자신의 목적을 만족시킬 수 있는 유일한 수단인 상황에서 그런 수단을 자신에게서 박탈할 것이기 때문이다. 설령 우리가 현재 이런 상황에 놓여 있지 않다 할지라도 이런 상황에 빠지는 것은 평범한 인간사에서 흔한 일이다. (여기서 다시 한번 우리의 특수한 의무를 이끌어내기 위해서는 실제 인간 삶의 기본적 특징들을 반드시 고려해야 한다는 점이 드러난다.) 따라서 현재의 행운을 넘어서서 미래를 대비할 능력을 지닌 이성적 개인이라면 누구라도 이 논증을 심각하게 고려해야 한다. 하지만 이와 관련된 문제점은 이것이 타산적인 사람이라면 누구라도 당연히 고려할 듯한 논증으로 보인다는 점이다. 곧 이 논증은 현재의 경우 우리가 선택한 준칙의 보편화가 어떤 결과를 낳을 것인가를 고려하고, 오직 타산에 의해 좌우되는 준칙을 선택해서는 안 된다고 주장하는 듯이 보이는데 그렇다면 이는 이 준칙의 보편화가 우리 자신에게 낳을 수 있는, 뜻밖의 예상치 못한 결과에만 관심을 보이는 것이기도 하다.

　허먼은 다음과 같이 생각함으로써 이런 타산적 해석에서 벗어날 수 있다고 주장했다. 곧 이성적 의지는 단순히 행복을 향한 욕구, 바꾸어 말하면 오직 타산에 의한 목적이 아니라 오히려 미래에도 자신이 계속 존재하고 이성적 의지로서 작용할 수 있는 능력을 갖추는 데 필요한 조건들을 유지하려는 목적을 추구하기 위해 미래에 사용할 수 있는 수단에 대해 관심을 보이는 의지이다. 이런 관심은 결국 이성적 의지의 무조건적인 가치를 인정하는 데 근거하며, 이는 다시 도덕의 기초로 작용한다.[20] 현재 논의 중인 의무의 근원이 되는 관심을 단지 이성적 존재로

20　Barbara Herman, 'Mutual Aid and Respect for Person', *The Practice of Moral Judgement*, 45-72면.

서 미래에도 계속 존속하려는 관심이 아니라 자유를 앞으로도 효과적으로 발휘하려는 관심으로 본다면 허먼의 제안은 내가 이 책에서 채택하려는 접근 방식과 더욱 잘 들어맞으리라 생각된다. 또한 그녀의 제안은 우리가 앞선 여러 예들에서 발견했던 논증의 정신, 곧 칸트가 도덕을 단지 타산적인 고려와 대비되는 것으로 여기면서 자신의 논증을 보편화 가능성을 적용하는 단계로 본 것과도 일치하는 듯하다. 단순한 타산은 우리에게 우리가 현재와 다른 상황에 놓인다면 이를 어떻게 헤쳐 나갈 것인가를 생각해보라고 요구할지는 몰라도 만일 우리의 준칙이 보편화된다면 이를 어떻게 헤쳐나갈 것인가를 생각해보라고 요구하지는 않는다. 경험을 통해 다들 알다시피 현실 세계에서 우리 자신의 준칙이 인과적 과정을 거쳐 항상 보편화되는 데 이르지는 않기 때문이다. 오히려 만일 우리의 준칙이 보편화된다면 어떻게 될 것인가, 우리 자신에게는 어떤 일이 일어날 것인가를 고려해보라고 요구하는 것은 도덕성의 원리, 곧 정언명령이다. 현재의 경우와 관련해 타산은 설령 우리가 다른 사람들을 도울 마음이 없더라도 이런 자신의 준칙을 다른 사람들에게 숨기고 그들이 선한 의지를 발휘해 우리를 도울 것을 기대하면서 그럭저럭 살아나가 우리 자신의 미래의 욕구를 만족시킬 수 있을지를 생각해보도록 이끌지 모른다. 하지만 도덕성은 이렇게 우리가 자신을 예외로 여기는 것을 결코 허용하지 않으며, 따라서 모든 사람들이 우리가 자기 자신을 위해 내세운 준칙에 따라 행위하는 세계를 과연 우리가 수용할 수 있을지를 스스로에게 물어볼 것을 요구한다. 그렇다면 설령 우리가 가치 있는 이성적 존재로서 계속 존속하는 것에 대해서가 아니라 단지 자신의 미래의 행복에 대해서만 관심이 있더라도 도덕이 요구하는 대로 우리의 준칙을 일반화할 경우 항상 다른 사람들을 돕지 않겠다는 준칙을 우리의 행위 방침으로 채택할 수 없음을 알게 될 것이다.

칸트가 이와 유사한 생각을 마음속에 품고 있었다는 사실은 그가 이후의 저술 『도덕』 중 '덕이론'에서 다른 사람들에 대한 자선의 의무를 준칙이 보편법칙과 일치해야 한다는 요구로부터 이끌어내는 대목을 통해 확인된다―이런 사실은 매우 놀라운데 그 까닭은 우드(Allen Wood)가 지적했듯이 이것이 『도덕』에서 칸트가 적극적인 의무를 목적 자체로서의 인간성이 지닌 절대적 가치로부터 직접 이끌어낸 것이 아니라 보편화 가능성의 요구로부터 이끌어낸 유일한 경우이기 때문이다.[21] 이 저술에서 칸트는 처음에는 우리가 자기 자신의 행복을 향한 어떤 의무라도 지닐 수 있다는 생각에 강력하게 반대한다. 그의 주장에 따르면 우리 자신의 행복은 우리 모두가 본성상 바라는 것인데, 의무란 우리가 본성상 바라는 것이 아니라 오직 우리 자신을 강제하는 것 또는 그것의 수행이 강제되는 것과 관련되기 때문이다(서론, V,B절, 6:386). 이런 태도를 유지하면서 칸트는 불행, 곧 '역경, 고통, 궁핍은 우리의 의무를 위반하게 하는' 큰 유혹이므로 우리는 다른 의무들을 위반하도록 만드는 유혹을 제거하기 위해 우리 자신의 행복을 보장할 간접적인 의무를 지닐 수도 있다는 점에 마지못해 동의한다(서론, V,B절, 6:388). 하지만 이후에 다른 사람들에 대한 적극적인 의무 중 핵심에 해당하는 '다른 사람들에 대한 사랑의 의무'에 관해 논의하면서는 다음과 같은 논증을 전개한다.

'네 이웃을 너 자신처럼 사랑하라'는 완전성의 윤리적 법칙에 따라 자선의 준칙은 (실천적인 인간애는) 상대방이 사랑할 만한 가치를 지니든 그

---

21   Allen W. Wood, 'Humanity as an End in Itself', Paul Guyer (ed.), Kant's *Groundwork of the Metaphysics of Morals: Critical Essays* (Lantham: Rowman & Littlefield, 1998), 165-88. 또한 Wood, *Kant's Ethical Thought*, 139-41면 참조.

렇지 않든 간에 모든 인간들이 서로에 대해 지는 의무이다—왜냐하면 인
간에 대한 모든 도덕적-실천적 관계는 순수이성을 통해 표상된 인간들 사
이의 관계, 곧 보편적인 법칙으로 수립될 자격을 갖춘, 따라서 자기중심적
일 수 없는 준칙에 따르는 자유로운 행위들 사이의 관계이기 때문이다. 나
는 다른 모든 사람들이 나에 대해 자비롭기를 원한다. 따라서 나는 또한
다른 모든 사람들에 대해 자비로워야만 한다. 하지만 나 자신을 제외한 **모
든 다른 사람들이** 곧 **모든 사람**은 아닐 것이므로 자선의 준칙은 의무로 부
과되기 위해 필요한 법칙의 보편성을 그 자신 안에 지니지는 못한다. 따라
서 자선을 의무로 만드는 법칙은 나 자신을 실천이성의 명령 안에 포함시
켜 자선의 대상으로 삼을 것이다. 하지만 이것이 내가 나 자신을 사랑해야
하는 의무 아래 있음을 의미하지는 않는다(왜냐하면 내가 나를 사랑하는
일은 어떤 명령과도 무관하게 피할 수 없이 일어나는 것이고 따라서 의무
로 성립하지 않기 때문이다). 이것이 의미하는 바는 오히려 인간성의 이념
안에 모든 인류를 (따라서 나 자신도) 포함하는, 법칙을 수립하는 이성이
보편법칙을 수립하는 존재로서의 나를 다른 모든 사람과 더불어 평등의
원리에 따라 서로 자선을 베풀 의무 아래 놓는다는 점이다. 그리고 이는 우
리가 다른 모든 사람에게도 도움을 준다는 조건 아래에서만 우리 자신에
대해서도 자선을 베푸는 일을 **허용한다**. (『도덕』, '덕이론', §27, 6:450-1)

위의 논의에서 칸트의 전제 중 하나는 누구나 본성상 자신의 행복을 원
하기 때문에 자기 자신의 행복을 추구하는 것은 어느 누구에 대해서도
의무로 성립할 수는 없다는 것인데 이 전제는 명백히 틀렸다. 최소한
장기적인 행복을 고려할 경우 분명히 틀렸다. 사람들은 자주 자신들의
장기적인 행복을 크게 해치는 순간적인 쾌락에 몰두하며, 장기적인 행
복을 의무로 생각할 경우에만 눈앞의 쾌락에 탐닉하는 일에서 벗어날

수 있는 듯이 보인다. 하지만 이런 잘못이 칸트의 현재 논증, 곧 도덕은 보편성을—우리가 다른 사람들을 평등하게 대우해야 하며, 다른 사람들에게까지 확대해서 적용할 마음이 없는 특권을 우리 자신에 대해서만 주장해서는 안 된다는 점 등을 (칸트의 표현대로 '평등의 원리'를)—요구한다는 사실이 우리가 만일 다른 사람들에 대해 자선을 베풀 마음이 없다면 우리 자신에 대해서도 자선을 베풀 것을 정당하게 주장할 수 없음을 의미한다는 논증 자체를 파괴하지는 않는다. 우리 자신을 향해 자선을 베풀려는 우리의 욕구는 어쩌면 순전히 본성적인 것인지도 모른다. 하지만 다른 사람들이 우리에게 자선을 베풀기를 기대하는 일은 오직 우리가 다른 사람들에게도 기꺼이 그렇게 할 경우에만 도덕적으로 허용될 수 있다. 따라서 칸트의 논증은 타산적 논증이 아니라 도덕적 논증이다.[22]

결국 우리는 보편/자연정식에서 자선의 의무를 이끌어내는, 타산적이지 않은 논증을 발견했다. 하지만 칸트가 목적 자체로서의 인간성이 지닌 가치로부터 이 의무를 이끌어내는 과정은 훨씬 더 직선적이다. 여기서 칸트는 비록 우리 자신의 행복이 '모든 사람이 지니는 자연스러운 목적'이라 할지라도 우리는 다른 사람들의 행복을 증진할 의무를

---

22   유감스럽게도 칸트는 단지 타산적 논증의 수준에 머무는 듯하다. 위의 인용문보다 세 절 다음에서 그는 다음과 같이 말한다. '곤경에 빠진 사람은 누구나 다른 사람이 자신을 도와주기를 바란다. 하지만 그가 다른 사람이 곤경에 빠졌을 때 자신은 그들을 돕지 않겠다는 자신의 준칙을 공공연히 밝힌다면 … 다른 사람들도 그와 마찬가지로 그가 곤경에 빠졌을 때 그를 돕지 않으려 할 것이다'(『도덕』, '덕이론', §30, 6:453). 여기서 칸트는 만일 다른 사람에게 무관심한 우리의 행위 방식이 알려진다면 이것이 다른 사람도 우리에게 무관심하게 대하는 원인으로 작용할 것이므로 이런 행위 방식이 알려질 가능성이 있는 상황에서는 (사실 이럴 가능성이 상당히 높으므로) 이런 행위 방식이 우리에게 타산적인 도움이 되지 않는 것이 당연하다는 듯이 주장하는 것처럼 보인다. 하지만 칸트가 앞서 §27에서 제시했던, 명백히 단지 타산적이지만은 않은 논증을 유지하는 편이 더 나았으리라 생각된다.

지닌다. 왜냐하면 '**목적 자체로서의 인간성**에 적극적으로 합치하기'
위해서는 '누구나 할 수 있는 한 다른 사람들의 목적을 증진하려고 노
력해야 하기 때문'이라고 말한다. 또한 그 까닭은 '목적 자체인 주관의
목적들은 만일 목적 자체라는 표상이 나에게 **충분한** 영향을 미친다면
가능한 한 **나의** 목적이기도 해야 하기 때문이다'(『정초』, 4:430). 바꾸
어 말하면 인간성은 자유롭게 자신의 목적을 설정하고 추구하는 능력
이므로 인간성을 목적 자체로 만들기 위해서는 단지 이 능력을 파괴하
거나 손상하지 않는 데 그쳐서는 안 되며 자기 자신이 곧 인간성의 한
예인 '주관'으로서의 다른 사람들이 스스로 자유롭게 선택한 목적을
실현하도록 도와야 한다. 그리고 행복은 목적을 실현한 결과로 얻어지
는 것이므로 이 논증을 통해 우리가 다른 사람들이 행복을 실현할 수
있도록 도울 의무를 지닌다는 점이 분명히 드러난다. 그리고 이런 의무
의 근거가 되는 것은 자신의 행복을 추구하려는 다른 사람들의 욕구가
아니라 그들의 인간성, 곧 그들이 특수한 목적을 자유롭게 선택할 수
있는 능력이 지닌 가치이다. 더욱이 칸트가 명확하게 인정하지는 않
지만 이 논증은 우리 자신의 행복을 향한 간접적이 아닌 직접적인 의무도
만들어낸다. 왜냐하면 인간성은 결국 다른 모든 사람들의 인격과 마찬
가지로 우리 자신의 인격 안에도 명백히 존재하는 것이기 때문이다.

　지금까지의 논의에 비추어 볼 때 칸트가 자선의 의무에 대해 서로 전
혀 무관하고 상이한 두 가지의 논증을 제시한 듯이 보일지도 모른다.
하지만 그가 이 의무를 인간성이 지닌 절대적 가치로부터 이끌어내면
서, 이에 대한 합리적 근거를 오직 보편화 가능한 준칙에 따라 행위하
라는 요구에서 도출한다고 여기는 편이 바람직하리라고 생각된다. 바
꾸어 말하면 우리가 어떤 특권을 다른 사람들에게까지 확장하려고 하
지 않으면서 오직 자신을 위해서 그것을 요구해서는 안 된다는 요구,

곧 보편화 가능성을 표현하는 요구는 다른 어디로부터도, 심지어 보편적 이성이라는 순전히 추상적인 개념으로부터도 등장하지 않는다. 이 요구는 오직 인간성이 절대적인 가치를 지니며, 우리 자신이든 아니면 다른 사람이든 또 어떤 상황에서 어떤 모습으로 나타나든 간에 항상 동등한 가치를 지닌다는 가정으로부터 등장한다. 그렇다면 결국 칸트가 네 가지 의무의 예를 두 차례에 걸쳐 논의한 바의 결론은 인간성이 지닌 무조건적인 가치가 준칙의 보편화 가능성을 요구하는 것으로 드러나는, '가능한 정언명령의 근거'라는 주장을(4:428) 확증하는 것이라고 할 수 있다.

이제 칸트가 제시한 예들에 대한 설명을 거의 마친 듯하다. 하지만 그가 자선의 의무를 두 번째로 논의하면서 말한 바, 곧 우리가 '할 수 있는 한' 다른 사람들의 행복을 증진할 의무를 지닌다는 지적은 이 절의 첫머리에서 잠시 언급하기는 했지만 상세히 다루지는 않은 구별을 다시 떠올리게 한다. 이는 바로 '엄격한', 완전한 의무와 우리가 단지 '할 수 있는 한' 수행할 필요가 있는 불완전한 의무 사이의 구별이다. 이 장의 마지막 절에서는 칸트의 정언명령에 대한 반박들을 논의할 예정인데 그 전에 이 구별에 관해 좀 더 자세히 검토하는 편이 좋으리라 생각된다.

5. 완전한 의무와 불완전한 의무

네 가지 의무에 대한 예들을 처음 설명한 대목의 마지막 부분에서 칸트는 자신이 논의한 의무의 유형 중 첫 번째와 두 번째 의무를 위반한 행위는 '그런 행위의 준칙을 모순을 범하지 않고는 보편적 자연법칙으로 생각조차 할 수 없는 것'인 반면 세 번째와 네 번째 의무를 위반한 행위의 경우에는 '이런 내적인 불가능성이 발견되지는 않지만 그런 행위의 준칙이 자연법칙의 보편성으로 상승하기를 원하는 것은 여전히 불가능하다. 그런 의지는 자기 자신과 모순되기 때문'(4:424)이라고 말한다. 바꾸어 말하면 우리가 경제적 어려움에서 벗어나기 위해 거짓 약속을 하겠다는 것과 같은 준칙이 보편화된 세계에서는 어느 누구도 약속을 받아들이지 않을 것이기 때문에 이런 준칙에 따라 행위하는 것은 엄격히 불가능하다. 반면 다른 사람의 곤경에 대해 관심을 보이지 않겠다는 것과 같은 준칙이 보편화된 세계에서 이런 준칙에 따라 행위하는 일은 불가능하지는 않지만 타산적 의지와 도덕적 의지 모두를 위한 일반적 조건과 양립할 수 없다. 의무에 대한 자신의 구별이 완전한 의무와 불완전한 의무 사이의 일반적인 구별을 반영한다는 처음의 생각을 (4:421) 다시 언급한 후 칸트는 첫 번째 종류의 의무는 '엄격한 또는 폭이 좁은 (다른 여지가 없는) 의무'에 대응되는 반면 두 번째 종류의 의무는 '폭이 넓은 (공적을 쌓는) 의무'에 대응된다고 말한다. 이 두 유형의 의무가 의무의 모든 가능성을 포함하므로 칸트는 자신 있게 '이런 예들을 통해 … 모든 의무들을 하나의 원리에 의존해 완벽하게 제시했'고 말한다(4:424). 목적정식을 제시한 후 자선의 의무에 대해 논의하면서 그는 이 의무가 '공적을 쌓는 의무', 곧 이런 의무를 수행한다면 특별히 칭찬받을 만한 가치를 지니는 의무라고 반복해서 말한다(4:430). 완전한 의무와 불완전한 의무 사이의 구별을 처음 언급한 대목에서 칸트는 각주를 통해 엄격한, 폭이 좁은, 여지를 남기지 않는 의무와 폭이 넓은, 공적을 쌓는 의무 사이의 구별을 경향성을 위한 어떤 예외도 허용하지 않는 의무와 그런 예외를 허용하는 듯이 보이는 의무 사이의 구별로 설명한다. 이를 통해 칸트는 불완전한 또는 폭넓은 의무의 수행이 특별히 공적을 쌓는 것인 까닭은 엄격한 의미에서 그런 의무의 수행이 강제된다고는 결코 말할 수 없으며, 경향성에 기초해 그런 의무를 행하지 않는 예외가 우리에게 항상 허용하기 때문이라는 점을 의미하는 듯하다.

이른바 엄격한 도덕주의자로 손꼽히는 칸트가 이런 말을 한다는 것은 매우 놀라운 일이므로 이 점에 대해 자세히 논의할 필요가 있다. 여기서 주목할 만한 또 다른 주제는 칸트가 생각한 완전한 의무와 불완전한 의무 사이의 구별과 이에 대한 전통적인 구별, 곧 그로티우스(Hugo Grotius, 1583-1645)나 푸펜도르프(Samuel Pufendorf, 1632-94) 같은 자연법 철학자들에게서 근원을 찾을 수 있는 구별 사이의 관계를 살펴보는 것이다. 이런 자연법 철학자들에게 이 구별은 한 개인이나 여러 개인 또는 그들의 대리인이 의무를 지는 상대방에게 의무의 수행을 강제할 수 있다는 의미에서 '완전한' 의무와, 푸펜도르프가 표현하듯이 의무의 수행이 '권력이나 준엄한 법에 의해 강요될 수' 없는, 간단히 말하면 의무의 수행이 '강요될 수' 없는 의무 사이의 구별로 여겨졌다.[23] 이런 정의와 칸트의 구별 사이의 관계는 무엇인가?

우리는 칸트가 후기 저술인 『도덕』에서 이 구별을 해석한 방식에 비추어 이들 두 주제를 살펴볼 수 있다. 『도덕』에서 칸트는 어떤 구체적 행위들을 금지하거나 지시하는, 예를 들면 거짓 약속을 금지하거나 채무의 반환을 지시하는 의무와 목적들을 지시하는, 예를 들면 다른 사람의 행복이나 우리 자신의 신체적, 정신적 완전성과 같은 목적들을 지시하지만 이런 목적들을 실현하는 수단이 되는 모든 구체적 행위까지를

---

23   Samuel Pufendorf, *The Whole Duty of Man, According to the Law of Nature*, tr. Andrew Tooke, ed. Ian Hunter and David Saunders (Indianapolis: Liberty Fund, 2003), I권, 2장, XIV절, 50면 참조.

지시하지는 못하는 의무를 구별한다. 그러면서 전자를 '폭이 좁은' 의무, 후자를 '폭이 넓은' 의무라고 부른다. 폭이 좁은 의무는 구체적인 행위 유형을 지시하거나 금지하지만 폭이 넓은 의무는 다양한 수단을 통해 실현될 수 있는 일반적인 목적만을 지시한다(『도덕』, '덕이론', 서론, VII절, 6:390). 그리고 이런 구별이 법이 제공하는 외적 강제(처벌)에 의해 강요되는 법적 의무와 법에 의해 강요되지 않을지는 몰라도 도덕법칙을 존중한다는 내적 동기에 의해 강요되는 윤리적 의무 또는 덕의 의무를 구별하는 기초로 작용한다. 하지만 앞서 살펴보았듯이 구체적인 행위를 지시하거나 금지하는 의무도 겉보기처럼 그렇게 명확하지는 않다. 도덕법칙이 직접 행위에 적용되는 것이 아니라 준칙에 적용된다는 사실은 거짓 약속과 같은 행위도 모든 상황에서 항상 반드시 금지되지는 않으며 어떤 구체적인 이유와 동기에서 행해질 경우에만 금지된다는 점을 의미한다. 법 또한 어떤 의도에서 행위했는가를 범죄 구성 또는 무죄 입증의 요소로 여김으로써 이런 점을 반영한다. 또한 특정한 준칙 아래에서 행해지는 특정한 행위 유형을 지시하거나 금지하는 모든 경우가 법에 의해 강요되지는 않는다는 점을 지적할 필요가 있다. 비록 어느 정도의 구체성이 법적 강제의 필수적인 조건이라 할지라도 법은 우리가 어떤 기회에 사회 전체의 목적을 성취할 수 있는 어떤 유형의 행위를 수행하지 않았다는 이유로 우리를 처벌할 수는 없다. 이런 경우 우리는 항상 우리가 다른 어떤 기회에 사회 전체의 의무를 충족하는 다른 유형의 행위를 수행했거나 의도했다고 얼마든지 항변할 수 있을 것이다. 또한 행위 자체는 충분히 구체적이지만 오직 행위자 자신에게만 손해가 되므로 다른 사람들, 곧 법에 따라 행위하는 일반 대중들은 강요하거나 처벌할 자격이나 권리가 없는 유형의 행위들도 있다. 예를 들면 어느 누구도 다른 사람에게는 손해가 되지 않으며 오

직 자살자에게만 손해가 되는 자살을 금지하거나 (미수에 그친) 자살
시도를 처벌할 권리를 지니지 않는 듯하다(물론 법이 항상 이런 사실
을 인정해 온 것은 아니다). 칸트가 살았던 당시의 다른 학자가 표현했
듯이 법적인 금지나 처벌의 권리를 포함하는 완전한 의무는 또한 권리
를 주장하는 쪽의 '도덕적 능력' 또는 '자격'을 필요로 한다.[24] 칸트는
이런 조건들에 대해 명확히 논의하지는 않지만 법적 의무와 덕의 의무
를 구별하는 자신의 기준을 통해 이를 암묵적으로 수용한다. 칸트에 따
르면 전자는 오직 강제로 강요할 수 있는 의무만을 포함하며, 후자는
어느 누구도 그것을 강요할 권리를 지니지는 않는 도덕적 의무와 충분
히 구체적이지 않아서 법적으로 강제할 수 있는 바의 후보에도 오를 수
없는 목적을 채택할 일반적인 의무를 모두 포함한다. 따라서 칸트는 이
전에 자기 자신에 대한 완전한 의무로 분류했던 자살을 해서는 안 되는
의무를 법적 의무라기보다는 덕의 의무로 여긴다. 다른 어떤 사람도 이
의무를 강제할 도덕적 지위를 지니지 않기 때문이다.

따라서 완전한 의무와 불완전한 의무에 대한 칸트의 구별과 전통적
인 구별 사이의 관계는 다음과 같다. 구체적인 근거에서 수행되는 구체
적인 행위 유형을 지시하거나 금지하는 것과 더욱 일반적인 목적을 지
시하는 것을 구별한 칸트의 시도는 법적으로 강제될 수 있는 것과 그렇
지 않은 것을 구별한 전통적인 시도의 필요조건이기는 하지만 충분조
건은 아니다. 행위를 폭이 좁게 지시하거나 금지하는 것으로서의 완전
한 의무와 서로 다른 다양한 행위를 통해 실현될 수 있는 목적을 폭이

24 예를 들면 칸트가 자연법에 대한 강의에서 교재로 사용했던 Gottfried Achenwall
and Johann Stephan Pütter, *Elementa Iuris Naturae / Anfangsgründe des Natur-
rechts*, ed. Jan Schröder (Frankfurt am Main: Insel Verlag, 1995), 서론, 4장, §177
참조.

넓게 지시하는 것으로서의 불완전한 의무를 구별한 칸트의 시도는 그가 『정초』에서 예외에 관해 지적한 바를 설명해주지만 그가 언급한 내용에는 다소 오해의 소지도 있음이 드러난다. 앞서 살펴보았듯이 칸트는 불완전한 의무의 경우 경향성에 따른 예외를 허용할 수 있다는 듯이 말하며, 역으로 불완전한 의무의 수행은 공적을 쌓는 [또는 현대적인 용어로 표현하면 의무를 넘어서는(supererogatory)] 것이라고 주장한다. 왜냐하면 우리가 오직 경향성에 기초해 불완전한 의무를 행하지 않는 것이 얼마든지 허용될 수 있음에도 우리는 기꺼이 그런 의무를 수행하기 때문이다. 하지만 『도덕』에서 칸트는 이와는 달리 다음과 같이 말한다.

> 만일 법칙이 행위 자체가 아니라 오직 행위의 준칙만을 명령할 수 있다면 이는 법칙이 그것에 따르는 (그것을 준수하는) 자유로운 선택 능력을 위한 공간(여지)을 허용한다는 점을 의미한다. 곧 법칙은 동시에 의무이기도 한 목적을 행위를 통해 어떻게 또 얼마나 구현해야 하는지를 명확하게 규정할 수 없다—하지만 폭이 넓은 의무는 행위의 준칙에 대한 예외를 허용하는 것이 아니라 오직 하나의 행위 준칙이 다른 준칙에 의해 (예를 들면 이웃에 대한 일반적인 사랑이 부모에 대한 사랑에 의해) 제한되는 것으로 이해되어야 한다. (『도덕』, '덕이론', 서론, VII절, 6:390)

불완전한 의무는 오직 자신의 소질 계발이나 다른 사람의 행복 같은 일반적인 목적만을 지시하므로 이런 목적을 실현하기 위한 특수한 수단으로 무엇을 선택할 것인가는 각 개인들의 판단과 선호에 맡긴다. 곧 자신의 소질 계발이라는 일반적인 목적은 그 자체만으로는 내가 철학자가 되기 위한 잠재력을 계발해야 하는지 아니면 피아니스트가 되기

위한 잠재력을 계발해야 하는지를 결정해줄 수 없으며, 다른 사람들을
돕는다는 일반적인 목적도 내가 철학을 가르침으로써 그들을 도와야
하는지 아니면 무료급식소에서 봉사함으로써 도와야 하는지를 결정해
줄 수 없다. 다른 사람들을 돕는다는 일반적인 목적은 또한 내게 어려
움을 겪는 모든 사람을 도울 것을 요구할 수도 없다. 그렇게 하는 것은
한마디로 불가능하기 때문이다. 더욱이 칸트도 주장하듯이 불완전한
의무를 수행하는 방식은 어떤 특수한 상황에서 얼마든지 다른 방식으
로 바뀔 수도 있다. 내가 이웃과 부모를 모두 도울 수 없는 상황이라면
나는 이웃보다는 부모를 도울 의무를 진다고 할 수 있다(물론 어떤 다
른 상황에서는 이와 반대되는 경우가 생길 수도 있다). 또한 두 가지의
불완전한 의무를 동시에 수행하는 것이 불가능할 수도 있다. 따라서 나
는 현재 상황에서 나의 소질을 계발하는 것이 다른 사람들을 돕는 것보
다는 더욱 적절한 일이라고 결정할 수도 있고, 지금 이 순간에는 후자
가 더욱 긴급한 일이라고 결정할 수도 있다. 그런데 일반적인 목적은
이런 특수한 질문에 대한 대답을 내게 제공할 수 없다. 더욱이 여기서
칸트가 명확히 언급하지는 않지만 폭이 좁은 또는 완전한 의무의 수행
을 위해 폭이 넓은 또는 불완전한 의무의 수행을 포기해야 하는 상황도
얼마든지 발생한다. 예를 들면 나는 자선단체에 돈을 기부하기 위해 어
떤 사람에게 거짓 약속을 하고 돈을 빌리거나 빚을 갚지 않을 수는 없
다. 따라서 불완전한 의무를 수행하는 어떤 방식은 동일한 의무를 수행
하는 다른 방식에 의해 제한되기도 하며, 어떤 불완전한 의무는 다른
불완전한 의무에 의해 제한되기도 한다. 또한 불완전한 의무의 수행은
완전한 의무의 요구에 의해 제한되기도 한다. 이런 일들이 일어나는 까
닭은 오직 불완전한 의무의 일반적인 목적이 이를 실현하기 위한 명확
한 규칙을 제시하는 데 이르지 못하기 때문이며, 우리나 다른 사람들이

처한 상황과 욕구하는 바에 대한 판단이 필요하기 때문이다. 바로 이
때문에 불완전한 의무의 일반적인 목적을 실현하기 위한 구체적인 규칙
처럼 보이는 것에서는 항상 예외가 허용된다. 하지만 이런 사실이 우리
가 단순한 경향성에 따라 불완전한 의무가 요구하는 바에 대해 예외를
허용할 수 있음을 의미하지는 않는다. 바꾸어 말하면 그저 내가 지금
다른 사람들을 도울 기분이 들지 않는다는 것은 어려움에 빠진 다른 사
람들을 돕는 일을 거부할 합당한 이유가 될 수 없다. 이와 관련해 불완
전한 의무를 수행하는 경우에도 우리의 판단이나 선호를 개입할 만한
여유 공간이 전혀 없는 상황 또한 수없이 많다. 예를 들어 지금 내 눈
앞에서 누군가가 익사하기 직전인데 내가 수영을 할 줄 알고 구조 방법
도 안다면 그리고 그 사람보다 더 긴급하게 구해야 하는 다른 사람이
없다면 나는 그런 상황에서는 그 사람을 즉시 구조해야 하는 '다른 여
지가 없는' 의무를 지닌다고 말할 수 있으며, 만일 내가 그 사람을 구
조하지 않는다면 나는 맹렬한 비난을 받거나 심지어 처벌받을 수도 있
다. 물론 다른 어떤 상황에서는 얼마든지 내게 이와 동일한 의무가 부과
되지 않을 수도 있다.[25]

이상이 칸트가 생각한 완전한 의무와 불완전한 의무 사이의 구별에
대한 적절한 설명이라 할 수 있다. 이는 매우 유용한 구별인 듯이 보이
며, 또한 보편화할 경우 자기 자신을 파괴하는 준칙과 보편화하더라도
자신을 파괴하지는 않지만 우리의 이성적이고 도덕적인 의지가 더욱
일반적으로 고려할 필요가 있는 준칙 사이의 구별이 두 의무 사이의 구

---

25 이 문단에서 논의한 주제에 관해서는 또한 Onora O'Neill, 'Instituting Prin-
ciples: Between Duty and Action', Mark Timmons, (ed.), *Kant's* Metaphysics of
Morals: *Interpretative Essays* (Oxford: Oxford University Press, 2002), 331~47면
참조.

별을 지지한다는 사실은 칸트의 주장이 정언명령의 개념을 옹호하는
강력한 논증으로 작용함을 드러낸다. 하지만 이제 우리는 칸트의 정언
명령에 대한 몇 가지 일반적인 비판을 살펴보려 한다.

6. 정언명령에 대한 비판들

사실상 칸트의 정언명령에 대한 비판은 거의 대부분 첫 번째 정식, 곧
보편/자연정식에 대한 비판이다. 인간성을 항상 목적 자체로 대우해야
하며 결코 단지 수단으로만 대우해서는 안 된다는 칸트의 요구에 대한
비판은 이런 요구가 거창하게 보이지만 사실은 공허하다는 점 이외에
는 거의 없는 듯하다. 칸트가 『도덕』 중 '덕이론'에서 우리 자신과 다
른 사람들에 대한 구체적 의무 모두를 이끌어내는 상세한 과정을 보면
이런 비판마저도 설 자리가 없지만 여기서 이를 자세히 논의하기에는
공간이 부족하므로[26] 나는 보편/자연정식에 대한 비판을 집중해서 다
루려 한다. 보편/자연정식에 대한 비판은 크게 두 종류로 나뉜다. 그
중 하나는 이 정식이 도덕적으로 허용되는 바와 허용되지 않는 바에 관
한 우리의 상식적인 믿음과 상충하는 결론을 너무나 많이 산출하므로
결코 옳을 수 없다는 것이다. 다른 하나는 이 정식이 우리의 완전한 의
무, 그 중에서도 거짓 약속을 금지하는 것과 같은 소극적인 의무의 근
거를 제시하는 데는 성공적일지 몰라도 불완전한 의무, 특히 자선의 의

---

26 덕의 의무에 관한 더욱 상세한 논의는 Mary G. Gregor, *Laws of Freedom: A
Study of Kant's Method of Applying the Categorical Imperative in the* Metaphysik
der Sitten (Oxford: Basil Blackwell, 1963), VIII-XII장; Allen Wood, 'Humanity
as an End in Itself' 및 *Kant's Ethical Thought*, 4장 참조.

무와 같은 적극적인 의무의 근거는 제시할 수 없다는 것이다.

i. 잘못된 적극적 경우와 소극적 경우

더욱 구체적으로 말하면 첫 번째 비판은 보편/자연정식이 수많은 잘못
된 적극적 경우, 곧 도덕에 관한 어떤 합리적 견해에 비추어보아도 절
대 허용될 수 없는 준칙이 보편/자연정식에 따르면 허용되는 것으로
드러나는 경우와 또한 수많은 잘못된 소극적 경우, 곧 도덕에 관한 어
떤 합리적 견해에 비추어보아도 허용될 수 있는 준칙이 보편/자연정식
에 따르면 허용될 수 없는 것으로 드러나는 경우를 산출하므로 이 정식
은 결코 진정한 도덕성의 원리를 올바르게 표현하지 못한다는 것이
다.[27] 이런 원하지 않는 결론에 대한 전형적인 예들로 다음과 같은 것들
이 자주 등장한다. 우선 잘못된 적극적 경우를 산출하는 예를 두 가지
들어보자. 여기 나치 소속의 암살 조직원이 한 사람 있는데 그의 준칙
은 가능한 한 많은 유대인들을 살해하는 것이다. 그에게 기꺼이 자신의
준칙이 보편화되기를 원하느냐고, 곧 모든 사람이 가능한 한 많은 유대
인을 살해하라는 준칙을 채택하기를 원하느냐고 물어보면 그는 모순을
발견하기는커녕 의기양양하게 '물론이지요!' 라고 답할 것이다—그의
준칙은 보편화 가능성의 검토 기준을 통과한 듯이 보이지만 이 준칙이
도덕적으로 볼 때 최고로 극악무도한 것임은 명확하다. 다른 하나의 예
를 들어보자. 붉은 머리의 은행 강도인 이그나츠 맥길리커디(Ignatz
MacGillycuddy)는 어느 목요일 오후 5시에 집에서 북동쪽에 있는 어
떤 은행을 털려고 한다. 그러면서 훔친 돈은 다음 날 자신이 거래하는
은행 계좌에 예금하겠다고 말한다.[28] 그는 자신의 준칙이 붉은 머리에

---

27   이런 용어 사용에 관해서는 Wood, *Kant's Ethical Thought*, 102-7면 참조.
28   이 예는 Onora Nell (O' Neill), *Acting on Principle*, 71-2면에 등장하는 것인데

이그나츠 맥길리커디라는 이름의 사람이 어떤 목요일에든 오후 5시에 자신의 집 북동쪽에 위치한 어떤 은행이라도 털어야 한다는 것이라고 주장한다. 자신의 준칙 자체와 그것이 지닌 목적을 파괴하지 않으면서도 자신의 준칙이 보편화되기를 원할 수 있느냐고 물어보면 그는 다음과 같이 답할 것이다. '물론이지요! 설령 붉은 머리에, 이름이 이그나츠 맥길리커디이고, 자신의 집 북동쪽에 목요일 오후 5시에 문을 여는 은행이 있는 모든 사람이 은행을 턴다고 해도 그런 사람의 수가 그리 많지는 않을 것이기 때문에 은행 시스템 전체가 마비되는 일은 일어나지 않을 겁니다. 따라서 설령 그런 사람 모두가 나의 준칙을 채택하더라도 여전히 은행에는 목요일에 내가 훔칠 돈이 많이 남아 있을 것이고 훔친 돈을 내가 거래하는 은행에 예금할 수 있을 겁니다. 그 은행은 금요일은 물론 그 후로도 계속 영업을 할 테니까요.' 설령 맥길리커디가 자신의 준칙을 보편화하는 데 성공한다 할지라도 은행을 터는 일은 거의 모든 상황에서, 특히 현재와 같은 상황에서는 명백히 그른 일이다. 따라서 이는 잘못된 소극적 경우의 예로 보이는데 우리는 이미 이런 경우에 속하는 예를 하나 살펴보았다. 곧 나는 사람들 대부분이 다른 일을 할 것이므로 코트가 비는 일요일 오전 10시에 테니스를 치는 것을 나의 준칙으로 삼겠다는 경우를 검토했다. 이 경우와 관련해 설령 이 준칙이 보편화되더라도, 곧 설령 모든 사람들이 일요일 오전 10시에 테니스를 치는 것을 자신의 준칙으로 삼더라도 여전히 나는 이것을 나의 준칙으로 채택할 수 있는가라는 질문을 받게 되면 나는 이 준칙이 보편

그녀에 따르면 '이그나츠 맥길리커디'라는 이름은 Marcus G. Singer, *Generalization in Ethics: An Essay in the Logic of Ethics, with the Rudiment of a System of Moral Philosophy*, new edition (New York: Athenaeum, 1971), 87-8면에서 빌려왔다고 한다. 이 두 저술 모두 정언명령의 적용이라는 주제에 관한 중요한 논의를 포함한다.

화될 경우 이는 코트가 가장 덜 붐빌 때 테니스를 치려는 나의 목적을 파괴하고 말 것이라는 점을 깨닫게 된다. 따라서 나는 나의 준칙과 그 것의 보편화 모두를 원할 수는 없으며 만일 그렇게 한다면 이는 후자가 전자를 파괴하는 결과를 낳는다. 그렇다면 나의 준칙은 보편/자연정식 을 통과하지 못한다—하지만 내가 일요일 오전 10시에 테니스를 치려 는 준칙을 선택한다 해도 이것이 도덕적으로 허용될 수 없는 것이 아님 은 분명하다. 사실상 그 때 테니스 코트가 가장 덜 붐빌 것이기 때문이 다. 따라서 다시 한번 보편/자연정식이 도덕성의 근본 원리를 적절하 게 표현한 것일 수 없음이 드러난다.

이런 반례에 맞서 보편/자연정식을 옹호하려는 시도의 첫 번째 단계 는 위의 예들에서 행위자가 채택한 것으로 여겨지는, 그래서 보편화 가 능성이라는 기준을 통과하거나 통과하지 못하는 대상으로 여겨지는 준 칙들이 사실상 행위자들이 진정으로 자신의 행위 규칙으로 채택한 준 칙이 아니며 그들이 스스로에게나 우리에게 솔직하게 진실을 밝힌다면 이를 자신의 준칙으로 인정할 수 없을 것이라는 점을 보이는 것이다. 그렇다면 나치 암살 조직원의 준칙은 단순히 가능한 한 많은 유대인들 을 살해하겠다는 것이 아니라 사실은 '자기애에 따라 나는 내가 원하 는 대로 가능한 한 많은 적들을 살해하겠다'는 것이다. 이제 그가 계속 후자의 준칙에 따라 행위하면서 이런 준칙이 보편화될 수 있는가라는 질문을 받는다면 그는 자신의 준칙이 보편화될 수 없다는 점을 깨달을 수밖에 없다. 왜냐하면 (다행스럽게도) 많은 사람들이 그를 적으로 여 겨 그가 자신의 적들을 살해하는 것을 막기 위해 그를 죽이려 들 것이 기 때문이다. 그렇다면 그의 준칙은 보편화 가능성의 기준을 결코 통과 할 수 없다. 이제 이그나츠 맥길리커디의 경우를 살펴보자. 그가 솔직 히 말한다면 그는 자신의 준칙이 다음과 같은 것임을 인정할 것이다.

'자기애에 따라 나는 은행을 터는 것이 손쉽게 돈을 벌고, 재미있고, 마음에 드는 일이라고 생각하기 때문에 어떤 은행이든 털겠다. 또는 나는 다른 사람들의 소유권이나 개인적인 안전 따위는 완전히 무시하고 내가 원하는 방법에 따라 마음대로 돈을 벌겠다.' 이제 그에게 이런 준칙 자체와 그것의 보편화를 진정으로 원할 수 있는가라고 물어보면 그는 자신의 준칙이 곧바로 은행 시스템 전체뿐만 아니라 재산권이라는 제도 자체를 완전히 파괴함으로써 최초에 자신이 그 준칙에 따라 행위하면서 추구하려 했던 목표를 좌절시킨다는 점에 동의하지 않을 수 없을 것이다. 이와는 반대로 테니스를 치려는 사람의 진정한 준칙은 '자기애에 따라 나는 내가 이용하려는 시설이 가장 덜 붐비는 시간을 찾아서 테니스를 치거나 다른 취미 활동을 하겠다. 그렇게 하는 것이 내게 가장 편리하기 때문이다'라고 할 수 있는데 이 준칙을 보편화하더라도 아무런 모순이 발생하지 않을 것이 분명하다. 이에 대해 실제로 모든 사람들이 같은 취미 활동을 하지 않으며, 각자가 편리하다고 여기는 시간이 같지 않다는 등의 이유를 들 수 있을 것이다. 그리고 설령 다른 시간보다 코트가 덜 붐비는 특정한 시간대가 없다는 사실이 밝혀지더라도 그 사람은 가장 덜 기다리고 테니스를 치겠다는 자신의 행동 방식을 바꾸거나 아니면 아예 테니스를 치는 취미를 포기하고 다른 것을 찾을 수도 있다—결국 테니스를 치겠다는 목표는 선택적인 목적이며, 항상 코트가 가장 덜 붐빌 때 테니스를 치겠다는 행동 방식은 가언명령의 원리, 곧 선택적 목적에 대한 충분한 수단을 발견하려는 원리에 기초한 것에 지나지 않는다. 따라서 적절한 수단을 발견하지 못한다면 목적을 포기하는 일도 얼마든지 가능하다.[29]

---

29 이런 대응에 대해서는 Herman, 'Moral Deliberation and the Derivation of Duties', *The Practice of Moral Judgement*, 138-9면 참조.

 이런 방식으로 칸트의 원리를 옹호하는 데 대해 어떤 개별적인 행위
도 무한히 많은 수의 서로 다른 준칙에 따라 수행될 수 있으므로 행위
자의 '참된' 또는 '진정한' 준칙에 호소해 칸트를 옹호하려는 시도는
바로 이런 사실에 의해 실패하게 된다는 반박이 제기될 수 있다. 어떻
게 외부의 관찰자 또는 재판관이 나치 암살 조직원의 진정한 준칙이 유
대인을 살해하는 것인지 아니면 자신의 적들이 누구든 간에 그들을 죽
이는 것인지를 특정할 수 있는가? 오히려 칸트 자신도 널리 알려진 한
대목에서 우리는 자주 자신의 진정한 동기가 무엇인지를 제대로 파악
하지 못하기도 한다고 주장하는데(4:407)—어떻게 우리는 한 개인의
진정한 동기와 진정한 준칙이 다른 사람에게 명확하게 드러난다고 가
정할 수 있는가? 이런 반박에 대해 다음과 같이 대답할 수 있다. 보편/
자연정식을 (또는 다른 어떤 형태의 정언명령이라도) 형성하면서 칸트
는 이미 수행된 행위를 도덕적으로 평가하기 위한 기준을, 말하자면 행
위 이후에 도덕적 법정에서 사용하기 위한 기준을 제시하려 한 것이 아
니다. 그가 제시하는 바는 이상적인 도덕적 행위자가 행위 이전에 자신
이 하려 하는 행위의 도덕적 지위를 미리 검토하면서 사용할 수 있는
기준, 곧 특정한 행위의 수행이 도덕적으로 어떤 평가를 받는가에 대한
기준이 아니라 의무와 권리 일반을 도덕적으로 심사숙고하기 위한 기준
이라고 할 수 있다. 만일 그렇다면 도덕적 심사숙고에 필요한 시간을
충분히 확보한, 따라서 심사숙고 없이 즉흥적으로 행위하지 않는 양심
적이고 이상적인 도덕적 행위자는 자신이 하려는 행위 또는 행위 유형
에 합리적으로 적용될 수 있는 모든 준칙들을 평가할 수 있고 또 그렇
게 해야 하리라는 주장이 가능하다. 따라서 그렇게 심사숙고하는 도덕
적 행위자는 어떤 행위에 적용될지 모를 가장 세부적인 준칙을 고려하
지 않고 단지 그 행위가 보편화 가능성의 기준을 통과한다는 이유만으

로 그 행위를 허용될 수 있는 것으로 판단하지는 않을 것이다. 물론 그는 그 행위를 더욱 폭이 넓은 상위의 준칙을 통해서도 검토하여 만일 그 행위가 그런 폭이 넓은 준칙의 기준을 통과한다면 (또는 통과하지 못한다면) 그 행위를 도덕적으로 허용될 수 있는 (또는 허용될 수 없는) 것으로 여길 것이다. 따라서 골수 나치 암살 조직원은 자신의 준칙이 자신 또는 모든 사람이 누구를 막론하고 모든 적들을 죽여야 한다는 것이 아니라 유대인들을 죽여야 한다는 것이라고 항변할지 몰라도 도덕적으로 심사숙고하는 사람은 나치 조직원의 준칙이 사실상 누구를 막론하고 모든 적들을 죽여야 한다는 폭이 넓은 준칙에 포함되는 폭이 좁은, 세부적인 경우라는 점을 깨달을 것이고 따라서 전자의 준칙이 결코 보편화될 수 없다는 점을 파악할 것이다.

하지만 이런 대응은 여전히 하나의 동일한 유형의 행위가 어떤 준칙을 근거로 삼아 수행되면 정언명령의 기준을 통과하지 못하고 다른 어떤 준칙을 근거로 삼아 수행되면 기준을 통과하게 될 여지를 남긴다—예를 들어 자기애를 동기로 삼아 우리 자신의 경제적 이익을 위해 거짓 약속을 하는 행위는 기준을 통과하지 못하지만 죄 없는 사람의 생명을 구하기 위해 거짓 약속을 하는 행위는 기준을 통과하는 듯이 보인다. 하지만 이는 앞서 살펴보았듯이 칸트의 원리를 확증하는 것일지는 몰라도 결코 비판하는 것일 수는 없다. 왜냐하면 법률조차도 어떤 행위의 동기와 근거가 그 행위의 합법성에 결정적인 차이를 낳는다는 점을 충분히 인정하기 때문이다. 예를 들면 법률도 행위자의 신념과 동기에 기초해 (살인을 저지른 사람이 진정으로 부당한 공격에 맞서 자신이나 죄 없는 다른 누군가의 생명을 구하기 위해 살인을 했다고 믿는지 아니면 오직 자신의 이익을 위해 가식적으로 그런 체하는지에 따라) 정당방위에 의한 살인인지 (이런 경우는 훨씬 적은 수에 불과하지만) 아니면 범죄에 속하는 살인인지를 (물론 이런 경우가 훨씬 더 많지만) 구별한다. 따라서 넓은 의미에서의 도덕도, 설령 논의 대상이 되는 의무가 법적으로 강제되는 것이 아니라 할지라도 당연히 이런 구별을 시도한다. 우리가 점심 약속을 어긴다고 해도 법적인 처벌을 받지는 않겠지만 사전에 알리지 않고 점심 약속을 어긴 여러 경우들 사이에 도덕적 차이는 분명히 존재한다. 예를 들면 나의 단골 상점에서 갑자기 할인 판매를 한다는 소식을 듣고 쇼핑을 하기 위해 점심 약속을 어긴 경우와 나의 자녀가 급히 병원에 실려가 그를 돌보기 위해 점심 약속을 어긴 경우 사이에는 큰 차이가 있다. 이런 상황과 동기의―바꾸어 말하면 준칙의―차이를 인정하지 않고 겉보기에 유사한 행위를 모두 같은 것으로 여기는 도덕이론은 심각한 결함을 지닌, 한마디로 잘못된 이론이다.

ii. 소극적 의무와 적극적 의무

보편/자연정식에 대해 제기되는 또 다른 비판은 정언명령의 이 정식이 소극적 의무, 예를 들면 자기애에 따라 거짓 약속을 하는 것을 금지하는 의무 등을 산출하는 데는 성공하지만 자선의 의무와 같은 불완전한 적극적인 의무는 제대로 산출하지 못한다는 것이다. 왜냐하면 어떤 준칙의 채택이 허용 불가능하다는 사실이 반드시 다른 어떤 준칙에 따라 행위해야 한다는 필연성을 산출하지는 못하기 때문이다. 우드의 주장을 예로 들면 '우리가 어떤 구체적인 원리를 규범으로 채택해서는 안 된다는 단순한 사실로부터 다른 어떤 규범적 원리를 채택해야만 한다는 점이 결코 직접 도출되지 않는다'는 것이다. 예를 들면 우리가 어려움에 빠진 다른 사람들을 절대 도와서는 안 된다는 원리를 채택하지 않는다 할지라도 이로부터 '때로는 다른 사람들을 도와야만 한다'는 점이 도출되지 않는다는 것이다.[30] 하지만 우드의 이런 지적은 잘못인 듯하다. 어떤 진술이 거짓이라는 사실은 곧 그 진술에 대한 모순명제가 참임을 함축한다. 예를 들면 '오늘 비가 내린다는 말은 거짓이다'는 '오늘 비가 내리지 않는다는 말은 참이다'를 함축한다. 따라서 어느 누구도 결코 돕지 않겠다는 준칙이 허용 불가능하다는 것은 어떤 때 누군가를 돕겠다는 준칙의 필연성을 함축한다. 하지만 이런 주장이 옳다 할지라도 여전히 한 가지 문제가 남는데 그것은 이른바 어떤 때 누군가를 도와야 한다는 준칙의 필연성이 칸트가 생각하는 적극적인 의무로서의 자선의 의무 수준에는 미치지 못한다는 점이다. 여기서의 문제는 자선과 같은 일반적 의무가 매우 구체적인 어떤 행위, 예를 들면 매달 많은 돈을 옥스팸(Oxfam)이나 아동구호기금(Save the Children)과 같은 자선단체에 기부하는 행위를 함축하지 않는다는 점이 아니다. 칸트는 불완전한 자선의 의무가 정확하게 규정된 어떤 행위를 함축해야 한다고 생각하지 않는다. 또한 그는—어떤 구체적 개인이 자선의 의무를 수행하는 방법은 그의 상황이나 재산, 다른 의무들과 같은 모든 요소들에 의존하므로—어떤 하나의 규칙으로 자선의 의무를 파악할 수 있다고도 생각하지 않는다. 문제가 되는 것은 오히려 칸트가 자선의 의무를 적절하게 일반적으로 규정함에도 이 의무가 어떤 때 누군가를 돕겠다는 최소한의 의무보다 많은 것을 요구한다는 점이다. 칸트도 자선의 의무를 두 번째로 설명하면서는 이것이 보편/자연정식으로부터 도출된 의무와 같은 것으로 여겨질 수 있다고 보면서, 앞서 지적한 대로 우리가 다른 사람들을 '할 수 있는 한' 또는 '가능한 한' 도와야 한다고 말한다(4:430). 그리고 비록 자선의 의무가 여전히 구체적이기보다는 일

---

30 Wood, *Kant's Ethical Thought*, 100면.

반적이라 할지라도 이것이 단지 '어떤 때 누군가를 돕는 것' 보다는 더욱 많은 것을 요구한다는 점을 분명히 한다. 그렇다면 여기서 제기되는 질문은 과연 칸트가 보편/자연정식을 통해 검토할 경우 '어느 누구도 결코 돕지 않겠다' 는 준칙이 허용될 수 없다는 사실로부터 이런 강력한 결론을 이끌어낼 수 있는가라는 것이다.

어쩌면 칸트가 『도덕』에서 제시한, 보편화 가능성의 요구로부터 자선의 의무를 이끌어내는 방식으로 되돌아감으로써 이 문제에 답할 수 있을 듯하다. 『도덕』에서 칸트는 우리 자신의 행복을 추구하라는 준칙 안에는 일반적인 합리성과 관련되는 것으로서 우리의 행복이라는 목적을 실현하기 위해 다른 사람들로부터 도움을 받기 원하는 욕구가 포함된다고 여기면서 이 준칙은 오직 나 자신을 포함한 모든 사람들로부터의 도움을 통해 모든 사람의 행복을 증진하려는 행위 방식으로 일반화될 경우에만 도덕적일 수 있다고 주장한다. 이제 어떤 목적을 원하는 사람은 합리성을 유지할 경우 그 목적을 위한 적절한 수단 또한 원한다는 원리를 사용해 우리 자신의 행복을 추구하라는 준칙을 더욱 정확하고 솔직하게 표현하면 다음과 같이 될 것이다. 곧 다른 사람들이 자신들의 재산이나 필요, 다른 의무 등을 고려해 제공하리라고 우리가 합리적으로 기대할 수 있는 만큼의 도움을 받으면서 자기 자신의 행복을 추구하라는 것이다. 이제 도덕성이 요구하는 대로 이 준칙을 보편화하면 모든 사람은 자신의 상황과 재산, 다른 의무 등을 고려해 할 수 있는 한 다른 모든 사람들이 그들의 행복을 실현할 수 있도록 도와야 한다는 것이 될 것이다―그리고 이는 곧 다른 사람들을 '할 수 있는 한' 또는 '가능한 한' 도와야 한다는 준칙과 같은 것이다. 이런 해석이 옳다면 보편/자연정식은 목적정식으로부터의 논증과 마찬가지로 더욱 많은 것을 요구하는, 적극적인 자선의 의무를 명백히 산출하게 되며 자선의 의무를 누구든 원할 수 있는 것으로 만들 것이다. 물론 이런 논증을 통해서도 다른 모든 사람들을 항상 도와야 한다는 의무를, 곧 어느 누구도 결코 돕지 않겠다는 준칙과 정반대되는 의무를 산출할 수는 없다. 하지만 칸트뿐만 아니라 정상적인 사람이라면 다른 어느 누구도 이와 같은 의무를 지지하는 논증을 펼치지는 않을 것이다. 왜냐하면 어떤 사람도 그런 의무가 요구하는 바를 그 어떤 효과적인 방법으로도 수행하지 못할 것이기 때문이다.

우리가 다룬 것 이외에도 정언명령에 대한 다른 비판들이 수없이 많다는 점은 의심의 여지가 없다. 하지만 여기서 우리는 이런 비판에 대한 논의를 마무리 지은 것이 아니라 단지 시작했을 뿐이라고 여기고 이제 다음 질문으로 눈을 돌리려 한다. 이 질문은 과연 칸트가 자유롭고 이성적인 행위자에 대한 일반적인 관념으로부터 이끌어낸 정언명령이 실제로 우리와 같이 현실적으로 존재하는 인간에게 적용되며 구속력을 지닌다는 점을 보일 수 있는가라는 것이다. 그리고 이 질문은 바로 칸트가『정초』3절에서 해결하려는 과제이기도 하다.

탐구할 문제

1. 도덕철학에서 경험적 방법의 문제점은 무엇인가? 칸트는 이런 방법에 대한 진정한 대안을 제시하는가?

2. 칸트는 가언명령은 목적에 의존하며 정언명령은 목적에 의존하지 않는다고 말함으로써 이 둘을 구별했는데 이런 구별은 성공적인가? 만일 그렇지 않다면 이들을 구별할 다른 방법이 있는가?

3. 준칙이란 무엇인가?

4. 칸트는『정초』2절에서는 오직 정언명령의 개념으로부터 보편정식을 이끌어내고, 1절에서는 의무라는 동기로부터 경향성을 배제함으

로써 이를 이끌어내었는데 이 두 도출 과정 사이의 관계는 무엇인가?

5. 준칙을 보편화하는 과정에서 등장하는 개념상의 모순과 이성적 의지와의 모순 사이의 관계는 무엇인가?

6. 어떤 방식을 통해서 목적정식은 보편/자연정식으로 파악되는 정언명령의 가능 근거를 제공하는가?

7. '목적의 나라'를 통해 칸트가 의미한 바는 무엇이며, 왜 이것이 도덕의 궁극 목표가 되어야 하는가?

8. 칸트가 정언명령의 다양한 정식들로부터 구체적 의무들을 이끌어내는 방식은 설득력이 있는가? 만일 그렇다면 어떤 방식이 가장 바람직한가?

9. 칸트가 제시한 '불완전한 의무'의 범주는 도덕원리들의 보편성을 파괴하는가?

10. 우리는 보편/자연정식을 도덕원리로서 성공적으로 사용하기 위해 현실의 행위자가 심사숙고를 거쳐 행위할 때 따르는 구체적 준칙을 발견할 수 있어야 하는가? 또한 정언명령의 다른 정식들을 심사숙고의 원리로 사용할 수 있는가?

11. 칸트는 정언명령의 정식들을 몇 가지나 사용하는가, 그리고 이들 사이의 관계는 무엇인가?

12. 칸트는 자신이 도덕성의 가장 근본적인 원리를 확인했다고 주장하기에 충분할 만한 방법을 제시하는가?

6 장

본문 읽기: 3절
정언명령의 적용

1. 정언명령은 우리에게 적용되는가?

『정초』 2절 전반에 걸쳐 칸트는 이성적 의지의 순수한 개념으로부터 정언명령을 이끌어내었고, 이제 남은 유일한 문제는 정언명령이 우리와 같은 인간에게 적용된다는 점을 증명하는 것이라고 주장했다(예를 들면 4:425, 431-2, 445). 사실 도덕성의 근본 원리를 정언명령으로 제시하면서, 곧 경향성도 지니기 때문에 도덕이 명령하는 바와 다르게 행위하기도 하는 행위자에게 가해지는 강제를 설명하면서뿐만 아니라 정언명령에서 도출되는 여러 유형의 의무를 다양한 예를 통해 드러내면서도 칸트는 이성적 존재 일반과 대비되는 인간 본성에 관한 몇몇 핵심적인 사실들을 전제한다. 하지만 도덕성의 원리 자체에만 관련해서 보면 이런 사실들에 대한 칸트의 주장은 이성적 존재에게 타당한 도덕성의 근본 원리가 실제로 우리 같은 인간에게 적용되며 따라서 우리에게 구속력을 지닌다는 점을 증명하기보다는 전제한다고 말할 수 있다. 칸트는 도덕성의 일반 원리와 관련해 자신이 2절에서 이룬 바와 3절에서 행해야 할 바를 다음과 같이 적절하게 요약한다.

그러므로 이 절[2절]은 1절과 마찬가지로 분석적이었다. 이제 도덕성이 일종의 환영이 결코 아니라는 주장은―이는 정언명령 그리고 이와 더불

어 의지의 자율이 절대적으로 필연적인, 아프리오리한 원리로서 참이라면
이로부터 도출되는 바이기도 한데—**순수한 실천이성의 가능한 종합적 사
용을** 요구한다. 하지만 우리는 이런 이성 능력 자체에 대한 **비판을** 먼저
시도하지 않고서는 감히 이성을 이렇게 사용할 수 없으므로 이제 마지막
절에서 우리의 의도에 알맞게 이런 비판의 주요 특징들을 서술하려 한다.
(4:445-6)

이 인용문에서 칸트가 의미하는 바는 순수하게 이성적인 의지작용의
개념의 분석을 통해 도출된 것으로 드러난 도덕성의 원리가 이제 우리
자신의 이성 능력, 곧 순수한 실천이성을 포함하는 능력에 대한 비판
또는 검토를 통해 정언명령의 형태로 우리에게도 적용된다는 점을 보
여야 한다는 것이다. 사실 칸트가 3절에서 여러 차례 암시하듯이 이런
비판은 우리의 이성에 실천이성이 포함된다는 점뿐만 아니라 순수한
실천이성이 우리의 '진정한 자아'를(4:458, 461) 드러낸다는 점을 보
여야 한다. 그렇다면 순수한 실천이성의 원리는 일상적인 실천이성의
도구적 원리보다 우리 자신의 정체성을 더욱 분명하게 드러낸다. 단지
목적에 대한 수단을 규정하는 도구적 원리로서의 가언명령 자체는 순
수한 실천이성이 규정한 것이 아니다.

하지만 '도덕성이 일종의 환영이 아니라는' 점을 증명하는 것은 몇
가지 서로 다른 것을 의미할 수 있다. 이 증명의 여러 의미 중 하나는
우리가 도덕이 요구하는 바대로 행위할 능력을 지니므로 도덕적이 되는
것이 결코 우리에게 불가능한 이상이 아니라는 점을 보이는 것이다. 다
른 하나의 의미는 도덕성이 실제로 우리에게 의무를 부과하는 규범이
므로 도덕적이 되는 것은 우리와 무관한 이상이 아니라는 점을 보이는
것이다. 2절에서 칸트가 드러낸 바를 전제할 때 우리는 어쩌면 칸트가

후자, 곧 도덕원리가 실제로 우리에게 의무를 부과한다는 점을 먼저 증명하고 그 후에 전자, 곧 우리가 사실상 자유롭게 이런 원리에 따라 삶을 영위한다는 점을 증명하리라고 기대할지도 모른다. 하지만 사실상 3절에서 칸트는 이런 식으로 논의를 전개하지 않는다. 3절의 핵심 요지는 오히려 칸트의 형이상학에서 도출된, 다음과 같은 하나의 주장이다. 우리 존재의 가장 깊은 차원에서 보면 현상으로 드러나는 바와는 반대로 우리는 도덕법칙에 따라 행위할 의무 아래 놓여 있고, 우리가 그렇게 행위하기로 선택한다면 자유롭게 그렇게 할 수 있을 뿐만 아니라 사실상 도덕법칙에 따라 행위하는 것 이외에 달리 행위할 수 없는 진정으로 순전히 이성적인 행위자이다. 그런데 이 주장은 우리가 도덕법칙에 따라 행위해야만 한다는 순전히 규범적인 주장의 근거를 제공하려는 시도를 완전히 회피하는 것이며, 그 자체로도 심각한 문제를 지닌다. 결국 3절에 등장하는 형이상학은 2절을 넘어서서 우리가 도덕성에 따라 행위할 능력을 지닌다고 생각할 만한 근거를 제공할지는 몰라도 2절에 등장했던 주장, 곧 우리가 도덕법칙에 따름으로써 자율에 도달하고 자율은 고유한 존엄성을 지니므로 우리는 도덕법칙에 따라 행위해야만 한다는 점을 증명하는 데 성공하지는 못하는 듯하다.

　3절의 목표에 대해 칸트가 직접 언급한 몇몇 대목을 보면 그는 오히려 이 문제로부터 우리의 주의를 돌리려는 듯이 보인다. 한 대목에서 그는 자신의 목표를 의지의 자유가 '자연의 필연성과 모순되는 듯이 보이기' 때문에 발생하는 '이성의 변증론'을 해소하는 것으로 특징짓는다(4:455). 이 변증론은 우리 자신을 포함한 자연 안의 모든 피조물이 결정론적인 자연법칙에 따르지 않을 수 없는데 우리는 항상 정언명령에 따라 행위할 능력을 지닌다고, 곧 자유롭게 행위할 능력을 지닌다고 가정하기 때문에 등장한다. 결정론에 따르면 우리가 행위 이전에 받은 교육 등을 통해 우리가 무엇을 행할 것인가를 예측할 수 있을 텐데 우리는 어떻게 이들과 무관하게 정언명령의 요구에 따라 자유롭게 행위할 수 있는가? 이 변증론을 해소하는 방법은 과학적인 관점에서 우리의 행위를 자연법칙에 따라 설명하고 예측할 수 있다 할지라도 우리가 자유 의지를 지니는 일이 어떻게 가능한가를 보이는 것이다. 그런데 이런 해석은 3절에서 칸트가 단지 우리가 도덕법칙에 따라 행위할 능력을 지니므로 도덕법칙이 우리에게 적용될 수 있다는 점만을 증명하려 할 뿐 도덕법칙이 우리에게 적용되어야만 한다는 점을 증명하려 하지는 않음을 암시한다. 이와 같은 맥락에서 칸트는 3절 마지막 부분에서 자신이 2절에서 대답되지 않은 채 남았던 질문, 곧 '어떻게 정언명령이 가능한가?' 라는 질문에 대해 '이성의 **실천적 사용**을 위해, 곧 **이 명령의 타당성을 확신하기** 위해' 전제되었던 우리의 자유가 그 자체로 가능하다는 점을 보임으로써 최종적으로 답했다고 선언한다(4:461). 이런 선언 또한 3절에서 자신이 증명해야 했던 바는 우리가 정언명령이라는 규범에 따라 행위하는 것이 가능하다는 점이었을 뿐 규범 자체가 아니었음을 암시한다.

하지만 이전에 칸트가 명령들의 가능성을 논의한 부분으로(4:417-20) 되돌아가보면 다음과 같은 점들을 떠올릴 수 있다. 칸트는 가언명령의 가능성을 설명하는 데는 아무런 문제가 없다고 생각했다. 이 경우 가언명령에 따라 행위할 근거가 오직 경향성에 의해 주어지며, 우리가 경향성을 만족시키기 위해서 기꺼이 가언명령에 따라 행위한다는 더 이상의 사실을 설명하기 위해 우리는 단지 '목적을 원하는 사람은 누구든지 그것에 대한 수단도 원한다' 는 원리가 그 어떤 이성적 의지에 대해서도 분석적으로 참이라는 점을 깨닫기만 하면 충분하기 때문이다. 이런 사실은 '어떻게 정언명령이 가능한가?' 라는 질문에 대한 대답이 정언명령에 따라 행위할 근거와 가능성을 모두 설명해야 함을 암시한다. 곧 왜 우리가 정언명령에 따라 행위해야만 하는가라는 규범적 질문과 어떻게 우리가 정언명령에 따라 행위할 수 있는가라는 사실적 질문에 대해 모두 대답해야만 함을 암시한다. 그렇다면 3절에는 왜 정언명령이 우리 인간에게 적용되는 무조건적인 규범인가라는 질문과 우리의 행위를 자연주의적이고 결정론적으로 해석해야 하면서도—이런 해석 자체는 과학의 필수적 부분이기도 한데—어떻게 우리가 정언명령의 끊임없는 요구에 따라 행위할 수 있는가라는 질문에 대한 대답이 모두 등장해야 한다.

하지만 앞서 지적한 바와 같이 사실상 3절의 핵심은 우리가 필연적으로 정언명령에 따라 행위한다는 형이상학적 주장인데 어쩌면 이는 우리가 정언명령에 따라 행위해야만 하며 또한 그것에 따라 행위하는 것이 가능하다는 점 모두를 단번에 보이려는 시도인지도 모른다. 왜냐하면 현실성은 가능성을 함축하기 때문이다. 하지만 우리는 또한 칸트가 『정초』이후에 쓴 도덕철학에 관한 저술들에서뿐만 아니라 심지어 『정초』 3절 안에서도 이런 다소 문제가 있는 형이상학적 주장으로부터 한 걸음 물러선다는 점을 살펴볼 것이다. 이런 대목들에서 칸트는 자신의 형이상학적 주장을 오직 우리가 정언명령에 따라 행위할 수 있다는 가능성만을 증명하기 위해 고안된 것인 듯이 다룬다. 하지만 이는 칸트가 정언명령이 우리의 가장 근본적인 의무라는 종합명제를 형이상학적 수단을 통해 증명하기를 포기했음을 의미한다. 따라서 결국 3절은 우리가 정언명령에 따라 삶을 영위할 의무를 받아들이고 이를 동기로 삼는 근거는 바로 존엄성에 대한 우리의 감각이라는 2절의 주장에 별로 더 하는 바가 없는 듯하다.

2. 3절의 임무

칸트는 3절의 첫머리를 지금까지 2절에서 설명했던 바를 다시 언급하는 것으로 시작하는데 이 부분은 분명한 이해를 돕는 동시에 혼동을 불러일으키기도 한다. 이 부분이 이해를 돕는 까닭은 자유와 도덕법칙 사이의 연결이 『정초』에 등장하는 전체 주장의 기초라는 점을 2절에서보다 더욱 명확히 제시하기 때문이다. 또한 이 부분이 혼동을 일으키는 까닭은 한편으로 자유와 도덕법칙 사이의 연결은 물론 다른 한편으로 자유와 심지어 순수한 이성적 존재의 개념 사이의 연결도 종합적이라고 주장하기 때문이다. 그런데 2절에서 칸트는 이미 이런 연결이 분석적이라고 생각하도록 우리를 인도했으며, 오직 순수한 이성적 존재의 개념과 이 개념이 우리와 관련해서 함축하는 모든 것 사이의 연결만이 종합적이며 따라서 증명될 필요가 있다고 주장한 듯하다. 후자의 연결이 증명될 필요가 있음은 명백하며, 우리는 이 연결이 어떻게 증명될 수 있는지를 살펴보아야 한다. 하지만 이제 우리는 자유와 순수한 이성적 존재의 개념 사이의 연결조차도 종합적이라는 주장이 과연 어떤 의미라도 지닐 수 있는지 아니면 단지 칸트가 실수로 잘못 말한 것인지도 함께 살펴보아야 한다.

칸트는 3절 첫머리에서 자유에 대한 '소극적' 정의와 '적극적' 정의를 구별한다. 그는 우선 의지를 '살아 있는 존재가 이성적인 한에서 지니는 일종의 인과성'으로 정의한 후 자유에 대한 소극적 정의는 '이런 인과성의 성질로서 의지를 **규정하는** 외부의 원인들과 무관하게 작용할 수 있는 것'이라고 말한다. 뒤이어 이런 자유는 **자연적 필연성**, 곧 '외부의 원인들을 통해 활동이 규정되는, 모든 비이성적 존재들의 의지가 지닌 성질'과 대비된다고 말한다(4:446). 자유에 대한 이런 소극적 정의와 관련해 중요한 세 가지 논점을 지적할 수 있다. 첫째, 이 정의는 의지가 실제로 외부의 원인들과 무관하게 규정되거나 규정되어야 하며 오직 그럴 경우에만 자유롭다고 말하지 않고 의지가 그렇게 규정될 수 있는 한에서 자유롭다고 말한다. 둘째, 이 정의는 자유를 외부의 원인들에 의해서 규정되지 않을 수 있는 가능성으로 여기지만 외부의 원인들이 미칠 수 있는 가능한 모든 영향을 배제하지는 않는다. 셋째, 이 정의는 무엇을 외부의 원인들로 여길지에 대해서는 전혀 아무런 제한도 제시하지 않는다. 따라서 앞으로 보게 되듯이 오직 의지가 자기 자신에 의해 또는 오직 자신의 형식에 의해 규정되는 경우를 제외하고는 의지가 잠재적 자유를 실현한다고 여길 수 없다. 이 세 가지 논점과 관련해 우리는 칸트가 자유는 외부적 원인들에 의해 규정되는 것이 아닌 단지 자기규정적인 의지의 가능성이라는 생각을 계속 유지하는지, 외부적 원인들에 의해 규정되는 것이 아닌 자기규정적인 의지가 과연 무엇을 의미하는지 그리고 외부적 원인들에 의해 규정되지는 않지만 여전히 이런 원인들의 영향을 받는 의지가 무엇을 의미하는지 등을 물어보아야 한다.

이런 질문들에 대한 대답은 칸트가 다음 문단에서 의지의 자유에 대한 적극적 개념을 도입하면서 명확해진다. 여기서 그는 의지의 개념은 일종의 인과성 개념인데 그 어떤 인과성의 개념도 '법칙의 개념을 동반하므로' 자유 또한 법칙에 따르는 의지와 무관할 수 없다고 말한다. 자유는 '자연법칙'에 따라 규정되는 의지와는 무관함에 틀림없지만 오히려 '특별한 종류의 불변적인 법칙에 따라 규정되는 의지'와 관련된다. 따라서 의지는 단지 소극적인 의미에서만 자유로울 수는 없다. 의지는 또한 적극적인 의미에서도 자유로워야만 한다.[1] 더욱이 '자연적

---

1   따라서 칸트가 제시한, 자유에 대한 소극적 정의와 적극적 정의 사이의 구별은 벌린(Isaiah Berlin)이 '자유의 두 개념'(Two Concepts of Liberty)이라는 유명한 논문

필연성은 타율적으로 작용하는 원인인' 반면 적극적인 의미에서 의지의 자유는 '자율, 곧 자기 자신에게 법칙이 되는 의지의 성질 이외의' 다른 어떤 것일 수 없다. 하지만 뒤이어 칸트는 다음과 같이 말한다.

> 의지가 모든 행위에서 자기 자신에게 법칙이 된다는 명제는 오직 자기 자신을 또한 보편법칙의 대상으로 지닐 수 있는 준칙 이외의 다른 어떤 준칙에 따라서도 행위하지 않는다는 원리를 표시할 뿐이다. 그런데 이것이 바로 정언명령의 [첫 번째] 정식이며 도덕성의 원리이다. 따라서 자유로운 의지와 도덕법칙 아래 있는 의지는 서로 동일하다. (4:446-7)

따라서 적극적인 관점에서는 의지가 법칙에 의해 지배되는 다른 모든 것들과 마찬가지로 일종의 인과성에 따르지만 소극적인 관점에서는 의지가 그 어떤 외부적 원인에서 기인한 법칙이나 타율에 의해 지배를 받지 않는다는 말의 의미는 의지가 오직 법칙의 형식, 곧 보편화될 수 있는 준칙에 따라서만 행위한다는 것이다. 그렇다면 적극적인 의미에서 자유로운 의지는 스스로 도덕법칙의 지배를 받는 의지 이외의 다른 어떤 것도 아니다. 하지만 그런 의지가 지니는 준칙의 내용이 의지의 순

에서 제시한 구별과는 뚜렷하게 대비된다. 벌린의 이 논문은 원래 1958년 그가 옥스퍼드 대학교 취임 강의에서 발표했던 것인데 후에 그의 저서 *Four Essays on Liberty* (Oxford: Oxford University Press, 1969), 118-72면에 다시 수록되었다. 벌린이 생각한 자유의 '소극적' 의미와 '적극적' 의미는 정치적 이상의 두 가지 대안을 나타낸다. 전자는 정부가 개인들에게 간섭하지 않고 가능한 최대한의 자유를 허용하는 이상(로크와 밀이 주장한 고전적인 자유주의의 이상)을 표현하며, 후자는 오직 정부를 통해 개인의 자아실현이 이루어질 수 있다는 이상(헤겔과 그의 후계자들이 주장한 정치적 이상주의 그리고 몇몇 학자들이 20세기 자유주의로 여기는 이론의 이상)을 표현한다. 칸트의 구별은 정치적인 것이 아니며 오히려 불완전하게 특징지어진 자유 일반과 자유를 가능하게 하는 유일한 기초를 밝힘으로써 완전하게 특징지어진 자유 사이의 구별이라고 할 수 있다.

수한 형식 외부에 놓여 있는 요소들에 의해서 영향을 받는다는 점은 명백하다—예를 들면 나는 나 자신의 행복을 실현하기 위해 다른 사람들을 돕겠다는 준칙은 나는 행복을 원하는데 항상 나 혼자만으로 행복에 이르리라고 확신할 수는 없다는 자연적 사실들의 영향을 받는다. 그리고 바로 이런 의미에서 외부적 요소들은 자유로운 의지에 영향을 미칠 수 있다. 하지만 적극적인 의미에서 자유로운 의지는 여러 준칙들 중 오직 보편화될 수 있는 준칙에 따라서만 행위하며, 바로 이런 의미에서 의지는 그런 외부적인 요인에 의해서가 아니라 오직 자신의 법칙에 의해서 규정된다고 할 수 있다.

지금까지 칸트의 논증은 『정초』 2절의 설명보다 명확하다고 볼 수 있는데 그 까닭은 그의 논증이 자유에 관한 것이 분명하며, 그가 앞서 제시한 목적 자체로서의 인간성 개념에 대한 정의를 통해 자유에 관한 내용을 이끌어낼 필요가 없기 때문이다. 하지만 여기서 그의 논증이 명백히 형이상학적인 특성을 지닌다는 점 또한 지적하지 않을 수 없다. 칸트는 『정초』 이전의 저술들에서와는 달리 경향성이 우리를 규정하는 것에서 벗어나려는 자유의 '소극적' 목표가 오직 우리가 도덕법칙과 일치하는 행위를 함으로써, 곧 도덕법칙에 일치하게 행위하는 것을 자유라는 목적에 이르는 수단으로 만듦으로써 성취될 수 있다고 주장하지 않는다. 오히려 그는 일반적인 인과성 개념을 기초로 삼아 만일 자유로운 의지가 경향성을 행위와 연결하는 자연법칙에 의해 규정되지 않아야 한다면 의지는 다른 어떤 법칙, 사실상 자기규정적인 다른 법칙에 의해 규정되어야 한다고 주장한다. 그리고 이런 가정으로부터 법칙의 내용을 이끌어낸다. 이렇게 인과성의 개념에 의존하지 않는다면 현재의 논증은 제대로 성립하지 않을 것이다. 그런데 사실상 이 논증은 칸트 자신의 주장에 비추어보아도 논쟁거리가 될 만하다. 왜냐하면

『순수이성비판』에서 그는 자유가 법칙이 지배하는 원인과 결과의 연쇄를 처음 시작하는 능력일 수도 있다고 주장한다. 그렇다면 어떤 행위는 그 자체로 어떤 원인의 결과도 아니며 따라서 어떤 법칙의 지배도 전혀 받지 않게 된다.[2] 어쩌면 칸트가 『정초』에서 말하려는 바는 다음과 같은 것인지도 모른다. 자신이 『순수이성비판』에서 특징지은 자유의 개념은 불완전했으며(어쨌든 그는 『순수이성비판』에서 도덕철학을 충분히 발전된 형태로 제시하지 않았다) 이제 자유로운 행위는 단지 자연법칙에 따라 이전의 어떤 자극으로부터 등장하도록 규정된 것이 아니라 의지가 스스로 부여한 법칙에 의해서 규정됨에 틀림없는 행위로 이해되어야 한다. 하지만 이런 행위로부터 그 이후의 연속적인 결과가 계속 이어지는데 이는 자연법칙에 따라 설명할 수 있다. 하지만 칸트는 이렇게 명확하게 설명하지 않는다.

이 문제는 그렇다 치고 이제 칸트는 나름대로 분명한 주장을 제시하는데 이 또한 혼동을 불러일으킨다. 그는 다음과 같이 말한다. '만일 의지의 자유가 전제된다면 도덕성 및 그것의 원리는 자유의 개념을 분석하기만 하면 바로 도출된다. 하지만 도덕성의 원리, 곧 절대적으로 선한 의지는 보편법칙으로 여겨질 수 있는 준칙을 항상 스스로 자신 안에 포함할 수 있는 의지라는 원리는 일종의 종합명제이다. 왜냐하면 이런 성질은 절대적으로 선한 의지의 개념을 분석해서는 결코 발견될 수 없기 때문이다'(4:447). 이 대목이 혼동을 일으키는 까닭은 칸트가 앞서 『정초』 1절에서 선의지는 의무의 요구에 기꺼이 세심한 주의를 기울이는 형태로 자신을 표현한다는 가정과 더불어 절대적으로 선한 의지의 개념을 분석함으로써 정언명령 중 보편법칙의 정식에 실제로 이를 수 있다고 분명하게 주장했기 때문이다. 이제 칸트가 선의지와 법칙에 따르는 특성을 드러내는 자유로운 의지 사이의 연결이 종합적이라고 말하면서 염두에 둔 바는 어쩌면 선의지가 법칙에 따라 행위함으로써 자신을 표현하는 데 필요한 조건이 의무의 요구 또는 강제로 드러나는 것은 오직 인간이 처한 특별한 상황, 곧 도덕적인 선의지의 요구와 항상 양립할 수는 없는 경향성을 지니기 때문이라는 점인지도 모른다. 하지만 이것이 그가 의미하는 바라면 이는 그가 3절의 현 단계에서 시도하려는 바, 곧 정언명령이 우리 인간에게 적용된다는 점을 증명하기에 앞서 2절에서 행한 분석을 요약하는 작업과 그리 잘 들어맞지 않는다.

또 다른 해석의 가능성은 그가 선의지의 개념과 보편화 가능성의 원리에 따라 자율적으로 자신을 규율하는 자유로운 의지 사이의 연결이 종합적이라고 말하는 까닭은 이 연결이 자유의 유지와 증진이 무조건적인 가치를 지닌다는 규범적 명제에 의존하기 때문이라고 여기는 것이다. 이 명제는 종합적인 것으로서 이를 전제 중 하나로 삼고, 여기에 선의지 또한 무조건적인 가치를 지닌다는 전제를 더하면 선의지는 정언명령에 따르는 자유로운 의지의 발휘 또는 자율로 구성된다는 삼단논법이 만들어진다. 이는 칸트가 『정초』 이전의 저술들에서 도덕법칙에 대해 전개했던 논증의 구조뿐만 아니라 우리가 2절에서 살펴보았던, 인간성의 개념이 자신의 목적을 스스로 설정함에서 드러나는 자유의 개념과 동일하며 이렇게 이해할 경우 인간성의 가치는 가장 근본적인 규범적 주장으로 여겨져야 하고 이로부터 칸트가 제시한 모든 정언명령의 정식들이 도출된다는 논증의 구조까지도 충실히 반영한다. 이제 선의지와 도덕법칙 아래 있는 의지 사이의 연결이 종합적이라는 칸트의 언급은 2절에서 제시한 논증이 자유에 관한 진정한 논증이며, 이 논증은 자유의 가치에 관한 규범적 명제에 의존한다는 점을 강조할 수 있는 방법을 제시한다고 볼 수 있다. 물론 이런 해석은 2절의 논증이 전체로 보면 분석적이라는 칸트의 주장과 약간의 긴장 관계를 형성한다. 하지만 2절에 등장하는 모든 명제들이 과연 우리에게 적용되는가라는 질문에 대한 대답은 2절에는 등장하지 않는다는 칸트의 주장과는 어떤 긴장 관계도 형성하지 않는다. 따라서 3절이 바로 이 질문에 대해 긍정적인 대답을 내리기 위해 마련된 것이라고 가정한다 해도 아무런 문제도 일어나지 않는다. 이런 해석은 또한 2절에서 인간성이 무조건적인 가치를 지닌다는 규범적 명제가 정확히 어떻게 증명되어야 하는지가 그리 분명하게 드러나지 않았다는 점을 상기시킨다. 만일 선의지와 도덕법칙 사이의 연결점이 종합적이라는 칸트의 현재 주장이 자율이 무조건적인 가치를 지닌다는 명제가 종합적이라는 점을 암시한다면 3절은 위의 규범적 명제를 증명하려는 목표를 지닌다고 볼 수 있을 듯하다.

여기서 칸트가 말해주기를 기대할 만한 또 다른 점은 선한 의지와 도덕법칙 아래 있는 의지 사이의 연결점이 종합적이라는 점보다는 오히려 자유로운 의지와 도덕법칙 사이의 연결점이 종합적이라는 점이다. 곧 자유로운 의지는 오직 보편화 가능한 준칙에 따라 행위해야 한다는 개념에 의해 강제되는 것이 아니라 오직 보편화 가능한 준칙에 따라 행위함으로써 우리 자신과 다른 사람들 모두의 인간성과 자유를 유지하고 증진하든 아니면 보편화 불가능한 준칙에 따라 행위함으로써 우리 자신과 다른 사람들의 자유를 파괴하든 이것이 의지의 자유로운 선택이라는 점이다. 우리는 칸트가 이 점을 3절 첫머리에 등장하는 주장, 곧 자유가 외부의 원인들과 무관하게 자신을 규정할 수 있는 의지의 성질이라는 주장에 대한 설명으로 언급하기를 기대했을 수도 있다. 그랬다면 외부의 원인들을 의지의 자유를 유지하지 못하게 만드는 원인들로 여김으로써 자유로운 의지가 자신을 자유를 유지하는 방식으로 규정하지 못할 수도 있는 가능성을 열어두게 된다. 달리 말하면 자유로운 의지가 어떤 경우에는 자신의 자유를, 다른 경우에는 다른 사람의 자유를 파괴하는 방식으로 사용할 수도 있다는 것이다. 예를 들면 자살에 관한 논의에서 칸트는 자유로운 의지가 유감스럽게도 자살 행위를 자유롭게 선택할 가능성을 분명히 인정한다. 곧 자유로운 의지는 자유를 유지하고 증진하려면 도덕법칙에 따라야 하지만 이렇게 도덕법칙에 따르는 것은 규범적 필연성일 뿐이며 그렇게 하는 것이 어떤 형이상학적 필연성도 지니지는 않는다. 하지만 칸트는 여기서 종합적이라는 개념을 이런 논점을 형성하기 위해 사용하지 않는다. 오히려 그는 외부의 법칙에 의해 규정되지 않는 일종의 인과성으로서 의지의 자유는 내부의 법칙에 의해 규정되어야만 한다고 전제함으로써 이런 논점의 형성을 스스로 가로막는다. 우리는 다음 절에서 『정초』의 핵심 논증에 대해 논의하면서 이 점을 다시 살펴볼 것이다.

   하지만 이 문제를 다루기 전에 3절 첫머리에 대한 논의를 마무리 짓는 편이 좋을 듯하다. 종합명제에서는 주어와 술어가 항상 '제삼의 것'에 의해 연결된다는(『순수』, A 155/B 194) 자신의 일반적 주장을 언급한 후 칸트는 적극적인 의미에서 이해된 자유가 선의지와 도덕법칙을 연결하는 제삼의 것으로 작용한다고 말한다. 왜냐하면 그가 가정하듯이 자유로운 의지는 선의지이며, 또한 그가 명확히 주장했듯이 자유로운 의지는 도덕법칙 아래 있는 의지이기 때문이다. 그가 다음으로 논증하려는 바는 이성적 존재 일반이 자유로우며 따라서 도덕법칙의 지배를 받는다는 점, 그리고 뒤이어 우리는 이성적 존재이므로 도덕법칙의 지배를 받는다는 점이다. 물론 후자가 『정초』 3절의 핵심 논점임은 의심의 여지가 없다. 따라서 이런 결론으로 나아가기 위한 다음 단계는 '자유는 모든 이성적 존재의 의지가 지닌 성질로 전제되어야 한다' 는

(4:447) 점을 증명하는 것이다. 이 명제를 증명하기 위한 가장 중요한
단계로 칸트는 다음과 같이 주장한다.

> 오직 **자유의 이념 아래에서**밖에 행위할 수 없는 모든 존재는 바로 이런 까
> 닭에 실천적 관점에서 실제로 자유롭다. 곧 자유와 분리될 수 없이 밀접하
> 게 결합된 모든 법칙들은 그런 존재에게 타당한데, 이는 마치 그런 존재의
> 의지가 그 자체로도 또한 이론 철학에서도 타당하게 자유롭다고 선언되는
> 것과 같다. 나는 이제 다음과 같이 주장한다. 우리는 의지를 지닌 모든 이
> 성적 존재에게 오직 그가 그 아래서만 행위할 수 있는 자유의 이념을 필연
> 적으로 부여하지 않을 수 없다. 왜냐하면 우리는 그런 존재가 실천적인 이
> 성, 곧 자신의 대상에 대해서 인과성을 지니는 이성을 소유한다고 생각하
> 기 때문이다. (4:448)

여기서 칸트는 이성적이기 위해서는 자신의 행위를 이성에 의해 규정
되는 것으로 생각할 수 있어야 한다고 여기는 듯이 보인다. 단순히 판
단을 내리는 이론적인 경우와 관련해서 이성적이라는 것은 이성적 존
재라면 자신의 판단이 자신의 이성에 의해 규정된다고, 곧 이성의 규칙
과 기준을 이성적 원리들에 따라 수집된 증거에 적용해 판단을 내린다
고 생각할 수 있어야 함을 의미한다. 이론적으로 이성적인 행위자는 자
신의 판단이 우연히 생길 수 있는 외부 세계로부터의 자극을 포함하여
그 어떤 외부의 작용에 의해서도 강요된다고 생각하지 않는다. 그런 행
위자는 스스로 자신의 원리에 따라 증거를 모으고 평가한 후 자신의 판
단을 내린다고 생각한다. 달리 말하면 그런 행위자는 자신을 자유롭고
자율적인 인식의 주체로, 곧 자기 자신의 이성에서 유래한 규칙들에 따
라 판단을 내리는 존재로 여긴다. 실천적으로 이성적인 행위자 또한 자

신을 이런 방식으로 생각한다. 곧 자신을 의지 외부에서 발생하는 자극
에 의해 행위하는 존재가 아니라 오직 자신의 이성에 기초한 원리에 따
라 의지에 영향을 미치는 자극을 평가하고 이에 기초해 행위하는 존재
로 여긴다. 달리 말하면 실천적으로 이성적인 행위자는 자기 자신을 자
유롭고 자율적인 행위자로 여긴다―만일 그렇지 않다면 자신을 행위
와 실천에서 이성을 근원으로 삼을 수 없을 것이다. '이성은 외부의 영
향으로부터 독립적으로 자신을 자신이 따르는 원리의 창시자로 여겨야
한다. 따라서 실천이성으로서 또는 이성적 존재의 의지로서 이성은 자
기 자신을 자유로운 존재로 여겨야만 한다. 달리 말해 이성적 존재의
의지는 오직 자유의 이념 아래서만 자신의 의지일 수 있다'(4:448). 오
직 자신의 이성을 행위의 근원으로 여기는 존재는 자신을 외부의 영향
들로부터 자유로운―곧 소극적인 의미에서 자유로운―존재로 여기는
동시에 자신의 의지의 법칙에 의해 규정되는―곧 적극적인 의미에서
자유로운―존재로 여긴다.

따라서 칸트는 완전하게 파악된 자유, 곧 소극적으로뿐만 아니라 적
극적으로도 파악된 자유는 필연적으로 실천적으로 이성적인 존재, 곧
이성적 행위자의 개념과 연결된다고 주장한다. 이제 칸트는 과연 우리
가 그런 존재인지, 우리 자신을 자유롭다고 여겨야 하고 자유와 도덕법
칙을 연결하는 앞서 논증에 따라 필연적으로 그런 법칙에 따라야 하는
존재인지를 묻는 질문에 답할 준비를 갖추었다. 그의 표현을 빌리면
'우리는 마침내 도덕성의 결정적 개념을 추적해 자유의 이념에로 거슬
러 올라갔다. 하지만 우리는 아직 이 이념을 우리 자신 안에서나 인간
본성 안에서 현실적인 것으로 증명하지는 못했다'(4:448). 그렇다면
이제 칸트의 임무는 자유 그리고 따라서 도덕성이 '우리 자신 안에서
와 인간 본성 안에서 현실적인 것임을' 증명하는 것이다. 칸트는 우선

'이성적 존재 일반의 일원으로서' 우리가 자유로우며 따라서 도덕성의 원리에 스스로 따라야 한다는 점을 이렇게 함으로써 얻는 어떤 이익에 의해서 확립할 수 있다는 생각을 일축한다. 왜냐하면 여기서 그가 '이익에 의해서'라는 말을 통해서 의미하는 바는 그저 경향성의 만족, 곧 도덕법칙을 준수함으로써 얻을 보상을 기대하거나 위반함으로써 받을 처벌을 두려워하는 것인데 단지 이런 경향성에 따라 행위하는 것은 이전의 분석을 통해서 충분히 드러났듯이 결코 자유롭게 행위하는 것이 아니기 때문이다. 그는 이 점을 강조하면서 우리가 자유로운 한 우리는 단지 행복을 향한 욕구를, 심지어 이 행복이 도덕법칙에 따름으로서 얻는 행복이라 할지라도, 동기로 삼아 행위해서는 안 된다고 말한다. 그렇게 하는 것은 여전히 경향성에 따라 행위하는 것이기 때문이다. 물론 우리는 이런 행복에 대해 관심을 보일 수 있지만 이 또한 오직 그보다 앞선, 도덕법칙에 대한 관심을 기초로 삼을 경우에만 허용된다. 그렇다면 이런 경우는 행복에 대한 관심에 기초한 것이 아니라 새로운 관심을 만들어내는 것이라 할 수 있다(4:449-50). 이런 주장은 칸트가 이미 『순수이성비판』에서 암시했으며 『실천이성비판』을 비롯한 이후 저술들에서 발전시킨 최고선 이론을 예견하게 한다.[3] 어쨌든 우리는 우리 자신을 단지 어떤 이익이나 관심에 의해 도덕법칙을 준수하거나 그것을 의무로 받아들이는 존재로 여길 수 없다. 그렇다면 어떻게 우리가 도덕법칙과 연결된다는 점을 보일 수 있는가? 칸트는 이 문제에 대해 다소 우려를 표현하면서 다음과 같이 말한다. '우리는 단지 자유의 이념에서 도덕법칙을, 이른바 의지의 자율의 원리 자체를 전제했을 뿐이

3　『순수』, '순수이성의 규준', 특히 A 806-16/B 834-44; 『실천』, '순수한 실천이성의 변증론', 특히 5:107-19; 또한 '그것은 이론상 옳을지 몰라도 현실에서는 쓸모가 없다는 흔한 말에 관하여', 1부, 8:278-89 참조.

며, 자율의 실재성 및 객관적 필연성을 그 자체로 증명하지는 못했다'(4:449). 또한 '여기서 일종의 순환논증이' 발생할 수도 있음을 인정한다. 곧 '우리가 목적들의 질서 안에서 도덕법칙 아래 있다고 생각하기 위해 우리는 자신이 작용인의 순서 안에서 자유롭다고 가정하지만 그 후에 우리는 우리가 자신의 의지에 자유를 부가했기 때문에 우리가 이 법칙에 따르게 된다고 생각한다'(4:450). 그의 우려는 설령 우리가 자신이 자유로우며 따라서 이 절의 처음에 등장한 논증에 의해 도덕법칙의 지배를 받는다는 점을 증명한다 할지라도 우리는 또한 우리가 도덕법칙의 지배를 받는다는 점을 가정하고 이로부터 우리가 자유롭다는 점을 이끌어낼 수도 있다는 점에 대한 것이다. 그렇다면 이는 논점선취의 오류를 범한 것이다. 우리는 아직 우리가 도덕법칙의 지배를 받는다는 점을 증명하지 못했기 때문이다. 이제 이런 위험에서 벗어나기 위한 칸트의 전략은 곧바로 이전의 논증을 사용하여 우리가 이성적 존재이므로 자유로운 동시에 도덕법칙의 지배를 받는다는 점을 증명함으로써 우리 자신의 의지가 형성한 자율적인 법칙의 지배를 받는다는 것이 이성적 존재에 대한 일반적인 개념과 필연적으로 연결된다는 점을 증명하는 것이다. 따라서 그의 논증 구조는 이런 이전의 분석이 실제로 우리에게 적용된다는 점을 보이는 방식으로 전개된다. 이성적 행위자에 대한 일반적 개념과 도덕법칙의 지배를 받는 것 사이의 연결은 분석적이라고 전제되지만 이런 분석이 우리에게도 적용된다는 데 대한 증명은 종합적이다. 이 점이 선의지와 도덕법칙 사이의 연결은 사실상 종합적이라는 칸트의 이전 주장과 조화를 이루는지에 대해서는 다소 문제를 제기할 수 있을지 몰라도 현 단계에서 칸트의 논증에 등장하는 분석과 종합 사이의 관계는 명확하다.

3. 3절에 등장하는 형이상학적 증명

이제 칸트는 우리가 직면한 이런 순환논증에서 '벗어나는 방법이 한 가지' 있다고 말하는데 그것은 '우리가 자신을 자유를 통해 아프리오리하게 작용하는 원인으로 생각할 때 우리는 우리 자신을 우리의 행위에 따른 결과로서 여기는 것과는 다른 관점에서 보고 있지 않은가' 라고(4:450) 묻는 것이다. 이런 언급은 칸트가 이제 우리가 이성적 행위자이며 따라서 자유로운 동시에 도덕법칙의 지배를 받는다는 점을 증명하기 위해 자신의 형이상학 이론, 곧 선험적 관념론에 호소하려 함을 암시한다. 그가 제시하려 하는 증명의 전반적인 전략은 인간으로서의 우리가 필연적으로 우리 스스로 형성한 법칙에 따라, 곧 도덕법칙에 따라 행위하는 진정한 이성적 존재임을 증명하려는 것이다. 만일 이런 증명이 성공한다면 우리가 도덕법칙이 부과하는 의무를 받아들여야만 한다는 순전히 규범적인 고려에서 등장하는 일종의 필연성으로부터 완전히 벗어날 수 있을 뿐만 아니라 우리가 도덕법칙에 따라 행위하는 것이 가능하다는 점도 주장할 수 있게 된다. 왜냐하면 이런 증명은 형이상학적 근거에서 우리가 실제로 그런 법칙에 따라 행위한다는 점을 보일 것이기 때문이다. 하지만 앞으로 보게 되듯이 칸트의 증명은 심각한 문제를 드러낸다.

　도덕성의 근본 원리와 이제 이런 원리가 전제하는 것으로 밝혀진 바들이 '평범한 이성적 인식' 의 문제에 속한다는 1절에서의 입장을 계속 유지하면서 칸트는 우선 '가장 평범한 지성조차도' 사물들이 우리에게 어떻게 나타나는가와 그 자체로 어떻게 존재하는가를 구별한다고 주장한다. 칸트는 이론 철학을 다룬 주요 저술들에서 이 구별을 다양한 방식으로 논증한다.[4] 하지만 여기서는 단 한 가지 사실에 호소한다. 곧 우리 모두는 어떤 일상적인 인식에서도 '우리의 선택과 무관하게 우리에게 나타나는 모든 표상들은 (예를 들면 감각적 표상들은) 우리가 대상들을 우리에게 나타나는 대로만 인식하게 하므로 대상들 자체가 무엇인지는 우리에게 알려지지 않은 채로 남는다'는 점을 인정한다. 따라서 우리는 이런 표상들을 통해 '우리가 오직 **현상**만을 인식할 뿐 **물자체**는 결코 인식할 수 없다는 점을' 알게 된다. 칸트의 다른 표현에 따르면 모든 사람들이 '다른 어디로부터 우리에게 주어지고 따라서 우리를 수동적으로 만드는 표상들과 우리가 완전히 우리 자신으로부터 산출하고 따라서 우리의 능동성을 증명하는 표상들' 사이의 구별을 인식하므로 '이로부터 저절로 현상의 배후에 현상이 아닌 다른 어떤 것, 곧 물자체를 인정해야 한다는 결론이 등장한다'(4:450-1). 하지만 이에 대해 우리는 얼마든지 왜 우리가 외부의 대상으로부터 '영향을 받는다는' 사실 또는 우리의 표상이 대상들이 우리에게 낳은 결과라는 사실로부터 물자체가 '저절로' 도출되는지를 물어볼 수 있다. 물론 사실상 어느 누구도 이런 결과의 원인이 되는 것이 우리가 그것을 표상하는 방식과는 다를 수도 있고 따라서 우리가 그것을 인식할 수 없을지도 모른다는 점을 부정하지는 않을 것이다. 더 나아가 어쩌면 칸트가 실제로 계속 가정하듯이 우리가 지니는 표상의 원인은 그것이 우리에게 나타나는 방식과는 달라야 하며, 다르게 인식되어야 하는지도 모른다. 하지만

---

4 『순수』의 재판, '선험적 감성론'에서 칸트는 현상과 물자체를 구별하는 서로 다른 네 가지의 논증을 제시한다(A 42-9/B 59-72). 선험적 관념론에 대한 칸트의 복잡한 논증을 논의한 대표적인 문헌으로는 Paul Guyer, *Kant and the Claims of Knowledge* (Cambridge: Cambridge University Press, 1987), 5부; Rae Langton, *Kantian Humility* (Oxford: Oxford University Press, 1987); 그리고 Henry E. Allison, *Kant's Transcendental Idealism: an Interpretation and Defense*, revised edition (New Haven: Yale University Press, 2004), 1-2부 참조.

반드시 이런 추론을 해야 할 이유가 별로 없는 듯하다. 칸트는 원인과 결과는 논리적으로 서로 구별되어야 하며 따라서 원인의 속성은 결과의 속성으로부터 도출될 수 없다는 가정에 근거해 이런 추론을 진행함에 틀림없다. 그리고 이 가정은 흄이 우리가 인과적 연결을 이성을 통해 인식할 수 없다고 주장하면서 사용했던 전제이기도 하다.[5] 그리고 칸트는 인과적 연결이 분석적이 아니라 종합적이어야 한다고 주장하면서 이 가정을 채택했다.[6] 이제 이에 대해 지적해야 할 점은 설령 원인과 결과가 논리적으로 서로 구별된다고, 곧 어떤 논리학의 규칙과 관련하더라도 둘 중 하나가 다른 하나가 없이도 성립할 수 있다는 의미에서 서로 구별된다고 가정하더라도 이는 그 자체로 단지 원인과 결과가 수적으로 구별된다는 점을 함축할 뿐 이 둘이 질적으로 구별되어야 한다는 점을 함축하지는 않는다는 것이다. 따라서 우리는 결과의 속성들로부터 원인의 속성에 관한 아무것도 추론할 수 없다. 그렇다면 우리가 대상을 표상하는 일이 인과적 과정이라는 단순한 사실로부터 결과로서 표상된 것의 속성과 원인인 대상이 실제로 지니는 속성 사이의 필연적 구별을 이끌어내려는 칸트의 추론은 애초부터 정당화될 수 없다. 그런데 앞으로 살펴보겠지만 칸트의 논증은 이보다 더욱 심각한 문제를 지닌다.

어쨌든 칸트의 논증을 계속 살펴보자. 그의 다음 단계에서 칸트는 이런 문제에 대해 깊이 생각하는 사람이라면 누구든지 현상과 물자체 사이의 구별이 그 자신에게도 적용된다는 점을, 곧 우리 자신이 우리에게

---

5   David Hume, *A Treatise of Human Nature* (1739-40), 1권, 3부, 2-6절 및 *An Enquiry concerning Human Understanding* (1748), 4-5, 7절 참조.
6   칸트는 이 점을 1764년에 쓴 논문 '부정적 크기의 개념을 철학에 도입하려는 시도 (An Attempt to Introduce the Concept of Negative Magnitudes into Philosophy', 3절, 2:189-97에서 처음으로 분명히 밝혔다.

나타나는 방식과 우리가 실제로 존재하는 방식 사이에는 차이가 있다
는 점을 인정하리라고 말한다.

> 인간은 자기 자신의 경우에조차도, 특히 인간이 자신에 대한 내적 감각을
> 통해 얻은 지식에 기초해서조차도 인간 그 자체가 어떤 존재인지를 인식
> 한다고 감히 주장해서는 안 된다. 인간은 말하자면 자신을 스스로 창조하
> 는 것도 아니고 [자신에 대한] 개념을 아프리오리하게가 아니라 경험적으
> 로 얻을 뿐이므로 심지어 자기 자신에 대해서도 내적 감각을 통해서, 결국
> 오직 자신의 본성에 대한 현상과 그의 의식이 영향을 받는 방식을 통해서
> 만 지식을 얻을 수 있다고 생각하는 것이 자연스럽다. 그렇지만 그는 단지
> 현상들이 합성되어 형성된 자기 자신의 주관의 성질을 넘어서서 그것의
> 근거에 놓인 다른 무언가, 곧 그 자체로서 구성된 자신의 자아를 반드시
> 가정한다. … (4:451)

그렇다면 우리가 우리 자신에 대해서 아는 것은 모두 경험적으로 인식
되며 사실상 단지 현상에 지나지 않는 듯이 보이므로 우리는 우리 자신
의 근거에 놓인 본성에 대해서는 전적으로 무지하다. 그런데 이런 생각
은 우리 자신의 '진정한 자아'에 관한, 곧 우리가 도덕법칙의 지배를
받는 진정으로 이성적 행위자라는 사실에 대한 어떤 형이상학적 논증
으로 보기도 어려운 듯하다. 하지만 칸트는 논증의 다음 단계에서 이런
위험을 피해 우리가 진정으로 이성적 행위자라는 점과 이것이 함축하
는 모든 것을 증명하는 데로 나아간다. 이를 위해 칸트는 우리가 우리
자신의 진정한 본성에 관한, 곧 실제로 존재하는 우리 자신에 관한 무
언가를 사실상 인식할 수 있는 방법이 있으며 이를 통해 우리가 인식하
는 바는 바로 우리가 이성적 행위자라는 점이라고 주장한다. 그는 다음

과 같이 논증한다.

> 이제 인간은 자신 안에서 실제로 하나의 능력을 발견하는데 이로 인해 그
> 는 다른 모든 것들과, 아니 심지어 대상들에 의해 영향을 받는 그 자신과
> 도 구별된다. 그리고 이 능력은 바로 **이성**이다. 순수한 자기활동으로서의
> 이성은 … 순수한 자발성을 드러내며 감성이 제공할 수 있는 모든 것을 넘
> 어서서 훨씬 더 멀리까지 나아간다. 이성적 존재 자체가 이렇기 때문에 **이**
> **성**은 … 두 가지 관점을 통해 자기 자신을 고찰하고, 자신의 힘을 사용할
> 때 적용되는 법칙들, 따라서 자신의 모든 행위에 적용되는 법칙들을 인식
> 한다. **첫째**, 인간이 감성적 세계에 속하는 한에서 인간은 자연법칙(타율)
> 아래 놓이며, **둘째**, 예지적 세계에 속할 경우에는 자연과 무관하며 경험적
> 이 아닌, 순전히 이성에 근거한 법칙 아래 놓인다. (4:452)

자연과 무관하며 순전히 이성에 근거한 법칙은 다름 아닌 도덕법칙이
므로 이 논증을 통해 단지 현상으로 나타나는 것과 반대되는, 존재하는
자체로의 인간은 필연적으로 도덕법칙의 지배를 받는다는 점이 도출된
다. 이성적 존재 일반에게 적용되는 바는 현상적으로는 우리에게 적용
되지 않는 듯이 나타날 수도 있지만 실제로 존재하는 바대로의 우리에게
는 적용된다. 이것이 바로 인간이 도덕법칙을 의무로 받아들여야만 한
다는 규범적 근거에 기초한 증명의 필요성을 제거하고, 또한 현실성은
항상 가능성을 함축한다는 점을 더해 우리가 도덕법칙에 따라 행위할 능
력을 지닌다는 사실을 충분히 증명하는 듯이 보이는 칸트의 결론이다.
　하지만 이 논증에서는 심각한 결함이 발견된다. 앞서 논증의 첫 단계
를 검토하면서 지적한 문제점에 더해 이 논증은 다의적 개념 사용의 오
류를 범할 뿐만 아니라 논증 자체의 출발점과도 모순을 일으킨다. 첫

째, 다의적 개념 사용의 오류는 이성이라는 용어를 서로 다른 두 가지 방식으로 사용하므로 발생한다. 우리를 자연의 다른 모든 것들과 구별해주는 이성 능력은 경험적으로 관찰 가능하다. 곧 우리는 경험을 통해, 예를 들면 우리는 이성을 사용해 건물을 짓지만 개미나 꿀벌, 비버 등은 본능에 의해, 로봇은 단지 우리의 이성적 사고 과정을 모방해 저장한 프로그램에 의해 구조물을 짓는다. 그런데 우리의 진정한 본성을 단지 현상적인 본성과 구별해주는 것으로 여겨지는 이성 능력은 경험을 통해 관찰되거나 발견될 수 있는 무언가일 수 없다. 또한 우리가 우리 자신에 대해 경험적으로 발견할 수 있는 어떤 것도 우리의 비경험적인, '진정한' 자아에 관한 그 어떤 주장이라도 결코 정당화할 수 없으므로 우리가 경험적인 의미에서 이성적이라는 사실이 우리가 '그 자체로' 진정으로 이성적 존재라는 주장을 정당화할 수 없다. 둘째, 칸트의 결론이 그 자신의 출발점과 모순을 일으키는 까닭은 그의 논증이 우리가 완전히 수동적으로 자연법칙의 지배를 받는다는 사실을 지적함으로써 현상으로 드러나는 우리 자신과 진정으로 존재하는 우리 자신을 구별하는 데서 출발하는 반면 결론에서는 이성의 법칙에 의해 스스로 규율되는 능동성 또는 자발성을 우리에게 부여하기 때문이다.

이들 중 두 번째 반박은 그리 심각한 것은 아니다. 왜냐하면 논증의 출발점에서 칸트는 우리가 외부의 대상을 경험할 경우 수동적이지만 우리가 모든 경우에서 이런 상황에 놓이는 것은 아니라고 분명히 말했기 때문이다. 이렇게 말했을 때 칸트의 목표는 현상적 수준에서도 우리의 행위는 도덕법칙의 지배를 받는데 그 까닭은 외부의 대상에 대한 우리의 현상적 표상은 다른 물자체들이 우리에게 영향을 미친 결과인 반면 우리의 현상적 행위는 전적으로 이성적인 우리 자신의 진정한 자아가 낳은 결과이기 때문이라는 점을 보이려는 것이었다. 칸트의 논증이

지닌 문제점은 오히려 첫 번째 반박, 곧 칸트가 우리를 자연의 다른 것
들과 구별해주는 현상적인 이성으로부터 우리의 진정한 자아가 지닌
진정한 이성을 이끌어내는 부당한 추론 말고는 우리의 진정한 자아가
실제로 이성적이라는 자신의 적극적인 주장의 근거를 제대로 제시하지
못했다는 비판과 관련된다. 칸트는 스스로 현상과 물자체 사이의 구별
을 크게 강조했으므로 그는 현상의 특성으로부터 물자체가 이와 유사
한 특성을 지닌다는 점을 결코 추론할 수 없으며, 따라서 현상적 이성
으로부터 본체적 이성을 추론해서도 안 된다. 사실 『순수이성비판』에
서 칸트는 본체계의 '소극적' 의미와 '적극적' 의미(A 252) 또는 본체
계의 개념을 '미정적으로(problematic)' 사용하는 것과 '확정적으로
(assertoric)' 사용하는 것을(A 254-5/B 310-11) 구별함으로써 바로
이 점을 특히 강조한다. 이들 두 쌍의 구별 각각에서 전자는 우리가 우
리의 그 어떤 능력을 사용해서도 사물들의 진정한 본성에 관해 아무것
도 인식할 수 없다는 생각을 반영한다. 반면 후자는 우리가 우리의 감성
이나 감성에 적용되는 오성을 통해서는 사물들의 진정한 본성을 인식
할 수 없지만 오직 우리의 이성 능력을 통해서 우리가 사물들의 진정한
본성을 인식할 수 있다는 생각을 반영한다. 하지만 『순수이성비판』에서
칸트는 우리가 본체계를 적극적인 의미에서 인식할 수 있는 가능성을
부정한다. 만일 칸트가 『정초』에서도 계속 이런 한계를 수용한다면 그
는 우리의 본체적 자아에 대해서 전혀 아무런 지식도 얻을 수 없다고
말해야 할 것이다. 칸트가 인식한다고 말할 수 있는 바는 우리의 본체
적 자아가 진정으로 이성적일 수 있는 것과 마찬가지로 완전히 비이성
적일 수도 있다는 정도일 것이다.[7]

---

7   칸트보다 한 세대쯤 뒤에 등장한 쇼펜하우어(Arthur Schopenhauer)는 자신이 칸
트의 원리를 어떻게 여기는지를 설명하면서 정확히 이 점을 지적한다. *The World as*

이는 우리 인간이 본체적인 수준에서 이성적 행위자이기 때문에 실제로도 이성적 행위자라는 칸트의 논증에서 드러나는 회복 불가능한 결함으로 보인다. 그의 논증에서는 또 다른 문제도 제기되는데 그것은 만일 그의 논증이 제대로 작동한다면 칸트가 원한 바 이상으로 너무 많은 것을 증명하게 된다는 점이다. 만일 우리가 본체적 수준에서 진정으로 완벽하게 이성적인 존재라면 현상적 수준에서도 우리의 모든 행위는 완벽하게 이성적인 본체적 특성이 낳은 산물일 것이고 따라서 필연적으로 도덕이 요구하는 바와 완전히 일치할 것이다. 달리 말하면 만일 우리의 본체적 본성이 필연적으로 완벽하게 이성적이라면 우리가 이성과 반대되는 행위를, 곧 비도덕적인 행위를 한다는 사실을 설명할 방법이 없거나 아니면 기껏해야 이런 행위는 우리의 진정한 특성과 자아를 반영하지 못한다고 설명할 수밖에 없다. 또한 우리는 오직 우리의 도덕적 행위에 대해서만 진정으로 책임질 수 있을 것이며 비도덕적인 행위에 대해서는 전혀 책임질 수 없을 것이다. 비도덕적인 행위는 진정한 우리 자신이 아닌 다른 어떤 곳에서 등장했는데 그저 우리의 행위처럼 보일 뿐이기 때문이다. 그런데 이런 생각은 모든 도덕과 우리의 상식에 정면으로 위배된다.

칸트의 논증에 대한 이런 반박을 피할 수 없는 까닭은 그가 도덕법칙이 우리의 진정한 의지의 인과 법칙이라는 점을 증명하려고 시도하기 때문이다. 이런 반박은 매우 일찍 제기되었다. 일찍이 『칸트 철학에 관한 편지』(*Letters on the Kantian Philosophy*, 1786-7)라는 저술을[8] 통해 칸트 철학이 유행하는 데 크게 기여했던 라인홀트(Karl Leonhard

---

Will and Representation (1819), 2권 참조.

8 Karl Leonhard Reinhold, *Letters on the Kantian Philosophy*, ed. Karl Ameriks, tr. James Hebbeler (Cambridge: Cambridge University Press, 2005).

Reinhold)는 이 저술 2권(1792)에서 이런 반박을 명확한 형태로 정리
해 제시했다. 그는 칸트가 자유로운 의지의 행위를 위한 이성적 규범으
로서의 도덕법칙과 그런 행위 자체를 위한 인과 법칙을 혼동했다고 비
판하면서 다음과 같이 말한다.

> 명백히 자발적인, 다름 아닌—오직 법칙만을 부여하는—실천이성의 자유
> 로운 행위와 의지의—오직 이 법칙을 자유롭게 파악하는 한에서만 **순수한**
> 의지로서 행위하는—행위를 혼동하기 때문에 이로부터 모든 **비도덕적인**
> 행위는 결코 자유로울 수 없다는 점이 도출될 수밖에 없다. **순수한 의지**의
> 자유가 오직 실천이성의 자발성으로 이루어진다고 가정하자마자 우리는
> 또한 실천이성을 통해 영향을 받지 않는 **순수하지 않은 의지**는 결코 자유
> 롭지 않다는 점을 인정하지 않을 수 없다.[9]

영국의 위대한 공리주의자 시지윅(Henry Sidgwick)은 1888년에 쓴 유
명한 논문에서 기본적으로 라인홀트와 같은 문제를 제기하면서 다음과
같이 말한다. '만일 자유를 "불변하는 법칙에 따르는 인과성"이라고 말
한다면 … 이는 의지가 자유로운 한에서 이런 법칙에 따라 행위함을 의
미해야 할 것이다—그런데 인간이 자주 이런 법칙에 반대되게 행위한
다는 점은 의심의 여지가 없다. 이제 이런 견해에 따르면 법칙에 반대
되는 행위를 하기로 한 선택은 "자유롭게"가 아니라 "기계론적으로"

---

9   Karl Leonhard Reinhold, *Briefe über die Kantische Philosophie*, 2권 (Leibzig,
1792), 편지 8; Rüdiger Bittner and Konrad Cramer, eds., *Materialen zu Kants
'Kritik der praktischen Vernunft'* (Frankfurt am Main: Suhrkamp Verlag, 1975),
255면에서 재인용, 번역. 라인홀트의 반박에 대한 더욱 상세한 논의는 Henry E. Allison,
Kant's Theory of Freedom (Cambridge: Cambridge University Press, 1990), 133-5
면 참조.

결정된다고 보아야 할 것이다.'[10]

시지윅은 칸트가 자유로운 의지를 서로 다른 두 개념으로 사용한다고 생각하면서, 그 중 하나의 개념에 따르면 의지는 필연적으로 이성적이므로 그 자체로는 비도덕적인 행위의 근거가 될 수 없는 반면 다른 하나의 '중립적인' 개념에 따르면 의지는 이성적인 것을 선택할 수도 비이성적인 것을 선택할 수도 있으므로 도덕적인 행위를 수행할 수도 그렇게 하지 않을 수도 있다는 점을 지적한다. 이는 라인홀트가 추천한 해결 방법과 같은 것이다. 사실 칸트 자신도—심지어 라인홀트의 비판이 등장하기 이전인 1788년에 출판된—『실천이성비판』과 그 이후의 저술들에서는 이런 접근 방식을 채택하는 듯하다. 따라서 『실천이성비판』에서 칸트는 우리가 진정으로 자유로우며 도덕법칙이 자유로운 의지의 인과 법칙이라는 전제로부터 우리가 도덕법칙의 지배를 받는다는 점을 이끌어내려고 시도하지 않는다. 그 대신 그는 우리가 '이성의 사실'로 주어진 도덕법칙 아래에서 우리의 의무를 직접 의식한다고 주장하며, 우리가 이런 의무를 인정하며 또한 그 어떤 진정한 의무라도 완수할 능력을 지님에 틀림없다는 전제로부터 우리가 도덕법칙과 일치하게 행위하기 위해서는 자유로워야만 한다는 점을 이끌어낸다. 하지만 도덕법칙과 일치하는 행위가 형이상학적으로 강제되지는 않는다고 주장한다.[11] 『종교』에서 칸트는 위와 같은 논증의 핵심 전제를 반복해 제시한다. '의무는 오직 우리가 할 수 있는 바만을 명령한다.' 따라서 '만일 도덕법칙이 우리가 더 나은 인간이 **되어야만 한다**고 명령한다면 이

---

10 Henry Sidgwick, 'The Kantian Conception of Free Will', Mind 13 (1888), 그의 저서 *Methods of Ethics*, 7판 (London: Macmillan, 1907), 511-16면에 재수록; 위의 인용문은 515면에 등장한다.

11 『실천』, 5:31-3 참조.

로부터 우리가 더 나은 인간이 될 능력을 갖추고 있음에 틀림없다는 점이 반드시 도출된다' 는 전제를 여러 차례 언급한다.[12] 이들 중 후자의 전제는 라인홀트와 시지윅이 제기한 문제를 정확하게 해결한다. 설령 '당위' 가 '가능함' 을 함축하더라도 '실제로 행함' 을 함축하지는 않기 때문이다. 하지만 이런 형태의 대안적인 논증은 칸트가 『정초』 3절에서 채택한 전략, 곧 도덕법칙이 우리를 구속하는 규범이라는 점을 증명하려는 시도를 무너뜨리고 만다. 만일 칸트가 도덕법칙이 자유로운 의지의 인과 법칙이라고 주장할 경우 비도덕적인 행위를 설명할 수 없게 된다면 그는 여전히 왜 우리에게 도덕법칙이 진정한 의무로 부과되는지에 대한 독립적인 설명과 우리가 도덕법칙에 따라 자유롭게 삶을 영위하는 일이 형이상학적으로 강제되지 않는데도 실제로 그렇게 살아간다는 데 대한 독립적인 증명 모두를 제시해야 한다.

　칸트는 『실천이성비판』에서 도덕법칙 아래서 성립하는 우리의 의무는 이성의 사실이라고 주장함으로써 위의 두 임무 중 첫 번째 것을 손쉽게 해결하는 동시에 두 번째 임무에 대한 정교한 해법을 제시한다. 칸트는 『실천이성비판』에서 자신이 『정초』의 접근 방식을 포기한다고 말하지는 않는다. 그리고 그는 『정초』 자체에서도 자신이 형이상학적 논증에서 한걸음 물러선다고 결코 말하지 않는다. 하지만 3절의 남은 부분에서 칸트는 지금까지의 논거를 미묘하게 변화시켜 도덕법칙을 우리의 자유로운 의지의 인과 법칙이 아니라 우리가 동경하는 도덕적 이상으로 여기며, 우리가 도덕성의 요구를 만족시키지 못하는 일은 아예 불가능하다는 점이 아니라 단지 그렇게 하는 일이 가능할 수도 있다는 점을 확립하기 위해 자신의 선험적 관념론에 호소한다. 어쩌면 이는 그

---

12   이 두 인용문은 『종교』, 6:47과 50에 등장한다. 또한 6:45, 49 각주, 62 및 66 참조.

가 왜 우리가 도덕법칙을 우리 행위의 이상으로 여겨야 하는지에 대해
서는 더 이상 언급하지 않으려 하며, 2절에서 존엄성이라는 핵심 주제
를 다루면서 마지막으로 말했던 바, 곧 존엄성에 대한 우리의 감각에
호소하는 정도로 만족해야 한다는 점을 의미하는 듯하다.

4. 형이상학적 필연성에서 도덕적 이상으로

다음 단계에서 칸트는 자신이 앞서 도입했던, 인간 행위를 두 수준에서
보는 모델이 우리가 어떻게 우리의 경향성과 반대되는 행위를 수행할
의무를 지게 되는지 그리고 어떻게 그런 행위를 수행할 수 있는지를 모
두 제시함으로써 정언명령의 가능성 문제를 해결한다고 주장한다. 곧
만일 우리의 행위가 전적으로 현상적인 수준에서 이루어진다면 오직
경향성이 우리의 행위를 결정하는 유일한 요소가 될 것이다. 하지만 우
리의 행위는 단지 그런 수준에서만 이루어지지 않으므로 본체적인 수
준에서 순수한 이성에 따르는 우리의 의지를 결정 근거로 삼는 일이 가
능해진다. 하지만 이제 칸트는 우리의 현상적 행위의 근거로 작용하는
본체적 이성의 개념을 미세하게 변형하는 듯이 보인다. 그는 비도덕적
인 행위는 아예 자유로운 행위일 수 없다는 문제를 낳았던, 도덕법칙을
자유로운 의지의 인과 법칙으로 여기려던 시도를 포기하고 그 대신에
순수이성을 우리 행위의 가능한 근거, 곧 우리가 선택의 근거로 사용할
수는 있지만 그런 선택을 형이상학적으로 강요받지는 않는 근거로 여기
려 한다. 이제 칸트는 선험적 관념론의 역할을 둘로 나누어 우리가 도
덕법칙에 따라 행위할 가능성을 설명하는 역할과 우리가 우리의 행위
를 통해 도달하려고 노력하는 이상으로서의 도덕법칙의 근원으로 작용

하는 역할을 별도로 생각하려 한다. 이렇게 하면서 그는 전자뿐만 아니라 후자도 선험적 관념론의 역할이라는 희망을 결코 버리지는 않는다.

이제 칸트가 선험적 관념론을 우리가 도덕법칙에 따라 행위해야 하는 필연성이 아니라 행위할 수 있다는 가능성을 설명하기 위해 사용한다는 사실은 그가 '어떻게 정언명령이 가능한가?'라는 질문에 대답하면서 이를 사용하는 방식을 보면 곧바로 명백히 드러난다. 그가 앞서 2절의 첫머리에서 분명히 밝혔듯이 도덕법칙은 자동적으로 그것에 따라 행위하지는 않는 존재에게는 의무로 부여되므로 정언명령의 형식을 취할 수밖에 없다. 이제 칸트는 다음과 같이 말한다. 만일 내가 '단지 감성계의 일부에 지나지 않는다면 나의 행위는 순전히 욕구와 경향성의 자연법칙에 따르는, 곧 타율에 따르는 것으로 여겨져야 할 것이다.' 그리고 만일 내가 '오직 오성계의 구성원이라면 나의 모든 행위는 완벽하게 순수한 의지의 자율적 원리에 따라 행해질 것이다.' 그런데 **'오성계는 감성계의 근거를, 따라서 감성계의 법칙의 근거를 포함하므로'** 나는 '전자의 법칙, 곧 이성의 법칙이며 따라서 자유의 이념 안에 포함되는 법칙을 … 명령으로 그리고 의무로서의 원리와 일치하는 행위로' 여겨야만 한다(4:453-4). 이 복잡하게 얽힌 사고 과정에서 칸트는 내가 예지계에 구성원이라는 사실, 곧 내가 현상적 수준에서 적용되는 욕구와 경향성에 따른 인과적 결정론에서 벗어나 본체적 수준에서 자유로운 의지를 누린다는 사실을 내가 도덕이 요구하는 행위를 기꺼이 행하는 필연적인 근거로 여기지 않는다. 오히려 그는 내가 본체계에 속한다는 사실이 도덕법칙에 따라 내게 도덕적 의무가 부과되는 근거라고 그리고 내가 의무에 따라 행위할 수 있는 근거라고 말한다. 하지만 내가 두 세계 모두에 속하는 구성원임에도 칸트가 도덕법칙을 여전히 명령으로 표현한다는 사실은 도덕법칙이 내가 그것에 따르기 위해 계속 노력해야 하며, 이런 노력의 성공이 항상 보장되지는 않음을 의미한다.

뒤이은 문단에서도 칸트는 이와 동일한 결론을 이끌어내면서 다음과 같이 말한다.

> 이렇게 자유의 이념이 나를 예지계의 구성원으로 만들기 때문에 정언명령은 가능하다. 만일 내가 오직 예지계의 구성원이기만 하다면 나의 모든 행위는 항상 **기꺼이** 의지의 자율에 따라서 이루어지겠지만 나는 동시에 나 자신을 감성계의 구성원으로도 여기기 때문에 나의 모든 행위는 의지의 자율에 따라 이루어**져야만 한다**. 이런 **정언적** 당위는 아프리오리한 종합명제를 반영하는데 그 까닭은 감성적 욕구의 영향을 받는 나의 의지에 이 의지와 동일하지만 오성계에 속하는, 그 자체로 순수하고 실천적인 의지의 이념이 더해지면서 후자의 의지는 전자의 의지를 이성에 따르도록 하는 최상의 조건을 포함하기 때문이다 ⋯ (4:454)

『정초』 전체를 통틀어 가장 복잡한 대목 중 하나임이 분명한 이 인용문에서 칸트는 두 가지 중요한 논점을 제시한다. 첫째, 그는 이전의 주장을 반복해 만일 내가 배타적으로 오직 감성계의 구성원이거나 예지계의 구성원이기만 하다면 나의 행위는 자동적으로 단지 경향성에 의해 결정되거나 아니면 도덕법칙에 의해 결정될 것이라고 생각한다. 하지만 나는 두 세계 모두의 구성원이기 때문에 도덕법칙은 내가 반드시 나의 행위를 그것에 일치시켜야 하는 규범으로 작용하며 또한 내가 나의 행위를 그것에 일치시키는 것이 가능하다—하지만 내가 예지계의 구성원이라는 사실이 현상계에서 이루어지는 나의 행위가 도덕법칙과 일치하리라는 사실을 보장해주지는 않는다. 둘째, 칸트는 다시 한번 자신의 아프리오리한 종합명제라는 개념을 사용해 인간 본성의 이중적인

특성을 포착한다. 순수하게 이성적인 존재라면 그의 행위가 도덕법칙
과 일치하리라는 점은 분석적으로 참일지도 모른다. 하지만 인간은 이
중적인 본성 때문에 자신의 행위를 도덕법칙과 일치시켜야만 하며 또
한 그렇게 할 수 있다는 점은 종합적으로 참이다. 하지만 이 종합명제
는 여전히 아프리오리하게 인식되는데 그 까닭은 우리가 자신이 도덕
법칙을 준수해야만 하고 또한 그렇게 할 수 있다는 점을 경험에 기초해
서가 아니라(4:455, 459) 이른바 우리 자신의 이중적 본성에 관한 순
전히 철학적 지식에 기초해서 인식하기 때문이다. 그리고 이 점이 바로
3절의 핵심 논증에 의해 밝혀지는 바이다.

　또한 칸트는 우리 자신의 현상적 특성이 본체적 세계에 기초한다는
사실은 오직 도덕법칙 아래에 놓인 우리의 의무와 그런 의무에 따라 삶
을 영위할 수 있는 가능성을 암시할 뿐이며 우리가 실제로 반드시 그렇
게 행위한다는 점을 함축하지는 않는다는 점을 강조하면서 다음과 같
은 예를 든다. 심지어 '가장 못된 악당조차도' 정직과 동정심, 자비로
움과 같은 덕들의 예를 눈앞에 접하면 자신도 그렇게 되기를 바란다고
말한다. '하지만 그는 자신의 경향성과 충동 때문에 덕들을 자신 안에
서 실현할 수가 없다. 그러면서도 그는 동시에 자신이 이런 부담스러운
경향성들에서 벗어나기를 바란다.' 덕들을 갖추기 바라는 악당의 마음
은 그가 '자신의 생각 안에서는 지금과는 전혀 다른 사물의 질서로 옮
겨간다는 점을' 증명한다. 하지만 그가 부담스러운 경향성들에서 벗어
날 수 없다는 사실은 또한 그가 지금과는 다른 사물의 질서로 옮겨가는
일이 자동적으로 그의 실제 행위를 결정하지는 못한다는 점을 증명한
다. 칸트는 이런 예를 통한 논의를 마무리 지으면서 다음과 같이 말한
다. '따라서 도덕적 당위는 예지계의 구성원으로서의 그에게는 필연적
인 의지작용이지만 그가 동시에 자신을 감성계의 구성원으로 여기는

한에서는 그에게 일종의 당위로 생각된다'(4:454-5). 이런 언급은 예지계에 한쪽 발을 담근 존재라면 심지어 가장 못된 악당이라 할지라도 도덕법칙의 규범적인 힘을 인정하고 그런 법칙을 '원하지만' 그가 반드시 그런 법칙에 따라 행위하는 것은 아니라는 점을 의미한다. 그런데 만일 이들 중 후자의 주장이 참이라면 그런 악당은 도덕법칙을 '당위'로, 곧 명령으로 생각할 필요가 없는 것이 아닌가라는 의문이 제기되기도 한다.

우리의 이중적 본성이 우리가 도덕법칙에 따라 행위할 가능성을 증명하지만 그렇게 행위할 필연성은 증명하지 못한다고 주장하면서 칸트는 사실상 자신이 앞서 『순수이성비판』에서 채택했으며, 이후 『실천이성비판』이나 『종교』 등에서 내세울 선험적 관념론에 대한 해석으로 되돌아간다. 이 점은 이제 그가 다루려 하는 '이성의 변증론'을 해소하는 과정에서도 명확하게 드러난다. 이 변증론이 발생하는 까닭은 '자유가 단지 이성의 **이념**일 뿐이고, 그것의 객관적 실재성은 의심스러우며' 어떤 경험을 통해서도 증명될 수 없는 반면 '자연은', 따라서 결정론은 '**오성의 개념**으로서, 그것의 실재성은 경험적 예들을 통해서 증명되며 또한 필연적으로 증명되어야 하기 때문이다'(4:455). 이런 변증론이 위험한 까닭은 당연히 만일 결정론의 실재성은 확실한 반면 자유의 실재성은 의심스럽다면 우리가 (앞서 예로 든 못된 악당처럼) 아무리 도덕법칙에 따라 살기를 바란다고 주장하더라도 실제로 그렇게 살 수 없을 것이며, 이를 변명으로 내세워 아예 그렇게 살려는 시도조차도 하지 않을지 모르기 때문이다. 이런 변증론을 피하기 위해 칸트는 우리가 '동일한 인간 행위에서 자유와 자연적 필연성 사이의 진정한 모순은 일어나지 않는다는 점을 전제할 수 있어야' 한다고 말한다(4:456). 하지만 이런 모순이 일어나지 않는다는 점을 보이기 위해 우리는 현상과 물자체 사이의 구별에 호소하기만 하면 된다. '왜냐하면 (감성계에 속하는) **현상으로서의 사물**이 어떤 법칙의 지배를 받지만 동일한 그 사물이 **물자체** 또는 존재 자체로서는 그런 법칙과 무관하다고 생각하는 것은 최소한의 모순도 포함하지 않기 때문이다.' 그리고 인간이 '자신을 이렇게 이중적인 방식으로 생각하고 반영하는 과정에서 전자는 자신을 감각을 통해 촉발되는 대상으로 의식하는 방식과 관련되며, 후자는 자신을 예지적 존재로, 곧 이성을 사용해 자신을 감각적 인상과 무관한 존재로 (따라서 오성계에 속하는 것으로) 의식하는 방식과 관련되기 때문이다' (4:457). 하지만 하나의 동일한 존재가 자신의 행위 선택을 단지 경향성에 의해서가 아니라 순수한 이성의 도덕법칙을 통해 결정할 수 있다는 생각에 모순이 없다는 생각이 물론 그 존재가 실제로 경향성보다는 도덕법칙에 따라 행위한다는 점을 보장해주지는 않는다. 인간 본성에 대한 이중적 개념은 범죄를 저지를 경향성을 타고난 사람은 결코 그것을 극복할 수 없다고 주장함으로써 모든 도덕철학의 기초를 파괴하는 '숙명론자'의 관점을 반박하기에는 충분하지만(4:456), 모든 사람이 순전히 이성적인, 따라서 도덕적인 존재로서 행위하기를 필연적으로 원한다는 사실을 증명하지는 못한다.

사실 『정초』의 뒤이은 논증들은 칸트가 3절의 첫머리에서 주장한 바를 훨씬 약화하는 듯이 보인다. 3절 첫머리에서 그는 도덕법칙이 본체적 의지의 인과 법칙이며, 이것이 결국 우리의 모든 현상적 행위의 근거가 된다는 점을 증명하기 위해 선험적 관념론을 사용했다. 이제 칸트는 이성이 단지 자신을 '오성계 안으로 들어가 **생각하려** 한다면' 이는 결코 이성의 '한계를 넘어선' 것이 아니겠지만 만일 오성계 안으로 들어가 '자신을 **직관하고 감각하려** 한다면 이성은 자신의 한계를 넘어서게 된다' (4:458). 그런데 이성이 '**어떻게** 순수이성이 실천적일 수 있는지, 곧 이것과 완전히 같은 질문으로서 **어떻게 자유가 가능한지를 설명하려 한다면**' 이때도 똑같은 일이 일어난다(4:458-9). 뒤이어 그는 다음과 같이 주장한다. '오히려 자유는 순전한 이념으로서' 어떤 경험을 통해서도 증명될 수 없지만 '자기 자신이 의지를, 곧 단순한 욕구 능력과는 다른 (이른바 자기 자신을 예지적 존재로서 여겨 자연적 본능과는 무관하게 이성의 법칙에 따라 행위하도록 규정하는) 어떤 능력을 의식한다고 믿는 존재에게 오직 이성의 필연적 전제로서 타당하다' (4:459). 이제 자유는 선험적 관념론에 의해 옹호될 수 있는 이념 또는 전제로 변화한다. 왜냐하면 단지 선험적 관념론이 참일 수 있다는 최소한의 가능성도 어느 누구도 경험적으로 관찰 가능한 자연계에 적용되는 것으로 여겨지는 결정론이 인간의 행위에 대해 말할 수 있는 전부라는 점을 증명할 수 없음을 의미하기 때문이다. 하지만 이런 사실은 선험적 관념론 자체가 참이라는 증명을 통해 실제로 증명될 수 있는 것은 아니다.

　이런 논의를 통해 칸트는 형이상학의 경계 안쪽으로 한걸음 내디뎠다가 다시 그 경계 밖으로 한걸음 물러서는 듯이 보이는데 그렇다면 지금 우리는 어디에 남겨져 있는가? 도덕법칙이 우리에게 구속력을 지니는 의무라는 점과 우리의 '진정한 자아'가 명백히 도덕법칙에 따라 행위한다는 점을 직접 증명함으로써 우리가 도덕법칙에 따라 삶을 영위할 능력을 지닌다는 점을 모두 증명하려는 칸트의 시도는 결국 실패로 돌아갔다. 일반적인 용어로 표현하면 칸트의 논증은 본체계를 소극적 의미가 아니라 적극적 의미로 사용했으며 이에 의존했다. 칸트의 논증은 특히 현상계 안에서 우리를 다른 존재와 구별해주는 이성이 또한 우리를 현상계 자체와 구별해준다는 추론에 의존하는데 그는 이에 대한 정당화를 전혀 제시하지 않았다. 그리고 만일 그가 순수한 이성의 도덕법칙이 가장 깊은 수준에서 우리 의지의 인과 법칙이라는 점을 증명하는 데 성공했다면 그는 지나치게 많은 것을 증명한 셈이 된다. 왜냐하면 그는 자유롭지만 비도덕적인 행위를 아예 불가능한 것으로 만들어 버리는데 이는 상식적 도덕뿐만 아니라 도덕법칙이 정언명령으로 주어진다는 그 자신의 견해와도 어긋나기 때문이다. 그의 주장대로 정언명령이 우리가 비록 자주 갈등을 느끼기는 해도 그것에 따르기로 자유롭게 선택할 수 있는 것이라면 이는 동시에 우리가 자유롭게 그것에 따르지 않을 것을 선택할 수도 있음을 의미한다. 도덕법칙이 본체적 의지의 인과 법칙이라는 견해와 정언명령이 우리 인간이 처한 상황에서 도덕의 호소력과 도덕에 따르기 어려움을 모두 정확히 반영하는 것이라는 견해 둘 중에 하나를 선택해야 한다면 후자를 선택하는 편이 훨씬 더 낫다고 생각된다.

그리고 선험적 관념론 자체와 관련해서 설령 이 이론이 칸트가 원하는 모든 것을 함축하지는 않는다 할지라도 3절 첫머리부터 전제됨은 분명하다―그런데 과연 칸트는 이 이론을 『정초』에서 증명했는가? 그렇게 했다고 말하기는 어렵다. 칸트는 『순수이성비판』에서 선험적 관념론을 지지하는 복잡한 논증들을 제시했지만 『정초』에서는 단 하나의 논증만을 제시하는데 그것은 외부의 대상에 대한 우리의 지각이 지닌 인과적 특성에 비추어볼 때 그런 대상들에 대한 표상과 대상 자체의 진정한 특성 사이에는 근본적인 차이가 있다는 것이다. 그런데 앞서 살펴본 대로 이 논증은 많은 문제점을 드러낸다. 우리가 말할 수 있는 바는 그저 칸트가 선험적 관념론을 증명하기 위해 자신의 이론 철학에 크게 의지하지 않을 수 없었는데, 『정초』에서 이 이론은 기껏해야 우리가 비록 감각적 욕구와 경향성들 때문에 근본적인 갈등을 겪기도 하지만 순수한 이성과 도덕의 요구에 따라 행위하는 것이 불가능하지는 않다는 점을 증명하는 수준에 그친다는 것이다.

　하지만 어쩌면 이런 정도로도 최소한 칸트가 『정초』에서 내세운 목표를 이루는 데는 충분할지도 모른다. 사실 『정초』를 마무리 짓는 한 대목에서 칸트는 우리가 의지의 진정한 본성에 대해 아는 것이 아니라 필연적으로 모를 수밖에 없다는 사실을 교묘하게 사용해 만일 그렇지 않다면 그의 원리들과 조화를 이루기 어려운 듯이 보이는 우리의 도덕적 삶의 특징을 옹호한다. 칸트는 도덕의 근본 원리들이 어떤 감정으로부터도 도출될 수 없다는 점을 계속 강력히 주장해왔지만 다른 한편으로 그는 몇몇 형태의 '도덕적 감정'이 인간의 도덕적 행위에서 결코 배제될 수 없는 구성 요소임을 인정한다―곧 순수한 실천이성이 명령하는 대로 행위하겠다는 결정이 우리가 지닐 수 있는 모든 감정을 넘어서서 우리의 행위를 규정하지는 않으며 오히려 이런 결정은 현상적이고 자연적인 수준에서 우리의 행위를 규정하는 강력한 도덕적 감정을 낳음으로써 제대로 작용하게 된다고 생각한다. 물론 이와 다른 감정들이 우리를 확실하게 도덕적 행위로 인도하지 못하거나 아니면 확실하게 비도덕적인 행위로 인도하는 일은 얼마든지 일어날 수 있다.[13] 칸트는 순수한 이성의 지적인 활동이 현상계에서 이런 감정을 낳는 것을 일종의 신비로 여긴다. 하지만 동시에 이런 신비가 자신이 생각한 도덕적 행위의 전형에 대한 반박이 될 수는 없다고 생각한다. 왜냐하면 본체계와 현상계 사이의 관계 일반이 일종의 신비이기 때문이다.

　의지의 자유를 **설명하는** 일이 주관적으로 불가능하다는 것은 인간이 도덕

13　칸트는 순수한 실천이성을 자극하는 존경의 감정에 관해 논의하면서 이런 도덕적 감정의 존재를 강조한다. 『실천』, '분석론', 3장, 5:71-89와 특히 『도덕』, '덕이론', 서론, 12절, 6:399-403 참조.

법칙에 대해 지닐 수 있는 관심을 찾아내 개념적으로 파악하는 일이 불가
능하다는 것과 마찬가지이다. 하지만 인간은 실제로 도덕법칙에 **관심**을
보이는데, 우리 안에 있는 그것의 기초를 우리는 도덕적 감정이라고 부른
다. 몇몇 사람들은 이 감정을 우리의 도덕 판단의 기준으로 여겼는데 이는
잘못이다. 이런 감정은 오히려 법칙이 의지에 미친 **주관적인** 영향으로만
보아야 하며, 의지의 객관적인 근거는 오직 이성만이 제공한다고 여겨야
한다. (4:459-60)

여기서 칸트는 단순히 우리가 느끼는 시인과 부인의 감정을 도덕원리
로 내세우는 '도덕감' 철학자들에 대한 마지막 비판을 시도한다. 하지
만 동시에 도덕적 감정이 도덕법칙을 준수하려는 의지의 선택이 낳은
결과이며 따라서 현상계에서 우리로 하여금 개별적인 도덕적 행위를
하게 만드는 원인으로 작용한다는 자신의 견해도 암시한다. 순수한 실
천이성이 우리의 의지를 규정할 수 있다는 가능성만으로도 이런 행위
모델을 성립 가능한 것으로 만들기에 충분하지만 어쩌면 칸트는 이를
넘어서서 자신의 모델이 한편으로는 자신이 바람직하다고 여기는 도
덕 현상학과도 조화를 이루고, 다른 한편으로는 도덕의 궁극적인 원천
은 경향성이 아니라 이성이라는 신념과도 잘 들어맞는다고 생각하는
듯하다.

　또한 여기서 칸트는 만일 도덕적 이상이 그 자체로 우리에게 충분한
강제력을 지닌다면 우리가 도덕의 이상에 따라 살아갈 수 있다는 가능
성이 그렇게 살아가려는 우리의 노력을 이성적인 것으로 만들기 위해
우리에게 진정 필요한 전부라고 주장하는 듯이 보인다. 이를 통해 칸트
는 마지막으로 선험적 관념론에 대한 더욱 강한 해석에 의지하려는 듯
하다. 위의 인용문에 이어진 대목에서 그는 제일 마지막 문단의 소제목

을 예견하듯이 '어떻게 그리고 왜 **법칙으로서 준칙의 보편성**이 우리의
관심을 끄는가에 대한 설명을 인간으로서의 우리는 결코 제시할 수 없
다'고 말한다. 하지만 뒤이어 칸트는 자신의 형이상학을 더욱 적극적
으로 사용하는 쪽으로 되돌아가는 듯이 보인다.

> 다만 다음만큼은 확실하다. 곧 **도덕성이 우리의 관심을 끌기 때문에** (이것
> 은 타율이며, 실천이성이 감성에 곧 자신의 근저에 놓인 감정에 기초한다
> 면 이런 경우 실천이성은 결코 도덕적으로 법칙을 수립할 수 없을 것이다)
> 우리에게 타당한 것이 아니라 오히려 도덕성이 우리 인간에게 타당하기
> 때문에 우리의 관심을 끄는 것이다. 도덕성은 예지적 존재로서의 우리의
> 의지로부터, 따라서 우리의 진정한 자아로부터 생겨났기 때문이다. **하지
> 만 순전히 현상에 속하는 것은 이성에 의해 필연적으로 물자체의 성질에 예
> 속된다.** (4:460-1)

여기서 칸트는 예지적 존재로서의 실천이성이 우리의 진정한 자아라고
주장하는데 이는 명백한 형이상학적 주장이다. 그리고 다시 한번 우리
가 가장 깊은 수준에서 순수한 실천이성에 따른다는 점이 분명한 사실
로 주어지기 때문에 순수한 실천이성이 우리의 궁극적 규범이라는 점
을 증명할 필요가 없다고 주장하려는 듯이 보인다. 그리고 순전히 현상
에 속하는 것, 곧 경향성은 필연적으로 진정한 우리 자신, 곧 순전히 이
성적 의지에 예속된다는 대담한 언급은 다시 한번 자유롭지만 비도덕
적인 행위를 허용하지 못하는 위험성을 불러일으킨다. 하지만 칸트는
마지막에 가서는 이런 형이상학적 벼랑 끝에서 다시 한걸음 물러나는
태도를 보인다.

그러나 이제 **어떻게** 순수이성이 다른 어떤 곳으로부터 유래한 다른 동기
가 없이도 그 자체만으로 실천적일 수 있는가, 곧 어떻게 오직 **법칙으로서
의 모든 준칙의 보편타당한 원리가** … 그 자체만으로 순전히 **도덕적**이라고
불리는 동기와 관심을 제공할 수 있는가, 달리 말하면 **어떻게 순수이성이
실천적일 수 있는가**—이를 설명하는 일은 모든 인간의 이성 능력을 훨씬
넘어서는 것이며, 이런 설명을 추구하려는 모든 노력은 단지 헛될 뿐이다.
… 우리 자신도 이성적 존재로서 그것에 속하는 (물론 우리는 다른 한편으
로는 동시에 감성계의 구성원이기도 하지만), 모든 예지적 존재 전체로서
의 오성계라는 이념은 비록 모든 지식이 이 이념의 한계에서 끝나 버린다
해도 여전히 이성적 믿음을 위해서는 유용하고 허용될 수 있는 것으로 남
는다. 이 이념은 우리가 자유의 준칙을 마치 자연법칙인 듯 여기면서 오직
이에 따라 주의 깊게 행위할 경우에만 속할 수 있는, **목적 자체**의 (이성적
존재의) 보편적 나라라는 위대한 이상을 통해 우리 안에 도덕법칙에 대한
활발한 관심을 불러일으키기 위한 것이다. (4:461-3)

여기서 칸트는 우리가 준칙의 보편화 가능성을 유지하는 데 주의를 기
울이고 이런 준칙을 마치 자연법칙인 듯이 여김으로써만 실현할 수 있
는 목적의 나라의 개념이 '위대한 이상'이라고 주장하면서, 우리가 진
정으로 인식해야 할 것은 인간 지식의 궁극적 한계 때문에 우리가 이런
이상에 따라 살아갈 수 없다는 사실을 결코 증명할 수 없다는 점이라고
말한다.

　따라서 결국 칸트는 자신이 우리가 필연적으로 도덕법칙에 따라 행
위한다는 점을, 더 나아가 어떤 적극적인 방식으로 우리가 도덕법칙에
따라 행위하는 것이 항상 가능하다는 점을 증명할 필요가 없다는 사실
을 인정한다. 그렇다면 그가 보여야 하는 바는 오직 인간 지식의 궁극

적 한계 때문에, 심지어 우리 자신의 의지가 가장 깊은 수준에서 행하는 작용에 관해서도 모르기 때문에 어느 누구도 우리가 도덕성의 위대한 이상에 따라 살아갈 수 없다는 점을 결코 증명할 수 없다는 점이며 그는 자신이 이런 점을 보였다고 생각한다.

하지만 이는 우리를 『정초』 2절에서 제기되었던 중요한 질문, 곧 각각이 오직 보편화 가능한 준칙에 따라 행위하기 때문에 결코 수단으로서가 아니라 목적으로 대우받는 목적의 나라라는 목표가 무조건적인 가치를 지닌 유일한 것이라는 점을 증명할 수 있는가라는 질문으로 되돌아가게 만든다. 그렇다면 결국 3절은 2절에서 이 주제에 관해 이미 언급된 바, 곧 우리는 단순한 충동과 경향성에 의해 압박받는 것이 아니라 오직 우리 자신의 이성에 따라 행위하므로 무엇과도 비교할 수 없는 존엄성을 지닌다는 점을 인정한 것에 별로 새로운 내용을 더한 바가 없다. 만일 이런 위대한 이상이 우리의 마음에 깊은 영향을 미친다면 칸트는 어떻게 형식적인 도덕성의 원리와 의무의 전체 체계가 이런 이상에 기초해 성립할 수 있는지를 보인 셈이 된다. 반면 이런 이상이 우리에게 별 영향을 미치지 못한다면 칸트는 더 이상 우리에게 할 말이 없을 것이다. 칸트는 만일 우리가 신의 명령으로 여겨지는 바나 우리 자신 또는 모든 사람의 행복을 바라는 본성적 욕구 아니면 다른 어떤 경향성에라도 기초해서 우리의 도덕을 형성한다면 우리는 우리의 의지가 자율적으로가 아니라 타율적으로 규정되는 것을 허용할 수밖에 없다고 말할 것이다—하지만 우리가 자율이 최고의 중요성을 지닌다는 점을 인정하지 않는다면 이런 칸트의 말은 우리에게 별 영향을 미치지 못할 것이다. 칸트의 도덕철학은 한마디로 자율에 이른다는 것이 무엇인지를 보여주는 가장 빛나는 설명이다. 그리고 마지막 단계에서 그것의 설득력은 궁극적으로 인간 삶의 위대한 이상으로서 자율이 지닌 본질적 가치에 의지한다고 말할 수 있다.

탐구할 문제들

1. 어떤 의미에서 자유로운 의지와 도덕법칙 아래 놓인 의지는 동일한 가?

2. 선험적 관념론은 우리가 도덕법칙에 따라 살아갈 수 있다는 사실을 증명하는가?

3. 선험적 관념론은 우리가 도덕법칙에 따라 살아가야만 한다는 사실을 증명하는가?

4. 만일 선험적 관념론이 이를 증명할 수 없다면 이를 증명할 수 있는 다른 무언가가 존재하는가?

참고문헌

칸트의 철학 전체와 그의 도덕철학 전반 그리고 특히 『정초』에 관한 참고문헌은 무척 방대하며, 이들 중 대부분이 큰 중요성을 지닌다. 여기서는 주어진 공간을 고려해 이런 문헌들 중 영어로 쓰였거나 번역된 가장 중요한 저술과 논문집만을 소개하려 한다.

1. 칸트의 생애와 철학 일반

Ameriks, Karl. *Interpreting Kant's Critiques*. Oxford: Clarendon Press, 2003.

Guyer, Paul. *Kant*. London: Routledge, 2006.

_____ ed. *The Cambridge Companion to Kant*. Cambridge: Cambridge University Press, 1992.

_____ ed. *The Cambridge Companion to Kant and Modern Philosophy*. Cambridge: Cambridge University Press, 2006.

Höffe, Otfried. *Immanuel Kant*. tr. Marshall Farrier. Albany: State University of New York Press, 1994.

Kemp, John. *The Philosophy of Kant*. Oxford: Oxford University Press, 1968.

Kuehn, Manfred. *Kant: A Biography*. Cambridge: Cambridge University Press, 2001.

Wood, Allen W. *Kant*. Oxford: Blackwell Publishing, 2006.

2. 칸트 도덕철학의 배경과 발전 과정

Beck, Lewis White. *Early German Philosophy: Kant and his Predecessors*. Cambridge, MA: Harvard University Press, 1969.

Broad, C. D. *Five Types of Ethical Theory*. London: Routledge & Kegan Paul, 1930.

Rawls, John. *Lectures on the History of Moral Philosophy*. ed. Barbara Herman. Cambridge, MA: Harvard University Press, 2000.

Schilpp, Paul Arthur. *Kant's Pre-Critical Ethics*. Evanston: Northwestern University Press, 1938.

Schneewind, J. B. *The Invention of Autonomy: A History of Modern Moral Philosophy*. Cambridge: Cambridge University Press, 1998. 또한 이 책에서 저자가 논의하는 수많은 철학자들의 원전을 발췌, 편집한 유용한 자료집으로는 Schneewind, J. B. ed. *Moral Philosophy from Montaigne to Kant*. Cambridge: Cambridge University Press, 1990.

Ward, Keith. *The Development of Kant's View of Ethics*. Oxford: Basil Blackwell, 1972.

3. 『정초』의 영어 번역본

Foundations of the Metaphysics of Morals and What is Enlightenment? tr. Lewis White Beck. Indianapolis and New York: Bobbs-Merrill, 1959.

Groundwork for the Metaphysics of Morals. tr. Thomas K. Abbott, ed. Lara Denis. Peterborough: Broadview Editions, 2005. 칸트의 다른 저술과 이후 철학자들의 저술도 함께 발췌, 수록.

Groundwork for the Metaphysics of Morals. tr. Allen W. Wood. New Haven:
Yale University Press, 2002. J. B. Schneewind, Marcia Baron, Shelly
Kagan, Allen W. Wood의 논문도 함께 수록.

Groundwork for the Metaphysics of Morals. tr. Arnulf Zweig. ed. Thomas E.
Hill, Jr. and Arnulf Zweig. Oxford: Oxford University Press, 2002. 상
세한 주석을 포함.

Groundwork of the Metaphysics of Morals. tr. and analyzed by H. J. Paton.
New York: Harper & Row, 1964. 원래는 *The Moral Law*, London:
Hutchinson University Library, 1948로 출판.

Groundwork of the Metaphysics of Morals. ed. Lawrence Pasternack. London:
Routledge, 2002. Paton의 번역과 Thomas E. Hill, Jr., Christine Kors-
gaard, Onora O'Neill, Henry Allison, Andrews Reath, Hud Hudson의
논문을 함께 수록.

4. 『정초』에 대한 주석서[1]

Aune, Bruce. *Kant's Theory of Morals*. Princeton: Princeton University Press,
1979.

---

1 [옮긴이 주] 최근에 출판된 『정초』에 대한 주석서로 다음과 같은 것들이 있다.
Allison, Henry E. *Kant's Groundwork for the Metaphysics of Morals: A Commen-
tary*. Oxford: Oxford University Press, 2011.
Schönecker, Dieter and Wood, Allen W. *Immanuel Kant's Groundwork for the
Metaphysics of Morals: A Commentary*. Cambridge, MA: Harvard University
Press, 2015.
Sedgwick, Sally S. *Kant's Groundwork of the Metaphysics of Morals: An Introduc-
tion*. Cambridge: Cambridge University Press, 2008.
Timmermann, Jens. *Kants' Groundwork of the Metaphysics of Morals: A Commen-

Paton, H. J. *The Categorical Imperative: A Study in Kant's Moral Philosophy*. London: Hutchinson, 1947.

Ross, David. *Kant's Ethical Theory: A Commentary on the* Grundlegung zur Metaphysik der Sitten. Oxford: Clarendon Press, 1954.

Sullivan, Roger J. *An Introduction to Kant's Ethics*. Cambridge: Cambridge University Press, 1994.

Wolff, Robert Paul. *The Autonomy of Reason: A Commentary on Kant's Groundwork of the Metaphysics of Morals*. New York: Harper & Row, 1973.

5. 칸트의 도덕철학에 관한 연구서 및 단일 저자가 쓴 논문집

Allison, Henry E. *Kant's Theory of Freedom*. Cambridge: Cambridge University Press, 1990.

Baron, Marcia. *Kantian Ethics Almost Without Apology*. Ithaca: Cornell University Press, 1995.

Beck, Lewis White. *A Commentary on Kant's Critique of Practical Reason*. Chicago: University of Chicago Press, 1960.

_____ *Studies in the Philosophy of Kant*. Indianapolis: Bobbs-Merrill, 1965.

Cummiskey, David. *Kantian Consequentialism*. New York: Oxford University Press, 1996.

Dean, Richard. *The Value of Humanity in Kant's Moral Theory*. Oxford: Clarendon Press, 2006.

_____ *tary*. Cambridge: Cambridge University Press, 2007.

Frierson, Patrick R. *Freedom and Anthropology in Kant's Moral Philosophy*. Cambridge: Cambridge University Press, 2003.

Gregor, Mary J. *The Laws of Freedom: A Study of Kant's Method of Applying the Categorical Imperative in the* Metaphysik der Sitten. Oxford: Basil Blackwell, 1963.

Grenberg, Jeanine. *Kant and Ethics of Humility: A Story of Dependence, Corruption, and Virtue*. Cambridge: Cambridge University Press, 2005.

Guevara, Daniel. *Kant's Theory of Moral Motivation*. Boulder: Westview Press, 2000.

Guyer, Paul. *Kant on Freedom, Law, and Happiness*. Cambridge: Cambridge University Press, 2000.

_____ *Kant's System of Nature and Freedom*. Oxford: Clarendon Press, 2005.

Henrich, Dieter. *The Unity of Reason: Essays on Kant's Philosophy*. ed. Richard Velkley. Cambridge, MA: Harvard University Press, 1994.

Herman, Barbara. *The Practice of Moral Judgement*. Cambridge, MA: Harvard University Press, 1993.

Hill, Thomas E., Jr. *Dignity and Practical Reason in Kant's Moral Theory*. Ithaca: Cornell University Press, 1992.

_____ *Respect, Pluralism, and Justice: Kantian Perspectives*. Oxford: Oxford University Press, 2000.

_____ *Human Welfare and Moral Worth: Kantian Perspectives*. Oxford: Oxford University Press, 2002.

Kerstein, Samuel J. *Kant's Search for the Supreme Principle of Morality*. Cambridge: Cambridge University Press, 2002.

Korsgaard, Christine M. *Creating the Kingdom of Ends*. Cambridge: Cambridge University Press, 1996.

_____ *The Source of Normativity*. ed. Onora O'Neill. Cambridge: Cambridge University Press, 1996.

Louden, Robert B. *Kant's Impure Ethics: From Rational Beings to Human Beings*. New York: Oxford University Press, 2000.

Moore, A. W. *Noble in Reason, Infinite in Faculty: Themes and Variations in Kant's Moral and Religious Philosophy*. London: Routledge, 2003.

Munzel, G. Felicitas. *Kant's Conception of Moral Character: The 'Critical' Link of Morality, Anthropology, and Reflective Judgment*. Chicago: University of Chicago Press, 1999.

Nell, Onora (O'Neill). *Acting on Principle: An Essay on Kantian Ethics*. New York: Columbia University Press, 1975.

O'Neill, Onora. *Constructions of Reason: Explorations of Kant's Practical Philosophy*. Cambridge: Cambridge University Press, 1989.

_____ *Bounds of Justice*. Cambridge: Cambridge University Press, 2000.

Reath, Andrews. *Agency and Autonomy in Kant's Moral Theory: Selected Essays*. Oxford: Clarendon Press, 2006.

Rossvær, Viggo. *Kant's Moral Philosophy: An Interpretation of the Categorical Imperative*. Oslo: Universitetsforlag, 1979.

Sherman, Nancy. *Making a Necessity of Virtue: Aristotle and Kant on Virtue*. Cambridge: Cambridge University Press, 1997.

Stratton-Lake, Philip. *Kant, Duty, and Moral Worth*. London: Routledge, 2000.

Sullivan, Roger J. *Immanuel Kant's Moral Theory*. Cambridge: Cambridge University Press, 1989.

Williams, T. C. *The Concept of the Categorical Imperative*. Oxford: Clarendon Press, 1968.

Wood, Allen W. *Kant's Ethical Thought*. Cambridge: Cambridge University Press, 1999.

6. 칸트의 도덕철학에 관한 다수의 저자가 쓴 논문집

Chadwick, Ruth F., ed. *Immanuel Kant: Critical Assessments*. Volume III: Kant's Moral and Political Philosophy. London: Routledge, 1992.

Engstrom, Stephen and Jennifer Whiting, eds. *Aristotle, Kant, and the Stoics*. Cambridge: Cambridge University Press, 1996.

Guyer, Paul, ed. *Kant's Groundwork of the Metaphysics of Morals: Critical Essays*. Lanham: Rowman & Littlefield, 1998.

Horn, Christoph and Dieter Schöenecker, eds. *Groundwork for the Metaphysics of Morals*. Berlin and New York: Walter de Gruyter, 2006.

Klemme, Heiner F. and Manfred Kuehn, eds. *Immanuel Kant*. Volume II: Practical Philosophy. Aldershot: Ashgathe/Dartmouth, 1999.

Timmons, Mark, ed. *Kant's Metaphysics of Morals: Interpretative Essays*. Oxford: Oxford University Press, 2002.

Yovel, Yirmiahu, ed. *Kant's Practical Philosophy Reconsidered*. Dordrecht: Kluwer, 1989.

찾아보기